教师德育专业化读本

做一个配享幸福的教育家

——教师德性生活关键词：幸福、公正与仁慈

1

檀传宝

阅读导航

学校德育是一个身教远重于言传的领域。从某种意义上说，无师德即无德育。故本章的主要内容为教师的幸福、公正与仁慈这三个师德核心范畴的介绍，其核心观点是：如果我们希望获得教育幸福，就一定要恪守教育的专业伦理，尤其是要做到公正和仁慈地施教。只有这样，我们才能“做一名配享幸福的教育家”！

通过本章的研讨，我们特别希望探询的问题主要有：

1. 如何理解幸福、公正与仁慈在教育生活中的意义与具体内涵；

2. 公正与仁慈等教育伦理的基本要求及其日常实践的思路与策略有哪些；

3. 正确理解教师德性生活的三大基本原则对我们更深层次地思考教师专业伦理建设及教师专业道德修养有何帮助。

引言

作为一个同行，我相信所有的教育工作者都希望自己的生活（尤其是职业生活）是幸福的。生活中人人都追求幸福，但是幸福却常常“可遇不可求”。因此我们与其直接“追求幸福”，不如先考虑如何做到“配享幸福”。

“配享幸福”，在西方思想史上最早是从亚里士多德讲起的，到康德那里对这个命题更有过一个最明确的阐述。**康德有句名言，说“道德的学问（伦理学）主要不是帮助人去谋求幸福，而是帮助人做到配享幸福”**。为什么康德认为道德的学问不能确保我们获得幸福，但是却能让我们配享幸福（能帮助我们具备获得幸福的主观条件）？因为在许多情况下，即便我们拥有了德性这份获得幸福的主观条件，另外一些客观条件仍然可能会破坏我们获得幸福生活。同时，客观条件往往是我们难以掌控的，一个个体所能努力的，最主要的也只能是准备好让我们可能获享幸福的主观条件（德性或德行）。

对亚里士多德和康德这样有伦理智慧的人来说，他们所谓的最好生活其实就是伦理上“至善”的生活，而至善生活的两个最主要的要素就是德性和幸福。**在许多伦理学家看来，与德性相联系并成正比例的幸福系统就是所谓的“至善”**。的确，获得伦理智慧并不能确保我们获得生活幸福的所有或充分条件，但是它至少能确保我们“配享”幸福，即让我们具备获得幸福的必要的主观条件。

作为一名教育工作者，配享幸福——创造幸福的主观条件是十分重要的。它的重要性的论证主要来自两个方面。一方面，我们人生大部分最美好的时光是在我们的职业生活中度过的。如果我们天天生活在职业生活中又不能体验到事业的幸福，那真是一件十分遗憾的事情！另一方面，也只有我们是幸福的教师，才可能给人以幸福和幸福的方向，成为真正的教育家。我这里所说的“教育家”是严格意义上的教育家，是像苏霍姆林斯基那样对教育事业充满理想、热忱和创造性的幸福的教育工作者。我认为这里“对教育事业充满理想、热忱和创造性”和“幸福的教育工作者”是可以相互诠释的。**换言之，教育家应该是那些付出最大的教育爱的同时也收获最大教育幸福的人！**以此为标准，我们可以说近代以来我国真正意义上的教育家寥若辰星、少之又少。而我们现在谈到的当代大教育家更多是来自国外，比如美国的杜威、苏联的苏霍姆林斯基、英国的尼尔，等等。这是一个令我们中华民族遗憾、惭愧的事情。我认为：身处中国这样一个正在发生巨变的伟大的文化大国，在教育思想和教育实践方面，我们应该有属于我们自己的、值得全世界借鉴的最伟大的教育实践和最具创造性的教育理论。与此同时，我也坚信能够产生一大批“付出最大教育爱的同时也收获最大教育幸福”的伟大的中国当代教育家的时代也已经来临。教师专业伦理建设的重要任务之一就是帮助所有教育工作者“配享幸福”，作好成为幸福的教育家的伦理准备。

所以在此我愿以“配享幸福”为主题，挑选三个最重要的关键词——幸福、公正和仁慈来同大家就教师专业伦理（师德）问题作如下交流。

一、幸福

教育幸福的体验很早就已经受到关注。孟子曾经讲过君子有三“乐”：“父母俱存，兄弟无故，一乐也；仰不愧于天，俯不怍于人，二乐也；得天下英才而教育之，三乐也。”作语境的分析不难发现：在孟子看来，教育的乐并不是一个简单的小喜悦（感官上的快乐），而是一种带有重大意义的精神幸福。从先秦开始一直到今天，大家都感受过教育的“乐”，所有的教师也都希望收获教育的幸福。

那么，到底什么是幸福呢？教育幸福又该如何去理解呢？

这里主要涉及两个方面的问题。首先需要区分幸福和快乐这两个非常相似的概念，其次需要进一步研讨幸福和德性的辩证关系。

（一）正确理解幸福概念

相关概念的区分对我们理解幸福概念都是很有帮助的。首先是幸福与幸福感的区别。多数情况下，我们讲的幸福其实是幸福感。例如我们常常说，今天好幸福啊、幸福指数高不高啊等。这些情况下，“幸福”所表达的实际是人的幸福感。而事实上，幸福是幸福感后面的东西——一种主体的生存状态。康德有一个解释：所谓的**幸福是世上一个有理性的存在者在其整个生活中间一切都称心如意的那种状态**。而我个人认为，**幸福就是人的目的性实现时的那种主体状态，或者人的本质实现时的那种状态**。当然，幸福和幸福感又是联系在一起的。人们喜欢幸福，在某种程度上就是乐于感受幸福带来的那种欢愉（幸福感）。但由此带来的问题是，人们极容易将幸福感和感官上的快乐相混淆，而且最后会本末倒置，误将庸俗的、物质上的享乐以及感官上的快感等看成幸福感。所以，对于幸福概念的准确理解来讲，最重要的是将“幸福”和“快乐”、“快感”和“幸福感”这两对相似因而容易混淆的概念区分开来。

我认为幸福与快乐的区别主要表现在以下四个方面：**价值性、无限性、超越性和**

动力性。

所谓的**价值性**是指，幸福可以作为人生的终极目的去追求，而快乐则不然。幸福作为“人的目的性实现时的那种主体状态”是有意义的生活的实现，它可以作为我们一生的追求目标。但把快乐假定为人生的终极目标则是不可能的。因为快乐再多，我们也难以感到满足。例如吃饱饭本身并不能给予我们最终的人生意义上的满足。所以，李白在《将进酒》中说道：“五花马，千金裘，呼儿将出换美酒，与尔同销万古愁。”感官上的快乐作为阶段性目标是可以的，但是作为终极目标它不能提供给人以满足感。总之，幸福有价值性，但是快乐没有。

幸福具有**无限性**，而快乐具有消费性，也就是快乐是有限的。在生活中你每感受到一份感官上的快乐，快乐的边际效应就会递减，甚至走向反面（痛苦），而幸福则不然。例如，饥饿者吃美食的“快乐”是随饮食过程而递减的，而我们老师看到学生的进步时感受到的喜悦，无论我们看过多少遍，那份喜悦都不会递减。毛泽东有诗云“喜看稻黍千重浪”，表达了农民的丰收喜悦——农民看着麦浪翻滚的那种幸福无论在时间上还是空间上也都是无限的。一个解释是，由于快乐与感官、物质和利益的联系比较紧密，所以多数情况下，快乐是非常局限的，而且它很难与人分享。而幸福则不然，幸福作为一种主体状态是所有人都肯定、欣赏的对象。我的学生有了良好的表现，这不是一个有限的资源，我可以将这份幸福跟所有的老师分享，甚至跟行业以外的人分享。

比较有意思的是，有时候人获得了幸福不意味着他肉体上一定是有快感的。例如，我们会发现：一件明明很吃亏的事情、谁做了都感觉身体很不舒服的事情，仍然有人乐意去做。这里的原因就是所谓的**“超越性”**。因为幸福是价值生活的实现，它着重的是精神层面，因此有时它可以超越利益上的审视和肉体上的痛苦。在汶川地震中，我们就发现过许多这样的例子。很多人为了他人作出了牺牲，虽然他的牺牲带来的是肉体上的痛苦，但他在内心深处却感觉很欣慰。这种欣慰与他肉体上的痛苦是同时存在的。又比如日常工作中，我们教师为了不迟到，哪怕只是半分钟，就可能为此顾不上吃饭。外人看来，这是十分不值得的。但是我们教师自身却明白这种“牺牲”所带来的精神上的欣慰是什么。这就是伦理学上讲的“be free of”（免于、超越于）牺牲。没来得及吃饭而准时上课的时候我们并不是肉体上不痛苦，而是我们在精神上看淡了这份痛苦、超越了这份痛苦。

最后是幸福具有较大的**动力性**。精神生活上的愉悦是一种强大的、持久的动力。而快乐本身就是短暂的，其动力性十分短暂和有限。例如，家长会用一些奖励的办法来改进孩子的行为："如果你这周不调皮，我周末就带你到游乐园玩。"我们可以肯定：第一次使用这种愉悦感官的方法可能比较有效，但第二次就不怎么灵了——因为那时候孩子已经去过游乐园了。而如果你从内在精神上奖励孩子，那效果是不一样的。"你这星期表现比较好，说明你在自制力方面进步很大。你很棒！继续努力未来一定有大出息！"这种勉励让孩子看到了自己努力后的成就及前景，更可能帮助孩子获得幸福感。学校管理也是这样，要想刺激教师长久地为教育事业工作，最大的着力点也许就在于设法让教师拥有越来越多的教育幸福感！

以上是幸福和快乐的差别。就是说，我们已经确认了幸福"不是"什么（不同于快乐）。接下来我们必须正面回答的问题就是：幸福"是"什么？这就需要解释为什么我们说**"幸福就是人的本质或者目的性实现时的那种主体状态"**。

什么是人的本质？我认为人的本质就是自由，就是目的性。有学者认为，生命有三种，包括生理生命、内涵生命和超越生命。我非常赞成。生理生命就是我们外在的皮囊，吃、喝、拉、撒、睡这样的生理活动。内涵生命就是所谓生命的丰富程度，例如我们到很多地方旅行过、见过许多的事物等。内涵生命虽然比生理生命复杂了一步，但它仍然可能是生理生命的简单重复。而超越生命是寻找永恒目的和最高价值的那种生命形态。人是有这个层面的，虽然许多情况下，我们会忘记这个层面。心理学家马斯洛将人的需要区分为不同的等级，最高级的需要就是超越性需要，这是人的最高价值追求。而所谓超越性生命就是有人生目的、超越简单的物质需求、拥有较高的价值追求的生命形式。人与动物一样，肯定有物质生活的层面，但是物质层面并不是我们区别于其他物种之处。人高于动物的地方恰在于人是自由的，人是有目的的，人是可以超越适应性生存的动物。换言之，如果一个人来到世上浑浑噩噩地过了一生，这个人虽然拥有了生理生命、内涵生命，但却是一个极具悲剧色彩的人。因为这样的一生实际上是近似于其他动物的。不管我们多么卑微，我们每个人的人生都是单线条的（过一天少一天），这样有限的生命就如此平庸地过去了，当然是极其可悲的一件事情！所以，我认为虽然生命有生理生命、内涵生命和超越生命三种形态，但人的本质属性却只能是目的性，人生的本质只能是超越性生命。而超越性生命确立的时候其实就是生活意义确立的时候，所谓"幸福"只不过是这种有意义确证的生命状态而已。

由此，我们可以清楚地认识到：幸福是"价值性的实现"，"目的性的实现"，"人的本质的实现"。这三者是幸福的最好诠释，它们之间也互相诠释。如果人生没有价值性、目的性的本质及其追求，我们可能只能获得感官上的快乐，难以拥有精神上的幸福。

因此，要想获得教育幸福，首要前提是我们必须去体会作为教育者的那份使命感。一个只是抱着谋生的心态走进教室的教师是不可能获得教育幸福的。“人生为一大事而来”，我们必须意识到：我们是来帮助我们的孩子的，我希望他/她现在获得人生智慧的效率更高一些，希望他/她将来的人生道路更顺畅一些，更远一些。从另外一个角度说，我们就是要为国家培养栋梁之材、为社会培养合格的公民！当然，教育幸福的真谛不仅在于对教育事业之意义的认同，更在于努力追求这份意义的实现。教育幸福只能在教育实践的效能提高，尤其是学生的茁壮成长中实现和确证。当教育的意义充分实现的时候，我们就自然会获享相应的教育幸福。

（二）幸福与德性的辩证关系

我们已经知道了什么是幸福。那么，该如何做到“配享教育幸福”呢？这就涉及幸福和德性的关系。幸福和德性的关系非常复杂。既矛盾又统一，但统一是总的原则。试想：如果一个德行很高的人总是不能获得幸福，那么人们还愿意遵守道德吗？

我们首先来看看**幸福与德性的矛盾**。

《尚书》中讲：“天道福善祸淫。”这表明从先秦开始，人们主观上就希望给有道德的人降福，给无道德的人临祸。人们已经意识到德与福之间的一致性应该是社会生活的规律。但是，我们在生活中又常常看到，无论在质还是量上，幸福与德行或德性都是矛盾的：一个坏蛋可能活得很惬意，一个好人则可能过得很凄惨；一个人德性的高低与他获得的幸福似乎不成比例，一个人为恶的多少与他的灾祸也不成比例。王充在《论衡》中有一段话：“尧舜不赐年，桀纣不夭死”，秦穆公“有娱乱之行，天赐之年”，而晋文公“有德惠之操，天夺其命”。这些都是道德与幸福在现象上存在悖逆关系的例子。

墨子曾经这样解释这种矛盾。一次，墨子鼻子患病，他的一个学生公孟问他，既然有德性的人可以得到上天的庇佑，为什么你还会患病呢？墨子的解释就类似于配享幸福这样的道理。他说：上天对我们的保佑就好比这个教室一样，道德只是这间教室的一个门窗，而教室有很多门窗，关上了道德这一个门窗并不能保证其他门窗不出现问题。所以，道德是幸福的必要条件，但不是充要条件。

孔子也遇到过类似的情况。他曾被围困在陈蔡达七天之久，饮食皆无。期间，他的学生问他，您说圣人总是有好报的，那您为什么会出现这种情况呢？孔子的回答是“君子博学多谋，不遇时者多矣”。意思是我们即便多谋，又有德性，但是别的条件不够，那也没有办法。

《列子》中则有“平之宁之，将之迎之”这样的话。道家认为祸福是无常的，例如大家都知道的塞翁失马的故事——它一方面说明祸福相依，另一方面则说明祸和福轮转莫测，它们之间的关系似乎是讲不清楚的。这个解释与墨子和孔子的解释比较起来，显得更为消极一些。

墨子和孔子的意思是说德性只是幸福的一个条件，但不是全部条件；而《列子》则认为祸福根本讲不清楚，因此建议人们“平之宁之，将之迎之”，即平淡地看待它、接纳它。我认为：我们当然要承认幸福和德性在表象上是有矛盾的一面的，但问题是我们如何去解释这个矛盾。不同的解释会导致我们对德性生活的不同理解、对德性与幸福之间关系的不同理解。

显然，我们不赞同道德和幸福之间没有联系的观点。如果二者之间没有联系，那么我们就不用追求过道德生活了，职业道德不仅会是无用的，而且还是有害的。事实上，幸福和德性之间一方面有矛盾，另一方面二者又是一致的。

首先，从整体上看，幸福与德性是相对一致的。

如果一个社会中的多数人都不遵守规矩的话，社会是不可能正常运转的（除非我们面对的是落后腐朽的道德，那时命题将转换为重建新道德）。那么怎样解释我们看到的善人有恶报，恶人有善报的现象呢？德国伦理学家包尔生做过这样的解释：“这些现象吸引人如此多的注意、引起如此的义愤的事实看来正好说明：这些现象不是常规，而是例外。”“如果这些事件不是违背事物的本性，它是不会引起这样的激动。”为什么我们会觉得善人有恶报，恶人有善报的现象如此之多呢？这其实是一个心理假象。因为我们都在心里认可了德福一致的规律，所以当德福不一致的现象出现时，那些特例给我们的印象就会十分深刻，让我们在心理上觉得它们是如此之多。其实，从总概率上讲，幸福和德性是一致的，否则就会天下大乱。

其次，从“雅福”角度看，幸福与德性是绝对一致的。

这里的“雅”对应于“俗”。幸福虽然不同于快乐，但它仍有感性、外表的一面。在正面的心理感受这点上，幸福和快乐是一致的。所以有人将感官上的这种快乐感也称为幸福感，但这一情形反映的只能是“俗福”部分。我们一开始就已分析，严格意义上的幸福是与快乐区别开来的，幸福是人的目的性的实现，这实际上就是所谓的“雅福”。“雅福”是真正意义的、精神意义的幸福。

从“雅福”这个角度上讲，幸福带来的那份精神上的愉悦是没办法与德性剥离的。例如，一个做了亏心事的人，即便没有人为此惩罚他，甚至也没有人知道他做了亏心事，但是他仍旧不安，因为他内在的无法摆脱的良心会自动谴责他。相反，一个做了好事的人一样没人知道，但他仍旧会感觉很好（幸福），因为他的目的性已经实现了，外人知道与否是无所谓的，他自己的感觉器官就能自动为其带来足够的愉悦。所以，多数情况下，我们所讲的德与福的矛盾都是将快乐那个功利意义上的“俗福”与“雅福”相混淆了。如果将物质上的收获和精神上的愉悦区分开来的话，你会发现德行和幸福如影随形，没有须臾的分离。

在此，我们也就明确了**一个最基本的伦理法则，那就是“德福一致”**。只有道德和幸福是一致的，人们才有充足的理由、充分的信心去做一个道德的人。换言之，做一个道德的人是我们最高贵也最聪明的选择，因为只有道德才能确保我们“配享幸福”。修养道德的意义就在于帮助我们领略幸福生活的真谛。所以对于社会来说、对于个体来说、对于道德建设来讲，“德福一致”原则的意义是十分重大的。在职业生活领域，作为一名教育工作者，我们都在追寻教育幸福。而**依据“德福一致”的原则，我们要想在职业生活中获得职业幸福，就一定要在职业生活中遵守专业道德（专业伦理）**。教师的专业道德的内容很多，我们这里只讨论两个最重要、最基本的伦理原则：公正和仁慈。

二、公正

从字面上说，公正概念很好理解——“公”与私相对，“正”与偏相对。所谓公正，简言之就是公平、正义。

教育事业本身就是一个追求公平、正义的事业，教育当然应该具有公正的性质。因此，我们首先要讨论的是教育公正或者教师公正的重要性。

（一）公正对于教育的重要性

概括地说，教育公正的重要性主要体现在以下五个方面。

第一，教育公正有利于良好教育环境的形成。

这个教育环境包括微观和宏观两种。微观环境是指我们行业内部的局部环境，例如同事关系、师生关系、家校关系和上下级关系等。在这些关系的处理中，如果我们不讲公正原则，那么我们就不可能获得好的教育环境。举一个最简单的例子：个别师生闹别扭的情况，你一进教室就不愿意看那个孩子所在的区域；在这种情况下，首先意味着教师的教学生活质量降低，因为你是带着情绪在工作，其次也意味着你的工作环境不好。当然，在这个情形里最重要的应该是这个孩子，而孩子的感受也更糟糕——这种情况是比较残忍的，因为我们教师在学生面前始终是文化上的优势群体。这样来看，不讲公正的教师是没办法营造一个良好的工作环境的。

宏观环境是我们整个行业的环境。如果我们的教育行为或教育理念不公正，它造成的影响最终会毁坏我们整个行业的大环境。例如教育腐败已经大大降低了整个社会对教育事业的信任与支持力度。一些特别恶性的师德事件更是严重地破坏了教师及教育行业在公众心目中的形象。相反，教师的公正当然有利于良好的、对教育有支持性的社会大环境的形成。

第二，教育公正有利于教师威信的提高。

没有威信的教师几乎就等于是一个失败的教师。

教师的威信在不同学段所取决的因素并不相同，但公正始终是重要的因素之一。小学阶段的低龄学生主要是感性地判断教师对自己是否够“好”。但是从小学高年级开始一直到高中阶段，学生会十分明显地用是否公正的尺度来评判教师的行为，不公正的教师是不可能赢得他们的尊重的。上海师范大学曾作过一个调查，问大一新生：你认为教师最重要的品质是什么？84%的人都选择公正。反过来：你认为教师最拙劣的品质是什么？90%的人选择不公正。从中我们可以看出学生对教师公正的普遍心理需求。如果你作为教师行为不公正的话，你可以想象自己在学生心目中会是一个什么样的形象、有无教育的权威。

第三，教育公正有利于学生学习积极性的维护。

根据皮格马利翁效应，我们知道歧视学生是对学生不公正的表现，会给学生造成严重的伤害。即使对于那些“好学生”，如果我们给予他们特别多的偏爱的话，也会害了这些学生。对待教师也一样。如果我们过多地“捧”某些优秀教师的话，这也是一种“捧杀”，并不利于这些教师的进步，而且有害于整体的教育公正。

另外，对集体当中的部分成员的不公正对待极可能导致学生集体的分裂，异化整个集体的学习积极性，还会削弱教师在这个集体中所进行的表扬和批评的力量。

第四，教育公正有利于学生的道德成长。

学生都是在公正中学会公正，在不公正中学会不公正。一个不公正的教师肯定会对学生有不良影响，这一点是教育界的公理。所以我们用不着多讲。

第五，教育公正有利于社会公正的实现。

教育公正对社会公正的重要性，并非简单地因为教育公正是社会公正的一部分——教育公正了，社会公正自然会增加一点。我要讲的，不只是“天下兴亡，匹夫有责”这个道理，而是要强调我们**教育人的公正责任远大于其他人**。

教育行业的公正不同于其他行业的公正。在时间上来讲，教育公正的持续性影响是无法估量的。教育是人的再生产，也是社会公正的再生产。几乎所有的现代人都曾或多或少地接受过学校教育。社会公正就好比一条河水。如果我们学校里的教育公正——这个社会公正的上游——被污染了，那么想保持下游的干净当然是比较困难的。在空间上来讲，教育公正的传递范围也不是不可想象的。例如，我们常常会碰到一些家长特别不配合教师的工作，其中的原因可能就是家长自己上学的时候曾受到过教师的不公正对待。因此，当他们的孩子受到教师的批评时，他们可能反倒会倾向于鼓励自己的孩子拒绝接受教师的批评，原因是家长认为“老师不是好东西”。而这种不公正的恶劣影响可能会一直延续下去……总之，与其他行业相比，教育公正对整个社会公正的影响更重大、更深远。

总而言之，教育公正的必要性不仅表现为对教育环境、教师威信、学生学习积极性和道德成长的影响，还表现为对整个社会公正的影响。国人常会犯互相推诿的毛病，我们常常认为：整个社会这么糟糕，凭什么只要求我做好一些？但是大家往往忘记另一个逻辑——整个社会的不公正也正是大家造成的。**如果每个人都多讲一点公正，这个社会的公正就会越来越多，而不会越来越少**。此外，教育工作者应该有更多的社会责任感和使命感。因为从某种意义上来讲，教育对社会不公正是有直接责任的。我们每个人都应该先管好自己的“一亩三分地”，然后再用其他办法去促进我们的社会公正，使整个社会为公正的阳光所普照！

（二）教师公正的主要内容

我们再来看一看教师公正的内容。教师公正的内容主要包括以下四个方面：对自己的公正、同侪性公正、对象性公正和其他领域的公正。

1. 对自己的公正

这对中国人来讲，对中国的教师来讲是特别重要的一点。

从公正涉及的人际关系的角度来讲，公正应该有三种：第一个是“我—他”公正，第二个是“我—你”公正，第三个是“我—我”公正。“我—他”公正指所有人都服从同一个规则，没有例外。“我—你”公正是我设身处地为你考虑，两个人完全平等。而“我—我”公正就是自己对自己的公正。

在中国传统道德文化和师德文化中，我们有一个传统——对自己的要求往往比较高。中国社会，还有我们自身，都对教师的道德要求比较高。凭借这点，我们会在人群中很快识别谁是教师。原因就在于教师与其他人有道德修养上的区别——教师是教育别人的，无论如何多少都会注意点自己的道德水准。如果我们不符合社会期待的话，我们的压力就特别大，就会招致人们的批评——人们就会说“他还是老师呢!”与此同时，我们自己也会有类似的较高道德要求的心理暗示。这种社会文化传统的遗存和心理暗示一方面是优点，让我们东亚文化圈的教师拥有比较高的师德水准，但另一方面，它也可能会成为问题，可能让我们对自己的要求太过苛刻。当我们自己对自己要求过于苛刻时，我们就可能成为一个片面的、牺牲型的教育工作者。**讲道德是应该的，但是片面的牺牲反而是不道德的**。所以我旗帜鲜明地反对用蜡烛比喻教师的道德形象。因为蜡烛是片面的牺牲，烧掉之后什么都没有了。片面牺牲型的教师道德形象不仅对教师不好，对学生也不好。

教师最好的道德形象应该是幸福的、美好的，能够展示道德生活的优雅。有了人生大智慧之后，他的生活本来就应该是“阳光”的。反之，就像我们一定要用幸福去说明道德一样：如果没有人生的幸福，仅过苦行僧式的生活，道德生活的理由是不充分的。教师对自己当然应该有适度的道德规范的要求，但教师绝不可以只做苦行僧。因为苦行僧不仅苦了自己，而且在道德上会吓跑我们道德教育的对象。他会觉得：老师固然是道德的，但我不会去做老师那样的人。为什么？——太苦！其实日常生活中没有那么多需要愁眉苦脸的日子。做教师的，应该是一个阳光的角色。讲道德，但是很阳光、很感性、很懂生活。

道德高尚，又不要对自己要求太过苛刻，这就是一个自己对自己公正的问题。我们很容易讲要对别人公正，但是对自己要不要公正？也要公正啊！忘记了这条线索，就会失掉师德修养及其合理性的一个很重要的内容。

2. 同侪性公正

同侪性公正是指同事之间关系处理时的公正。同事之间的关系不外有两类：上下关系和平行关系。这两类关系有时候很复杂，不好处理。但我觉得最重要的，也是最智慧的选择就是公正地处理人际关系。

在上下（级）关系的处理上，知识分子中间容易出现两种极端情况。一种是很多知识分子溜须拍马、失去人格尊严；另外一种是有些知识分子为了显示自己是“知识分子”，故作清高、冷落他人。这两种情况都是有问题的，而且很早以前就有人注意到了这些问题。孔夫子在讲礼的时候就说过“恭近于礼，远耻辱也”。就是说你把握好恭敬的尺度，你就远离耻辱。倒过来推的话，如果你不讲法度、不讲分寸的话，你就必然会招致耻辱。例如，逢迎拍马本身就是耻辱。另外一种情况，如果你常常对别人特别不礼貌的话，人家回击一下，那种羞辱也是你自找的！其实，所谓分寸，所谓不卑不亢的问题，就是公正的问题。譬如理论上讲，在一个校园里咱们任何人都可能成为校长，为什么我们成为校长之后就要被孤立呢？这是没道理的。无论是逢迎，还是故意地回避或者冷落领导，你都是不公正的。公正原则就是要求我们要正常交往，他是个上级又怎么样呢？上级也只是工作分工而已，大家在人格上是互相平等的。事实上我们也常常能够看到一些成功处理好上下级关系而其乐融融的、幸福的教育界的同事。

同侪性公正还有一个方面是要公正处理平行的同事关系。教师的劳动是集体性劳动。假如教师之间互相拆台的话，教育是不可能取得最大的成就的。但是现实生活中同事关系有时候真的很难处，尤其是极度平行的同事关系。比如：两位教师都是同一个师大中文系同一年毕业的，都在同一所高中教高三语文，都教得一样优秀，都应该晋升，但今年就一个高级教师指标，两个人中谁先评上？这是一个麻烦的问题。人们在具体生活情境中应用道德原则时常常是比较困难的。但我觉得可以考虑的生活智慧还仍然是公正的智慧。公正原则建议我们：你只要按公正的程序去做就好。虽然A评上了，B不高兴，B评上了，A不高兴，但这种失落是短暂的。然而我们设想：如果A评上了，而B发现A评上的原因是他搞了不光明的小动作，那么B的“不舒服”就会转化为强烈的愤怒甚或仇恨，而A同时也会有内疚甚至罪恶感。这两个同一年毕业于师大中文系的亲如兄弟或姐妹的人，就可能会因此而失去宝贵的友谊，甚至在两个人的人际关系上背负终生的阴影。与早一年或晚一年获得高级教师职称相比，A的做法根本不值得！因此，面对类似的情况，我们要时时提醒自己公正地做人。即使有遗憾，也可以把遗憾控制在最小。

3. 对象性公正

前面两个公正很重要，但对象性公正更重要。所谓“对象性公正”就是要公正地对待教育对象——学生。对象性公正至少有五个方面的内容。

第一，平等地对待学生。这是指整体上我们要有一个师生平等的师生观、学生观。《联合国儿童权利公约》里说，我们之所以尊重学生，不是因为儿童小、容易受伤害，而是因为学生跟我们一样拥有平等的人格。这一点表面上很容易接受，但事实上许多教师在心底是不接受的。因为许多教师在心灵深处总认为：我是一个老师，应该比学生高一点，学生就应该比我们矮一点；我可以对学生随便一点，而学生对我们就应该更尊重一点……他没办法把学生在整体上看作是与教师完全平等的人。这样，他就不可能真正关切学生的感受、设身处地地去为学生着想。所以我觉得平等地对待学生，确立现代学生观和师生观，对于我们来讲非常重要。只有观念变革了，日常教育生活中我们才可能有真正平等的师生交往。

第二，爱无差等，一视同仁。这是对学生来讲的教育公正最基本的含义，几乎所有的教师都明白这点。但我要特别提醒大家的是，**防范的重点应该是隐性的教育不公正**。故意地、明显地对一部分学生好，对一部分学生不好，这种情况往往较少发生。教师修养的重点要放在不经意之间发生的事情上。这里我以两个道德上最容易犯的错误为例。一个是小学低龄段的教师，尤其是幼儿园教师，他会偏爱那种特别好看、好玩的孩子，情不自禁地更喜欢某几个孩子。这种时候，教师要提醒自己：我们不能任由自然情感去流淌，因为这样的做法不合伦理，甚至违背伦理。比如总是关注那些活泼可爱的孩子，那些沉默寡言的孩子就可能会因被边缘化而越发沉默。伦理的作用就是调节我们任由自然情感流淌可能发生的错误。另外一个情形是到了小学高年级以后，慢慢就会产生另外一个问题。就像农民“喜看稻黍千重浪”，我们有时候也会在班上发现某些学生，他们无论在课业还是在人品方面，几乎都是完美的，他们是所谓的“优等生”。这种时候，教师和学生之间就是农民和麦浪之间的关系。一方面你喜欢“优等生”，这很自然；但另一方面，你也要警惕，你的“喜欢”要讲法度。不然就会像刚才所讲的，你不但对别的孩子不公平，对这些优等生本人也不一定是好事。偏爱、溺爱从来都不是好事情。所以，我们需要重点关注隐性的不公正。显性的不公正也要防范，但相对简单一些，因为你本身就知道那是不对的。

第三，实事求是，赏罚分明。关于赏罚的问题，我认为奖励和惩罚都是中性的，没什么好坏，甚至体罚都是中性的。体罚，按照字面的意思，就是用身体上遭受痛苦的方式来惩罚对方。一个小孩做错了事情，爸爸打了他的小手，是不是体罚？当然是体罚。关键的问题不在惩罚，而在惩罚有没有教育性。奖励也不一定就是好的，前面论及的溺爱就是坏事。所以，奖励和惩罚都是中性的，是工具，关键是看你怎么使用它。在此我们要强调的是，奖励和惩罚都要讲公正。说实在的，学生并不一定会埋怨我们的惩罚，而会反感我们惩罚的不公正。他们有委屈，才会反抗那些不公正的惩罚，才对我们有敌意。相反，如果他觉得老师的惩罚是对的，是合理的，目的是为他好，他还会记恨我们吗？还会有那么多告状的事情吗？不会。你会发现，很奇怪，对学生最严厉的教师常常是最受学生敬重、欢迎的老师。什么原因？他要求“苛刻”，但学生觉得他的“苛刻”正是对大家的“好”（爱）。所以，公正的重点不在于是否奖励和惩罚，而在于怎样合乎伦理地使用奖励和惩罚这些手段。

第四，长善救失，因材施教。教育公正在日常生活中主要是“实质性”公正，这意味着你必须灵活而非机械地应用公正原则。这样，长善救失、因材施教就非常重要。

此外，在爱学生方面，问题的关键不在于我们懂多少抽象的爱的道理，而在于把教育爱落在实处，你要切实帮助每一个具体的学生。你认为自己对学生公正处理、一视同仁，但当学生有特殊困难时，你却不帮他，任由他处于不利的处境，这样的一视同仁是没有意义的。因此公正法则要求教师根据学生的不同情况因材施教，尽力让所有学生实质上站在平等的起跑线上。

第五，点面结合，面向全体。教育是一个复杂的行业，完全不顾学生的特点就会与因材施教的原则相矛盾。某些学生发展特别快，我们就要给他另外的任务；某些学生发展特别慢，我们就要给他特殊的照顾。因此，“开小灶”在某些情况下是必要的，但同时一定要注意点面结合、面向全体，不能因为一部分学生而忽视另外一部分学生。在集体教育体制中，“点面结合”和“面向全体”常常会处于矛盾状态。**我的建议是集体教育时应更多注意“面向全体”，在个别教学时应尽量“点面结合”**。

4. 其他领域的公正

其他领域的公正主要包括两个方面，一个是对家长的公正，另一个是对社会的公正。

对家长的公正，特别是指在与家长的交往中教师不要居高临下、构成不平等的关系。有些教师将学生视为“人质”，认为学生在自己手上，就可以随便地对待学生家长。一些教师利用职务关系，谋取自身权益，这是任何一个行业都公认的腐败，是让行业蒙羞的行为。另外，还有一些教师在文化上持一种优越感。很多教师，当学生有问题时，想都不想就认为是家长的问题。因为归结到家长那里后，自己心里是比较舒服的，“摘干净”了。但“摘干净”有什么用呢？学生的问题还是学生的问题。当然有些家长确实糟糕，无论文化还是人品都很糟糕。即使是在这种情况下，我们仍然需要公正地对待家长。不平等地对待家长，只会妨碍你的工作，只会恶化你和家长的沟通，很难形成学校与家庭教育之间的合力，共同教育好孩子。我们如果想把教育这件事情做好，真想使孩子取得进步，就必须与家长取得联系，就必须利用家长这个教育资源，建立平等的伙伴关系。你跟他们配合，他们才会跟你配合。彼此之间的平等和尊重是第一位的。

对社会的公正，就是说，作为教育行业中的人，我们要有行业本位的责任感。最简单的说法，就是要“对得起”社会给我们提供的岗位。如果你对不起自己的岗位，对社会你就是不公正的。举个最简单的例子，我本人是北京师范大学的一个普通教授，大家也可能同样认为，自己就是一个普通的数学教师、一个普通的物理老师等。但是你再普通，你都面对一个不普通的事实：这个课堂（空间），此时此刻（时间），我的演讲是独一无二的。“三尺讲台有神明。”不管谁，有多大的权势，都没办法在这节课上取代我在这里的演讲。换言之，任何一个时空、任何一个讲台、任何一节课都是独一无二的。我们每一天的工作实际上是没办法“补救”的，没有人可以取代我们的位置。因此，爱岗敬业就是必需的。“做一天和尚，撞一天钟”，对此，积极的理解可以是：既然你选择“做一天和尚”，你就必须负起“撞一天钟”的责任——因为你不撞，没有人替你撞！如果你不认同教育行业，就请你走开，不要占着神圣的教育岗位。别人不能侵犯你的岗位，但是你自己也不可以侵犯它！这也是一个对社会的公正的问题。

三、仁慈

在教育生活中，仁慈和公正一样重要，甚至比公正更重要。我们首先来探询一下为什么要讲仁慈的法则。

（一）为什么教育要讲仁慈法则

首先，仁慈是公正的延伸与补充。

公正很重要，但它是有缺陷的，它会给人留下“价值遗憾”。例如，一场十分重要的音乐会，你排了老长的队买到了最后一张票，你很高兴。这是合乎公正的安排，因为你排了很久的队才买到最后一张票。但假如这时你发现身后站着一位将不久于人世的癌症患者，这可能是他人生中最后一场音乐会，而且他也非常渴望得到一张票。如果这时你拿着那最后一张票走开，根据公正原则当然没有人会谴责你；但是此时你自己总会觉得没办法离开，即便步履沉重地离开了，你也会觉得有点遗憾。这就是所谓的“价值遗憾”——你没有做错什么，但是仍然有“遗憾”。只讲公正会产生“价值遗憾”，这就证明只讲公正是不够的，公正需要仁慈来补充！

另外，“关怀伦理”理论也提醒我们只讲公正逻辑是不完善的。心理学家吉利根最初发现了女性道德判断的方式不同于男性。“女性的”道德思维特点多是情感取向、关系性的，她们最看重特定行为是否伤害了他人。这不同于“男性的”单线条的、逻辑的、以公正为主要取向的道德判断。因此，吉利根等人认为：伦理如果是一个完整的世界，就既要有男性伦理，也要有女性伦理（关怀伦理）。从这个角度来看不难得出结论：我们的世界同时需要公正和仁慈，仁慈是公正的延伸和补充。正如沙翁名著《威尼斯商人》中的鲍西亚所说的：“倘若能以慈悲调剂着正义，人间权力就无异于上帝的权力。”

在教育生活里，有更多需要特殊关怀的情况，只讲刻板的公正是远远不够的！

其次，仁慈是伦理的基本原则。

我们可以从两个现代伦理学家的理论中得到确证。

一个是伦理学家史怀泽的思想，他曾提出“敬畏生命”的伦理学思想。他认为生命是神圣的，也是脆弱的，因此生命是需要呵护的，关怀生命是伦理生活的第一要务。事实上，生命的神圣与脆弱是相互论证的。最神圣的生命在任何时刻都可能灰飞烟灭，生和死之间的时间、空间距离几乎为零，只是日常生活的庸庸碌碌常常使我们忘记了这一点而已。因此，仁慈地对待每一个生命是十分必要、必需的。

另外一个是伦理学家斯蓬维尔的理论。斯蓬维尔认为，只要是人都会犯错误，因此宽恕很重要。他对仁慈概念的界定也主要指向宽恕。他曾在他的书中举了《圣经》里的一个例子。一次，耶稣遇到一群法利赛人准备对一个犯通奸罪的妇人施以石刑。石刑是一种极刑，就是不断用石头砸犯罪的人，直到犯人死亡。法利赛人请教耶稣，耶稣就对这些人说：“你们中间谁是没有罪的，谁就可以先投第一块石头。”大家知道，基督教的罪是道德上的罪（sin），而不是法律上的罪（crime）。于是，人们一个个地退去，准备让没有罪的人去先投第一块石头，最后只剩下了耶稣。妇人请求耶稣惩罚她，耶稣只是轻轻地说了一句话：“去吧，从此不要再犯。”斯蓬维尔举这个例子实际上是在说：人人都可能犯错，我们每个人都需要他人的仁慈的谅解。这也再一次证明：仁慈是我们道德生活中最基本的规则之一，如果没有它，我们的生活一定会很不幸。

以上是伦理学的论证、一般的论证。具体到教育行业，仁慈的法则实际上就是“教育爱”的法则。从教育的角度看，“教育爱”无疑是重要、必要的。

最后，“教育爱”是重要、必要的。

陶行知先生有过这样的一段话——“你这糊涂的先生！你的学堂成了害人坑！你的墨水笔下有冤魂！你说瓦特庸，你说牛顿笨，你说爱迪生像个坏了的鸡蛋。”

从这段话中，我们可以看出一些教育真理的端倪。首先，学生的发展是需要等待的。学习是一个过程，每个人的发展都是需要耐心等待的，同时，每个学生的发展轨迹是不一样的，速度也是不一样的，所以等待、耐心、宽容是十分必要的，教育爱是学生发展所必需的。其次，营造一个宽松的环境对学生的发展来说十分重要。宽松的环境主要指心理环境。心理学家罗杰斯曾经提出过教师对学生应该有“无条件的爱”。他认为教师对学生的爱应该是无条件的。一旦教师的爱是有条件的，学生就会养成看教师脸色行事的习惯，没有办法形成独立自主和创造性的人格。当然，“无条件的爱”

并不是忽略学生的错误。只是面对学生的错误时，我们可以说“无论你做了什么，我都很爱你；但是你这样做是不对的，这对别人有伤害，对你自己也是不利的”，而不能说“你这样做，我就不爱你了”。所以，在教育行业里，教育爱或仁慈的法则是十分必要的，我们应恪守仁慈的法则。

（二）教师践行仁慈法则应该注意的问题

接下来，我们来看一下如何在教育中贯彻仁慈的法则。原则上我们也可参照公正原则践行的思路去讨论教师对自己、对同行、对学生的仁慈和其他领域的仁慈问题，但是我们看看这里有无别的路径。一个简易的路径是我们可以从对仁慈法则的正确理解中得出结论。

1. 注意正确理解仁慈法则的一般规定性

首先，仁慈是一个情感性的概念。当我们提到仁慈的时候，我们首先想到的就是爱、爱心等。孔夫子也认为“仁”就是“爱人”。因此，爱心是仁慈的第一个规定性。但是伦理上的仁慈不是自然情感的简单流露。比如，成年动物爱自己的幼崽不亚于我们人类，但我们却将它称为本能而非德性，因为那不是自觉的选择。而严格意义上的人类的仁慈美德都是伦理上自觉的行动，因此**仁慈的第二个规定性就是理智性**。汉代的董仲舒曾就“仁”和“智”的关系说过这样的话——“仁而不智，则爱而不制也；智而不仁，则知而不为也。”如果你爱一个人却不讲分寸的话，那就爱得没有法度；如果你只有理智而没有情感接纳的话，那么你知道一件事也不会去做。这点对教育来讲十分重要。**第三点是仁慈具有超越性**。仁慈是公正的延伸和补充，这在某种程度上就是仁慈的超越性。公正强调的是对等，但仁慈不要求回报。例如，在汶川地震的捐款中，我们都没有想过要得到相应的回报。同时，宽恕就是谅解他人，这从境界上本身就高人一筹。耶稣被钉在十字架上时说的那最后一句话就是高度宽恕精神的象征——他说：“主啊，宽恕他们，他们所做的他们并不知道。”圣经里说：“如果有人打你的左脸，把你的右脸也迎上去。”有人认为这是不讲原则的退让，我以为其实是倡导对错误的无条件宽恕。这种无条件的宽恕精神对教育来讲是特别重要的，因为我们教师常常会遇到一些很“麻烦”的学生。有一年，一个“优秀班主任”居然在一个屡教不改的学生脸上刺了一个“贼”字。在某种意义上我们其实是可以想象这个班主任的苦恼的——他是恨铁不成钢啊，他肯定不止一次地告诫他的学生不要偷窃！但是他最后没有无条件地宽恕这名学生，而是在他的脸上狠狠地刺了个“贼”字。这样的做法当然是不对的，违背教育伦理也违背国家法律。不管是谁，一旦利令智昏、“狗急跳墙”

的时候，人就疯了，就失去了伦理智慧。仁慈的伦理法则要求我们：学生犯再大的错误，我们都要用高度的教育爱来包容他、帮助他，而不能忘记师生关系的本质——教育爱。所以，仁慈既有**爱心**和**理智**的成分，同时也具有**超越性**，它是无条件的爱，是对错误的高度宽恕。

2. 注意正确理解教育仁慈的行业特点

教师的仁慈或教育爱既有仁慈的一般特征，也有自身的规定性，它至少包括教育性、理智性和方法性。

教育性可有两个说明：一个是教育要求仁慈，一个是教育规定仁慈。“教育要求仁慈”指的是教育的人道性质决定着教育必须践行仁慈的原则；而“教育规定仁慈”则是指教育过程中的仁慈具有教育的规定性。常言道“师生如父子”，“如父子”的意思是类似但不等于父子。这说明教育者对学生的爱要更多地考虑是否有教育性，这是“教育爱”不同于一般家长对孩子的“自然爱”的地方。而这里所谓的教育或教师的仁慈的“教育性”，最主要的意味就是教育仁慈的理智性和方法性。

理智性对教育的仁慈或教育爱来说十分重要。前述的那个失败案例（在学生脸上刺“贼”字）就是教师丧失了理智所导致的。理智性的重要依据在于两点：首先，教师要看到学生的长远发展；其次，教师要考虑教育的整体意义。

以孔夫子和子路的故事为例。子路是孔夫子学生中武功最好的一个，但《史记》中记载子路“性鄙，好勇力，志伉直，冠雄鸡，佩豭豚，陵暴孔子”。孔子却能包容对待，并“设礼稍诱”，最后使子路“儒服委质，因门人请为弟子”。孔子对他的教育是十分成功的，我们从子路的死亡中可以明显看出——子路最后与其说是战死疆场不如说是为“礼”殉难——他是在整理衣冠的时候，被对方刺死的。我们难以想象，最初那个狂放不羁的子路最终却能够那样模范地崇“礼”，遵守规范和道德。我们可以设想，如果孔子当初没有看到子路长远发展的可能，历史上就没有了那个崇礼的子路。所以，所谓理智性的一个主要表现就是从时间上来认识到教育是一项长远的事业，教师应该用更长远的眼光看待自己的学生和自己的教学行为。

教师还要考虑教育的整体特征。教育事业不是一蹴而就的，也不是部分之间的简单相加，教育是一个整体。我们的一些教师可能身处被人们称为“不好”的学校，这些学校每年招收的都是重点学校挑“剩下”的学生。这些教师可能觉得教着这些“不好”的学生特没意思，别人也会低估教师的工作价值。但其实，没有这部分教师的工作，我们的教育和社会都将会陷入十分麻烦的困境，因为这部分学生是最容易出现问题的学生。积极地看，共和国大厦的建构需要最普通的砖瓦。正是有了普通学校这部分教师的工作，我们的教育才在整体上具有了更强的社会意义。

我们再来看一个子贡的例子，子贡是孔夫子的得意门生之一。一次有人问子贡："夫子之门，何其杂也?"子贡答道："君子正身以俟，欲来者不拒，欲去者不止，且夫良医之门多病人，檃括之侧多枉木，是以杂也。"好的教师在随时等候并善待每一个学习者，进一步说，教育家应该更有胸怀欢迎那些调皮的孩子才对。

方法性也有两点要求：一方面，我们要帮学生处理问题，**实质性地爱学生**；另一方面，我们的处理还要有方法，要**有智慧地对待学生**。

大教育家苏霍姆林斯基曾经建议：教师在面对犯错误的学生时要像家长一样去思考。因为家长看到孩子犯错误时，他的第一念头不是给孩子记过、给学生留校察看等，而是赶紧想孩子为什么犯了这样大的错误、如何赶紧帮助孩子认识并纠正错误——这才是真正爱学生的表现。简单地、一味地批评和指责不是深刻的教育爱。

有这样一个故事：两个男生在课间因为一件小事吵架，其中一个学生挨了两拳，刚要还手，上课铃响了。被打的张三站在教室门口指着打人者大声说："现在上课了，我不跟你计较，下课以后再跟你算账!"来上课的语文老师走进教室时刚好看到这一幕，不过这位老师装作没事一样地对张三说："张三，帮我把作文本发一下!"张三什么话也没说，默默接过作文本就给大家发了起来。发完之后，老师面向全班同学表扬了张三："张三今天表现很不错。在那样生气的情况下还帮老师给大家发作文本，而且张三在此之前就说过'上课了，我不跟你计较'这样的话，说明张三是一个很理智的人，也是一个乐于助人、顾全大局的人。我相信张三下课后一定会正确地处理自己跟同学的矛盾!"然后开始上课。此后的课上老师虽然没有再提这件事情，但他事实上已经给自己的学生以适当的引导。

所以，简单的爱学生有时候是不起作用的，我们教师对学生的爱一定要有"科技含量"。要想教好自己的学生，教师是需要有一些智慧的，不仅是要有专业知识、技能方面的智慧，还要有专业道德方面的智慧。

结　束　语

以上我们讨论了教师伦理生活的三个最重要的关键词——教育的幸福、公正和仁慈，这也是教师专业伦理的三个最主要的原则。完整地表达，我们其实就是想说：**如果我们希望获得教育幸福，就一定要恪守教育专业伦理，尤其是要做到公正和仁慈地**

施教。只有这样，我们才能“做一个配享幸福的教育家”！换言之，要想做一名幸福的教育家，我们就要拥有某种主观上的“幸福能力”。因此最后我想用幸福能力的讨论作为这次研讨的总结。

幸福能力可分为狭义和广义两种。狭义的幸福能力可以从幸福概念中推演出来，它实际是一种积极的价值生活的能力。

如前所述，幸福就是人的目的性生活实现时的那种主体状态。因此如果没有人生目的，我们就难以获得幸福。无论是在普通的日常生活中，还是在教育生活中，幸福的前提是我们必须有自己的生活或事业的理想。这是第一位的。生活理想的品质越高，感受幸福的可能性就越大。从反面来说，我们为什么要讲幸福能力呢？那是因为有大量幸福病态存在。很多人将伪幸福理解为幸福，将感官上的快乐误以为幸福感。这样的物质主义人生观、幸福观非常有害，它会麻痹我们的幸福感官，降低我们对幸福生活的感受与向往。因为最终，我们在物质主义这条道路上会走向朝生暮死的及时行乐，而及时行乐反过来又让我们产生更多的无意义感和寂寞感，进一步瓦解我们追求幸福的冲动。朝生暮死、及时行乐的实质是生活理想与意义的丧失。所以，我们每个人都应有自己的生活理想，而作为教师，我们还应该特别拥有教育理想。**无理想、无意义即无幸福的可能！**

此外，狭义的幸福能力当然还包括主体的道德勇气、德性实践的策略等。因为即使我们在道德目标上有十分明智的选择，但是在生活中却不敢坚持自己的意见，或者总是在德性生活中踉踉跄跄、遭遇挫折，那么也不可能获得真正的幸福。

广义的幸福能力则包括获得幸福的其他一切主观条件，它的第一个维度就是个体劳动的**创造性**。其实目的性的自由特征在某种程度上就意味着创造性。简单的重复远离创造性，是一种不自由的表现。许多教师感受到的职业倦怠就部分地源自于教育工作的简单、重复性，或者说它与创造性的缺失密切相关。而没有创造性又与我们的动机水平不高有关。只有提高动机水平，去做教育家，提升我们劳动的创造性，才能避免职业倦怠。因为要做一名教育家，需要做的工作是无限的、这些工作需要我们不断地去创造。

广义的幸福能力的第二个维度就是道德主体要具有**综合素养**。教育专业性的标志之一就是综合性。作为一名教师，我们必须具有多方面的综合素养，这样你的创造性才有源头。从幸福获得的角度来讲，如果你过于单调、枯燥，就没有创造性，那么获得幸福的可能性以及对于幸福的感受性都会大打折扣。

广义的幸福能力的第三个维度是**生活美学素养**，也就是我们要有广义的创造生活美、感受生活美的能力。日常生活中有许多美好的事物，但是我们的感官往往会忽略它们：例如蓝色的天空、小草上的露珠、淅淅沥沥的春雨等。也许我们会在网上搜索一幅摄影家拍摄的小草上的露珠的照片，将它们作为我们电脑的桌面，但是我们却常常忽略自己教室的露台上、楼底下的草坪上就有那样的晶莹剔透的露珠。同样，那些别人在特定场合向我们讲述的温情故事，其实也可能每时每刻就实实在在发生在我们自己身边。例如你的学生曾向你传递过的令你感动的眼神、你的同事曾给过你的无私的帮助，还有其他常常发生在你的教室里的许许多多美丽的故事……可惜的是，你过去没有留意过它们，你认为那些都是应该的、理所当然的。这一遗憾的原因当然就是生活美感的维度没有建立起来。

所以在考虑幸福人生追求的时候，除了前面讲的价值生活能力之外，我们应多考虑创造性的教育生活，多增进综合的教育素养，多培养一点美学的眼光、美学的气质。

最后，我给大家展示一首我写的诗，诗的题目叫《像花儿一样生活》。诗歌写作的背景是：2006 年夏天我在伦敦大学做高级访问学者，有一天突然特别感动——因为从宿舍到办公室的路上，我看到路边各家各户露台上的鲜花怒放，雨后天晴时的鲜花是那样的鲜活、生动，几乎都在和我打招呼！于是，我写下了这首诗——

像花儿一样生活吧，
不要学风，无休止地流浪。

像花儿那样歌唱，
像花儿那样舞蹈，
像花儿那样沉静，
像花儿那样微笑……

招呼每一个路人，
也像花儿那样热情奔放。

让疲惫的心深红或橘黄，
依傍在每一户的窗台
遐想和开放。

当时真是一个非常愉悦的时刻！这种感受与人的感觉器官的敏感度有着非常明显的关系。生活中并不缺乏美，但是可能缺乏发现美的眼睛。同样，生活的幸福不仅需要生活的创造力，也需要对幸福的感受力。我祝愿所有教育工作者都保持幸福的创造和感受能力，追求我们最高品质的人生。教师职业道德生活能力是我们追求教育幸福的主观能力中最核心的一个部分。无论我们什么时候开始觉悟到这一点，努力从德性与幸福的关系出发去做一个配享幸福的教育家，都是我们教育人生中最智慧的选择。

问题与反思

1. 有人认为："教师只有摆脱了职业感的束缚，不把教书当成谋生的手段，而是出于自己的需要，像孟子那样以得天下英才而教（育）之为乐，那么他才能在教的活动中自由地、有创造性地发挥自己的全部才能和力量……只有教、学双方在互动之中都抛弃一切世俗的、外在的顾忌，沉浸在艺术的创造过程之中，才能达到'孔颜乐处'的境界。"

您如何看待这段话？

2. 两个"差生"在宿舍里为了争夺一把吉他而扭打起来，最后去找老师评理。出乎意料的是老师听罢不仅没有批评他们，反而表扬他们有进步，理由是："第一，你们为了吉他而打架，比上次为抢帽子而打架要好多了。因为想弹吉他是好事。第二，动手打人不对，但没有上次厉害。第三，最重要的是，你们想到了解决问题的新方式——找老师，而不是像以前那样非打出一个输赢不可。"接着，老师提出了让他们凭借自己的智慧，理智友好地解决类似问题的要求。最后，两个同学手拉着手离开了老师办公室……

试分析以上案例中教师专业伦理运用的成功之处。

3. 试与同事分享师德修养及德育专业能力提高方面的经验，讨论日常教学生活中经常遭遇的伦理困境及解决策略。

相关链接

1. 檀传宝. 2003. 教师伦理学专题——教育伦理范畴研究［M］. 北京：北京师

范大学出版社.

本章的主要内容取材于这本专著。该著作以“教师的幸福”作为起点，相继对“教师的公正”、“教师的仁慈”、“教师的义务”、“教师的良心”、“教师的人格”等教师专业伦理范畴作出了详尽的阐释，最后以“教师的人格”的养成作为逻辑的终结。这是一本具有一定理论创新性的教师专业道德读本。由于做到了专业伦理研讨结合大量生动的案例，这也是一本理论与实践紧密结合的著作。

2. 赵汀阳. 1994. 论可能生活［M］. 北京：生活·读书·新知三联书店.

赵汀阳博士的这本专著是一本发人深省但深入浅出的伦理学著作，对于希望在最短时间内领略伦理学魅力的读者来说，该书是最好的选择之一。

3. 檀传宝. 2009. 走向新师德——师德现状与教师专业道德建设研究［M］. 北京：北京师范大学出版社.

这是笔者领导下的专业团队对当代中国师德问题及师德建设进行实证调查和专题研究的最新成果，希望了解、探索解决当代中国师德问题的读者可以参考该书。

4. 斯特赖克，索尔蒂斯. 2008. 教学伦理（The Ethics of Teaching）［M］. 北京：教育科学出版社.

这是一本在英语世界产生过广泛影响的教育伦理专著，我们相信斯特赖克（Kenneth Strike）、索尔蒂斯（Jonas F. Soltis）两位专家对于具体师德问题的分析，对于中国读者有开阔视野、澄清思维的作用。

教师德育专业化读本

德育观念模块	▶ 做一个配享幸福的教育家 ——教师德性生活关键词：幸福、公正与仁慈 中国传统德育与德育现代化 制度情境与道德教育 当代青少年文化与学校德育
德育实务模块	德育与课程实施 班主任的德育工作：角色定位与功能实现 社会变迁过程中的学校师生关系 主题班会的设计与开展 ——班主任德育工作的视角
德育理论流派模块	苏霍姆林斯基的德育思想 科尔伯格与品德发展理论 关怀教育学与关怀关系的建立 价值澄清与多元文化的应对

教师德育专业化读本

中国传统德育与德育现代化 2

王　啸

阅读导航

中国传统文化和传统德育是一个国人无法回避的重大问题。从某种意义上说，历史是我们无法选择的，但我们可以选择对待历史的态度。故本章的主要内容是，在现代化的进程与语境之中，探讨中国传统德育的内涵与特质。其核心观点是：如果我们要实现德育现代化，就一定要以批判反思的态度对待自己的文化传统，中国传统德育一直是什么，并不意味着中国德育只能是什么。只有这样，中国传统德育才能在中华民族的现代化过程中发挥积极作用。

通过本章的研讨，我们特别希望探询的问题主要有：

1. 如何看待包括传统德育在内的中国传统文化的内涵与特质；

2. 如何理解中国传统德育的近代转型；

3. 如何在人类文明的视野之中对中国德育的现代化加以定位。

这些问题都是今天的教育工作者应该深入了解和认真思考的。

引言

作为一个历史悠久的泱泱大国，中国传统文化在塑造中华民族的国民性方面发挥着极为重要的作用。“文化是历史地凝结成的稳定的生存方式，其核心是人自觉不自觉地建构起来的人之形象。”（衣俊卿，1999）文化的实质在于人化，文化的功能在于化人。中国传统文化已深深地融入了中华民族的人之形象当中，它不仅构成了中华民族的血脉和筋骨，而且还充分体现在中国人的日常生活之中。

中国传统德育属于中国传统文化的一部分。中国传统文化现在所面临的最突出问题就是现代化的问题。对于“现代化是什么”这个问题，不同的人有不同的回答，但人们在以下方面是有基本共识的，即科学技术与民主政治是现代化的核心内容。而它们也是中国自古以来就十分缺少的东西。没有科学技术的高度发展和民主政治的建立，中国就不可能成为一个现代化的国家。现代民主政治以个人自由和人权保障为基础，并在此基础上建立起相应的民主法律制度；而中国传统的文化精神是整体主义的，它提倡德治、礼治，轻视法治。从中国传统文化出发，无法建立现代民主政治。（于述胜，于建福，1996）[354] 不仅如此，现代化还意味着作为个体的人的解放，以此论之，中国传统文化，就其主流而言，从来都欠缺对个体的尊重，个体的地位始终没有真正确立起来。

但是，这并不意味着我们对包括传统德育在内的传统文化采取全盘否定的态度，它毕竟构成了中华民族的血脉根基。同时，我们也不能片面夸大传统文化的作用，把它看作拯救中国乃至拯救世界的灵丹妙药。恰当的态度应该是，在人类文明的视野中对传统文化加以定位，既不贬低，也不夸大。这就需要我们深入了解中国传统德育的基本内涵与特征。以此为基础，我们才能认真思考中国传统德育的现代化问题。以下对中国传统德育的论述与分析将以儒家思想为主。

一、中国传统德育的内涵与特质：仁礼为本

（一）仁是中国传统德育的内容与实质，礼孝则是仁的外显与体现

孔子伦理思想的主要内容和基本特色，体现在他的仁—礼学说中。仁—礼学说的基础建立在社会制度、血缘关系与主观意向方面。仁—礼学说是关于德性培养与伦理秩序的理论，孝则是作为体认血缘的情感和亲亲敬上之德与序定父子、君臣上下伦理

关系的礼的联结内容，或者说，孝是其伦理思想的核心。（陈少峰，1996）[15] 同时，孔子还通过仁来追问制度本身的正义性。在政教合一、注重德治的情况下，这些主张也是中国传统德育的内容与实质。

《论语》里关于仁，最重要的有两句话，一句是："夫仁者，己欲立而立人，己欲达而达人。"（《论语·雍也》）另一句是："孝悌也者，其为仁之本欤!"（《论语·学而》）根据《论语》记载，孔子的弟子一共问仁 7 次，而孔子的回答每次都不一样，体现了"仁"的丰富性。（邓晓芒，2008）[264-270]

第一次：颜渊问仁。孔子的回答是："克己复礼为仁。一日克己复礼，天下归仁焉。为仁由己，而由人乎哉?"具体的做法则是："非礼勿视，非礼勿听，非礼勿言，非礼勿动。"（《论语·颜渊》）

第二次：仲弓问仁。孔子的回答是："出门如见大宾，使民如承大祭。己所不欲，勿施于人。在邦无怨，在家无怨。"（《论语·颜渊》）这段话有三个层次，其中第二句话"己所不欲，勿施于人"作为孔子"吾道一以贯之"（《论语·里仁》）的忠恕之道，是最根本、最核心的。

第三次：司马牛问仁。回答只有一句话："仁者，其言也讱。"（《论语·颜渊》）

第四、第五、第六次：樊迟问仁。樊迟一共问了三次"仁"，每次得到的答案都不同。第一次孔子的回答只有两个字："爱人。"（《论语·颜渊》）第二次的回答是："先难而后获，可谓仁矣。"（《论语·雍也》）第三次的回答是："居处恭，执事敬，与人忠，虽之夷狄，不可弃也。"（《论语·子路》）

第七次：子张问仁。孔子的回答是："能行五者于天下，为仁矣。"孔子进一步说："恭宽信敏惠。恭则不侮，宽则得众，信则人任焉，敏则有功，惠则足以使人。"（《论语·阳货》）

综上所述，孔子所教导的仁，也就是忠恕之道，包括两个方面：一方面，你应该以你愿意被人也如此对待的方式对待他人，这是以人心的共同感受性为前提而要求推己及人，即"己所不欲，勿施于人"。另一方面，就是"己欲立而立人，己欲达而达人"，这是从上一原则引申出来的。成己的同时要成人。如果说前者更多地表现为不可存害人之心的话，那么这里就是告诫君子们要存爱人之举，给予别人提高和发展的机会，同时必要地助人与爱人。（陈少峰，1996）[17]

对于孔子以"仁"为核心的道德范畴体系，马一浮作了如下总结："从来说性德者，举一全该则曰仁；开而为二为仁知，为仁义；开而为三则为知、仁、勇；开而为四则为仁、义、礼、知；开而为五则加信而为五常；开而为六则并知、仁、圣、义、中、和而为六德。就其真实无妄言之则曰至诚；就其理之至极言之曰至善。故一德可备万行，万行不离一德。知是人中之有分别者，勇是人中之有果决者，义是人中之有断制者，礼是人中之有节文者，信即实在之谓，圣则通达之称，中则不偏之体，和则顺应之用。”（马一浮，2003）[65-85] 这一总结可以帮助我们理解孔子以“仁”为核心的道德体系的结构。牟宗三也对孔子的“仁”作出了评价：“仁是全德，是真实生命，以感通为性，以润物为用……孔子讲仁是敞开了每一人光明其自己之门，是使每一人精进其德性生命为可能，是决定了人之精神生命之基本方向，是开辟了理想、价值之源。”（牟宗三，2003）[187-199]

中国自古以来就被称为礼仪之邦，礼是中国文化的象征。礼在孔子那里，成为仁的具体化内容及道德评价的标准和依据。比如，“克己复礼为仁”。孔子把仁放在首位，是因为只有内在信于德才能合乎礼的要求，但礼比内在的个人修养更有代表意义，它体现出普遍的社会价值，因此，它就不表现为遵从自由意志的随心所欲了。君子们应该“非礼勿视、非礼勿听、非礼勿言、非礼勿动”。所以，孔子力倡行礼以成德：“不学礼，无以立。”（《论语·季氏》）“不知礼，无以立也。”（《论语·尧曰》）总之，内在的修养通过外在规范的践行才能表达行为的合理性，才能达到内外和谐统一的仁人理想。（陈少峰，1996）[19] 而荀子则说：“礼有三本：天地者，生之本也；先祖者，类之本也；君师者，治之本也。”（《荀子·礼论》）把天地看作生命之源，这可说是中国农耕经济在思想观念中的具体体现；把祖先看作人类文化的超验依托，可说是宗法文化在思想观念中的反映；把君和师看作治理天下的根本，强调思想权威和政治权威对于人们思想和行为的统一作用，则是大一统的政治格局的观念表现。影响中国传统德育的因素很多，但主要是这种农耕经济、宗法文化和大一统的政治格局。当然，文化的融合与交汇，也是影响中国传统德育发展的一个重要因素。（于述胜，于建福，1996）[357]

仁的最基本规定是孝亲爱人。孔子说，孝亲与敬兄爱弟就是仁之本：“君子笃于亲，则民兴于仁。”（《论语·泰伯》）“孝悌也者，其为仁之本欤！”可见，孔子把孝作仁的基本核心，“弟子入则孝，出则悌，谨而信，泛爱众，而亲仁。行有余力，则以学文”（《论语·学而》）。这表明中国传统德育注重血缘，强调孝忠，侧重差爱而不是博爱，费孝通把这一文化格局称为“差序格局”。在这种差序格局中，家长权威至上，长老统治至上。所谓长老统治，是一种包含着不民主的横暴权力及教化权力等复杂内容的权力结构。整个中国传统社会中的制度安排和权力运作，都是以这样一种社会关系模式为基础。（参见费孝通，2009）

（二）中国传统德育的培养目标是士君子人格，这是其高（追求卓越）的一面，而对君子的培养又注重从洒扫应对做起，这是其低（着眼底线）的一面，并把二者结合起来

孔子对于君子形象有很多描述，比如“君子喻于义”、“义之于比”（《论语·里仁》），就是说君子要以义作为行为的准则。君子的修行要“博学于文，约之以礼”（《论语·雍也》），通过学文来增长道德智慧，通过礼制来约束自己的行为，这表明君子是“仁”的精神与“礼”的规范的完美结合。因此君子的形象要求是“文质彬彬”（《论语·雍也》），即内有高尚的品德，外有得体合宜的行为表现。君子既要有“临大节而不可夺也”（《论语·泰伯》）的气魄，也要注意“动容貌”、“正颜色”、“出辞气”（《论语·泰伯》）的性情陶冶。同时，作为君子还必须具备多种才能，不能只像器具一样，所谓“君子不器”（《论语·为政》），而应“义以为质，礼以行之，孙以出之，信以成之”（《论语·卫灵公》）。这表明，君子应以道义作为做人的根本，按礼仪来实行，用谦逊来表达它，用忠诚来完成它，否则就谈不上君子。最关键的是，“士不可以不弘毅，任重而道远”（《论语·述而》）。到了孟子那里，则有了“大丈夫”之说：“居天下之广居，立天下之正位，行天下之大道；得志与民由之；不得志独行其道；富贵不能淫，贫贱不能移，威武不能屈，此之谓大丈夫。”（《孟子·滕文公下》）这是一种对卓越美德的追求。

朱熹的《白鹿洞书院揭示》则展示了中国传统德育对于在日常生活中历练德性的重视，其文如下。

> 父子有亲，君臣有义，夫妇有别，长幼有序，朋友有信。右五教之目。尧舜使契为司徒，敬敷五教，即此是也，学者，学此而已。而其所以为学之序，亦有五焉，具列如左：
>
> 博学之，审问之，慎思之，明辨之，笃行之。
>
> 右为学之序。
>
> 学、问、思、辨四者，所以穷理也。
>
> 若夫笃行之事，则自修身以至于处事、接物，亦各有要，具列如左：
>
> 言忠信，行笃敬，惩忿窒欲，迁善改过。
>
> 右修身之要。
>
> 正其义，不谋其利；明其道，不计其功。

右处事之要。

己所不欲，勿施于人。行有不得，反求诸己。

右接物之要。

以上表明，儒家一方面着眼于卓越美德的追求，另一方面又着眼于底线伦理的生成。因而尽管在总体取向上，儒家带有浓厚的理想主义色彩，但这种高低结合的思路与策略还是值得肯定和借鉴的。

（三）从范围上说，中国传统德育注重私德而不是公德，着眼于人治而不是法治，对制度关注不足

中国传统德育对于道德的强调，更多的是从私德的角度着手的。比如，孔子主张以德治政。他强调士君子进德修业，主张“学而优则仕”（《论语·子张》）。在他看来，伦理秩序的设定是政治活动的根本，士君子不仅具有维护伦理秩序的义务，而且也能贡献于它的巩固和完善，并通过人格力量和教化手段以移风易俗。从根本上讲，德治是由仁人行为力量所引唤的社会和谐、秩序、高尚、大同。为学（德）和以德为政是有内在联结的过程，由近及远，从小而大。（陈少峰，1996）[22-23]

仁政或德治的基础是圣人，而圣人的意义就在于他自身就是道德榜样。“为政以德，譬如北辰居其所，而众星拱之。”（《论语·为政》）孔子认为，为政是身正的自然结果，君主如果进于德而好仁义，则天下莫不仿效，而道德社会也能得以成就。“上好礼，则民莫敢不敬；上好义，则民莫敢不服；上好信，则民莫敢不用情。夫如是：则四方之民，襁负其子而至矣”（《论语·子路》）。“苟正其身矣，于从政乎何有？不能正其身，如正人何?”（《论语·子路》）即君主要治理好国家，必须端正自己本身，严于要求自己：如果己正，管理国政就不会有什么困难；如果自己不端正，随心所欲，为所欲为，就不可能去端正别人，其国家也无法治理。孟子也提出了同样的主张，他说：“君仁，莫不仁；君义，莫不义；君正，莫不正。一正君而国定矣。”（《孟子·离娄上》）“吾未闻枉己而正人者也，况辱己以正天下者乎？圣人之行不同也，或远或近，或去或不去。归洁其身而已矣。”（《孟子·万章上》）

就社会教化而言，孔子提倡“德政”、“王道”，把道德教化看作社会治理的有效手段。孔子提出“道之以政，齐之以刑，民免而无耻。道之以德，齐之以礼，有耻且格”（《论语·为政》），即用政策和刑罚来管理民众，民众只能是被动地趋利避害，心中并没有羞耻感，用德行和礼制来引导民众，民众就有了羞耻感，能够从内心认同

进而遵守。这是“仁”的道德思想在政治上的体现，揭示了道德教化在治理社会中的功效。因此，作为政治手段的社会教化，目的是“化民成俗”。由此可见，孔子德育思想其实具有极强的入世情怀，它强调人的社会性，强调个体品德修养最终的社会指向和实践指向，这也正是《大学》所说的“大学之道，在明明德，在亲（新）民，在止于至善”。

对仁、义、礼、智、信、孝、慈等私德的强调，有其血缘基础。即从有着血缘关系的家族出发，进而把国家看成是基于血缘关系的放大而组成的大家庭，于是就有了皇帝之类的大家长。由此，所有的伦理纲常就在私德基础上建立起来了，所谓“君为臣纲，父为子纲，夫为妻纲”三纲是也。即便主张“民为贵，社稷次之，君为轻”（《孟子·尽心下》）的孟子，也认为统治者实行仁政，可以得到天下人民的衷心拥护，这样便可以无敌于天下。孟子所说的仁政要建立在统治者的“不忍人之心”的基础之上：“先王有不忍人之心，斯有不忍人之政矣。”（《孟子·公孙丑上》）“不忍人之心”是一种从血缘感情出发的同情仁爱之心。孟子主张，“亲亲而仁民”（《孟子·尽心上》），“老吾老以及人之老，幼吾幼以及人之幼”《孟子·梁惠王上》。仁政就是这种不忍人之心在政治上的体现，治国的根本就在于“人伦纲常”。虽然这一思想反映了儒家的宗法伦理观念，但在封建社会的历史条件下这种伦理纲常确实起到了治理国家的重要作用。

对私德的强调，固然造就了彬彬君子，但也导致了两个不良后果。一方面造就了大量私民，导致了中华民族公德与公共意识的缺失。费孝通就曾经指出，在这种强调私德的差序格局中，社会关系是逐渐从一个一个人推出去的，是私人关系的增加，社会范围是一根根私人联系所构成的网络，因此，我们传统社会里所有的社会道德也只在私人联系中发生意义。这是传统乡土社会中人和人相处的基本办法。这种办法在一个陌生人面前是无法应用的。在我们社会的急速变迁，从传统乡土社会进入现代社会的过程中，我们在乡土社会中所养成的生活方式处处产生了流弊。陌生人所组成的现代社会是无法用传统乡土社会的习俗来应付的。（参见费孝通，2009）另一方面，由于仁政的基本标志是政治运行过程中的贤人主政，所以儒家对制度的关注严重不足，中国人总是寄希望于圣人青天之类的人物，这正是人治的重要特征和体现。由这种人治中无法生长出法治精神，人治的最好类型也不过是开明专制。

（四）从类型上说，中国传统德育的主流是德性或美德伦理，它着眼于少数精英，注重身份的差别，具有不平等的特征

儒家伦理是一种与身份社会或等级社会相匹配的德性伦理或美德伦理。可以说，

承认尊卑上下次序，是儒家伦理的根本特色。这一点充分体现在孔子的“正名”思想中。正名即是强调区分贵贱尊卑上下次序的礼和身份地位的标准。齐景公问孔子怎样治国，孔子说：“君君，臣臣，父父，子子。”（《论语·颜渊》）即要治理好国家，君主必须像个君主，臣子必须像个臣子，父亲要像个父亲，儿子要像个儿子。确立了等级名分，才能各安其分，各守其职，所谓“名不正则言不顺，言不顺则事不成，事不成则礼乐不兴，礼乐不兴则刑罚不中，刑罚不中则民无所措手足。故君子名之必可言也，言之必可行也”（《论语·子路》）。也就是要区分出各个不同阶层、地位的各自权限范围和行为标准，使得“贵有常尊，贱有等威”。（陈少峰，1996）[25]

应该看到，在传统等级社会中，常常是德性学、人格伦理学占据优势地位。这类德性学、人格伦理学实际上都隐含一种优越的精英论色彩，但这种伦理学倒也适合当时的精英等级社会。规范伦理只是在近代人类进入一个相对平等、民主的社会时才开始占据一个突出地位——比如康德力倡的规范伦理学就具有一种平民伦理学、公民伦理学、大众伦理学以及同时照顾到少数和多数的现代伦理学的色彩。它是法治社会的必然要求，也是现代社会人们追求人人平等的真实反映。正因为如此，规范伦理不仅能给多数，也能公平地给各种各样的少数提供一种最好的保护。所以，在近代以来趋向平等的社会中，由规范伦理学占据主导地位并非偶然。（何怀宏，2000）[328-329] 在此意义上，中国的法治建设的确应该大力加强而不是削弱，而规范伦理的普及则无疑可以为这一进程奠定基础。我们应该看到规范伦理成为现代社会之主流的历史合理性。所以，中国德育需要加强以平等精神为内涵的规范伦理，这样，一个平等正义的社会才能真正实现。

（五）从人之形象上说，中国传统德育主要体现为集臣民与私民于一体的农民形象，权利意识与参与意识薄弱

孔子所宣扬的以“仁”为核心的儒家道德体系，其实是一种世俗之人通过控制自己的欲望而形成的自律的状态，这种自控的状态就是一个社会个体所应具有的道德。因此，儒家的道德反映的是世俗的伦理，适合于那些作为普通民众的农民。通过这种道德教化，让他们控制自己的欲望，进而约束自己的外在行为，不要去做一些损人利己和假公济私的事情。然而，作为传统社会的人之形象，农民在纵向上表现为臣民，在横向上表现为私民。臣民无我，私民无他。“臣民无我”指的是臣民没有独立的自我人格，只有无条件的义务奉献；“私民无他”指的则是私民只有狭小的私人空间，没有他人意识和公共意识。

因此，我们必须承认，中国传统文化中的权利文化很不发达，特别是中国的封建传统道德更因其维护一种严格的、以服从为特征的身份等级制度而与现代权利观念格格不入。这种封建道德的实质是：在赋予位尊者绝对权利的同时，却对位卑者施以片面义务。由此，在这种等级序列的人伦关系中，根本不存在个人的独立、自主和意志自由，而只存在“特权”和“服从”，个人权利观念、权利义务平等观念自然无从谈起。（余涌，2001）[5-6] 对此，同属东亚文化的日本学者川岛武宜发出了这样的感慨：“在生活的根本原理只是服从的社会中，没有发生权利概念的余地。”（川岛武宜，1994）[18]

中国传统文化中权利维度的缺失，可以从东西方对比的角度来考察。西方文艺复兴后的思想家所宣扬的自由、平等和权利观念，实质上只是将市场经济的要求以权利语言的形式表达出来。换言之，个人的独立、自主和权利平等是市场经济的必然要求。这表明，中国古代的小农经济或自然经济传统很难发育出权利平等意识。从中国历史的进程来看，只是在改革开放之后，我国逐步走出计划经济的经济模式开始步入市场经济轨道时，才真正为权利平等的普遍要求构筑了坚实的经济基础。它说明了市场经济对于权利意识和权利文化的奠基作用。市场经济要求所有人相互承认他人作为个体存在的主体地位，商品交换表面上是等价物之间价值的平等交换，但其实反映的是交换者的意志自由和选择自由，是以交换者彼此承认对方的平等地位为前提的，它要求或包含一种个人人格独立、权利平等的观念。可以说，自然经济和以自然经济为基础的家族集合体（或者说以家族为社会的基本单位）构成的社会是以“纵向关系”为人与人之间关系的特征，服从、片面的义务和各种特权便是维护这种关系所必需的；市场经济和以市场经济为基础的由个人的集合体（或者说以个人为社会的基本单位）构成的社会是以“横向关系”为人与人之间关系的特征，自主、平等的权利则是这种关系的自然要求，就一个个体而言，他在这种关系中不仅是一个应对他人和社会尽其责任的义务主体，更是一个应能在社会中受到平等对待和获取其各种正当合理利益的权利主体，这应当成为个人的自觉意识以及社会普遍的政治、法律和道德观念。（余涌，2001）[8-11]

中国传统德育中参与意识的薄弱，与官员们往往以父母官自居，动辄为民做主的风气密切相关。把普通民众看作永远长不大的孩子，“民可使由之，不可使知之”（《论语·泰伯》），不仅是对民众的不信任，而且从根本上伤害了民众的参与意识。在这个意义上，中国传统德育没有起到开启民众独立意识与主人翁意识的作用，没有释放每一个人独立运用他自己的理性能力的勇气，这是在今天我们需要大力克服的。

（六）从方法上说，中国传统德育注重体验践行，体现了德育之实践理性的特点，但对独立思考和批判意识关注不足，盲从性和顺从性强

孔子对德育方法的论述大致可分成两类，一是教师教学的方式，二是学生学习的方法。

教师教学的方式又可分为“言教”和“身教”两大类。“言教”主要是通过言语的讲解来指导学生认识道德，“身教”主要是以身示范。

“言教”既包括向学生讲解道德的知识，助其领会道德的精神，指导修养的方法，也包括给学生答疑解惑。首先是以近取譬。孔子对道德的解释常常是从日常生活入手。比如，他用流水不舍昼夜来比喻道德修养贵在有恒，用帽子质料的变化与揖拜之礼的变化作对比，揭示对“礼”的权变。这种以近取譬的方式用具体简单的自然现象和生活现象来揭示深刻的道理，贴近学生的经验，使学生容易理解且非常有说服力。因此颜回形容孔子“循循然善诱人”（《论语・子罕》）。其次是启发诱导。孔子认为自己教人认识道理的方式是“叩其两端而竭焉”（《论语・子罕》），这表明启发是从教育对象自身入手，引导学习者自己发力以获得认识。启发需要找准时机，是“不愤不启，不悱不发”（《论语・述而》），即教学首先要让学生处于产生疑惑并希望解惑的状态。而启发的效果则是“举一反三”，即能够灵活地推理和运用所学得的道理。再次是因材施教。虽然孔子主张有教无类，但也承认人的差异，因此非常重视根据不同人的年龄、性格、智力、优缺点等来进行教育。因材施教要以了解教育对象的差异性为前提。孔子对人的智力有上智、中人和下愚的划分，他对各个弟子的性情、学识也都十分了解，这使得他能够根据不同人的实际情况提供不同的要求和方法。

“身教”主要是以身示范。孔子的德育“文教”与“行教”并重，强调教师要以其自身的人格魅力感染学生，为学生提供榜样，这抓住了德育的实践特性。孔子强调“行”，要求言行合一，“言必信、行必果”《论语・子路》，这些无疑也是对教师的要求：教师的言教必须与其表现出来的行为相一致，否则就没有说服力，正人要先正己。对此杜维明有如下论述：“儒家传统将教、学都视作具体化的行为，因此，教育必须全身心地投入，自我的各个方面：身体、思想、心灵、精神都包括在内。榜样最为紧要，因而也就是最有效的教育手段。”（杜维明，2000）[43] 可见，教师的“身教”一方面是以实际行动来印证“言教”，另一方面是为学生提供榜样。

还需要关注“教学相长”。教学相长是教师的教和学生的学相互促进的过程，教学不仅对学生有意义，对教师的道德修养也极为重要。在孔子的德育目标中，教人是

君子应当承担的社会责任之一，它相比于从政这一社会责任更加切实可行。对于教师来说，教学活动也是自我道德修养的一部分，作为实践的教学活动就是一种“行教”，教师通过它也可以体悟和躬行道德，这就包括从学生的学习过程中学习。因此教学不仅是对学生的促进，也是对教师的提高。孔子把“学而不厌，诲人不倦”（《论语·述而》）并列，充分肯定了教学对个体修养的重要性。

学生学习的方法主要有以下几点。首先是为学由己。道德的提升应是道德主体的主动追求，而不能被动为之，放弃道德修养的人很难在道德上有所作为。为学由己树立了道德主体的主动性。在方法论上它需要立足于自身，把对自己的体察作为认识的资源，并能够克己自省。孔子提倡“躬自厚而薄责于人”（《论语·卫灵公》），是要求人从自己身上寻找原因，在完善自己的基础上发挥榜样的效应。其次是改过迁善。改过迁善是道德学习的重要方式，它要求诚实地对待自己，勇于承认自己的过错，同时要善于从别人身上发现学习的资源，看到别人的优点。孔子并不否认自己的缺陷，认为逐一改正自己的过错同时向别人学习，是完善个人道德的重要途径。孔子还认为错误并不可怕，真正的过失是知道有了错误却不思改正，因此他强调“过则勿惮改”（《论语·学而》），强调“吾日三省吾身：为人谋而不忠乎？与朋友交而不信乎？传不习乎？”（《论语·学而》）最后是身体力行。行在德育中非常重要，道德要以实践行动为立足点，身体力行，学行合一。孔子提出“君子无终食之间违仁，造次必于是，颠沛必于是”（《论语·里仁》），强调君子要“讷于言，而敏于行”（《论语·里仁》），强调君子要在一切的生活实践中符合“仁”的要求。荀子也强调身体力行的重要性：“道虽迩，不行不至；事虽小，不为不成。”（《荀子·修身》）

以上方法是我们今天仍然需要予以肯定和继承的。当然，也要看到儒家德育方法的不足，即过分强调教师的师道尊严，过分强调学生对教师的服从，所谓“一日为师，终身为父”，“为尊者讳”，没有把学生作为一个具有内在价值和尊严的独立主体来看待，学生的独立思考和批判意识较弱，而盲从性和顺从性较强。这在相当程度上抑制了学生的创造性，也导致了中华民族创新意识的不足。对于这些不足，我们需要有清醒的认识，并自觉地予以克服。

（七）从人生哲学上说，中国传统德育主张个体修养和慎独，强调天人合一的境界，所谓“尊德性而道问学，极高明而道中庸”（《中庸》），这是应予以肯定的

儒家的中庸之道，其主旨在于修养人性。其中既包括学习的方式，如“博学之，

审问之，慎思之，明辨之，笃行之”，也包括儒家做人的规范，如“五达道”（君臣也，父子也，夫妇也，兄弟也，朋友之交也）和“三达德”（智、仁、勇）等。通过上述内容，教育人们自觉地进行个体的自我修养、自我监督、自我教育和自我完善，达到至善、至仁、至诚、至道、至德、至圣、合外内之道的高度，共创“致中和，天地位焉，万物育焉”的“太平和合”境界，即“与天地参”的天人合一境界。

这一思想主要体现在《中庸》第一章中。

> 天命之谓性；率性之谓道；修道之谓教。
>
> 道也者，不可须臾离也；可离，非道也。是故君子戒慎乎其所不睹，恐惧乎其所不闻。
>
> 莫见乎隐，莫显乎微。故君子慎其独也。
>
> 喜怒哀乐之未发，谓之中。发而皆中节，谓之和。中也者，天下之大本也。和也者，天下之达道也。
>
> 致中和，天地位焉，万物育焉。

“天命之谓性，率性之谓道，修道之谓教”，言简意赅地揭示了中庸之道的核心是自我管理。“天命之谓性”是指天命也属于人性；“率性之谓道”是说要自我管理而不是放纵本性；“修道之谓教”是说改善自我的仁道就是儒教。

“道也者，不可须臾离也，可离，非道也。是故君子戒慎乎其所不睹，恐惧乎其所不闻。莫见乎远，莫显乎微。故君子慎其独也。”自我教育贯穿于人一生之中，人们一刻也离不开自我教育。要将自我教育贯穿于人生的全部过程，就需要有一种强有力的自我约束、自我监督的精神。这种精神就叫作慎独。也就是说，在自己一人独处的情况下，别人看不到自己的行为、听不见自己的言语，自己也能谨慎地进行内心的自我反省、自我约束、自我监督。

“喜怒哀乐之未发，谓之中。发而皆中节，谓之和”，揭示了自我教育、自我约束、自我监督的目标。“中也者，天下之大本也。和也者，天下之达道也”，指出了自我教育目标的重大意义。“致中和，天地位焉，万物育焉”，是歌颂达到自我教育的理想目标后的无量功德，也就是具备至仁、至善、至诚、至道、至德、至圣的美德后的效应。中和是自我价值的实现，致中和是社会价值的体现。

二、中国传统德育的近代转型：关注公民

近代中国所遭遇的一系列苦难，激发了有良知的知识分子的变革欲望，面对亡国亡种的局面，他们在救亡的进程中日趋激进，最终采取了一种自我否定的方式：认为要实现现代化，必须放弃民族文化。这种自我反省是极度痛苦之下的产物：启蒙运动倡导者转向“指责受害者”——他们拒绝将中国的落后归咎于外来侵略，而是强调自身造就的蒙昧。换言之，要摆脱“洋奴”身份，必须首先打破“家奴”身份。在这种情况下，中国传统德育受到了空前批判。这一批判以五四新文化运动最为激烈。

发生在九十多年前的那场波澜壮阔的五四新文化运动，从根本上改变了中国社会的价值观念、文明意识、思维方式乃至行为习惯，深深地影响了一代又一代的中国人。五四新文化运动一方面具有反帝反封建反专制的正当性，另一方面又把培养现代公民作为努力的方向，开启了对中华民族崭新国民形象的探索。

五四新文化运动的实质就在于呼唤“新人”的出现，这一点尤其体现在陈独秀发表于《新青年》创刊号上的《敬告青年》中。在这篇文章里，陈独秀旗帜鲜明地提出了明辨是非的“六义”：“自主的而非奴隶的、进步的而非保守的、进取的而非退隐的、世界的而非锁国的、实利的而非虚文的、科学的而非想象的。”（陈独秀，1915）这既是向消极、保守、退缩、封闭、陈腐的封建意识发起的挑战，也是告别臣民与私民的宣言，更是向一种“新人”形象——现代公民——发出的深沉的呼唤。

其实，如果把时间稍稍上溯，这一对现代公民的呼唤与培养早在严复和梁启超那里就已经有了开端。

（一）严复：自由的传播者

与中国封建社会着眼于培养“明人伦”的士大夫不同，严复在《原强》一文中首倡“鼓民力、开民智、新民德”的救亡图强主张。他认为西方“黜伪而崇真”的自然科学和社会科学以及“屈私以为公”的民主制度是其得以富强的根本原因，而这又是建立在人的自由之上的。严复把中国落后的根本原因归结为有专制而无自由，基于此，他提出了“以自由为体，以民主为用”的深刻命题，并把实现自由寄希望于国民素质的提高。为此，就必须把教育放到重中之重的地位，“为今之计，惟急从教育上着手”（李泽厚，1979）[283]，由此吹响了培养公民的号角。在历史观上，严复持一种积极有为的进化论观点，这就同儒家“天不变道亦不变”的循环论有了根本差别，从而为一种

"新人"——公民——的出现奠定了理论基础。严复的贡献就在于，他敏锐地抓住了当时中国社会的症结所在，即主要不是由于缺少声光化电、坚船利炮等器物，而在于社会制度的落后和民族精神的沉寂，为了扭转这一点，就必须通过教育培养具有自由、独立意识的人，进而变革社会制度和唤醒民族精神。质言之，只有打破依附与奴性，公民才能真正诞生，而一个现代化的中国才有可能实现。

作为第一个把"自由"概念引入中国的启蒙大师，严复在翻译密尔的《论自由》一书时颇为踌躇。由于"自由一言，真中国历古圣贤之所深畏，而从未尝立以为教者也"，所以"中文自由常含放诞、恣睢、无忌惮诸劣义"，严复担心"自由"会被国人误解"为放肆、为淫佚、为无法、为无礼"（王栻，1986）[2-3]，所以才煞费苦心地把密尔的《论自由》翻译为《群己权界论》，从而给中国带来了"自由"的经典定义：人是生而自由的，他可以做任何他想做的事，但必须以不妨碍他人的自由为界标。应该说，这个中文书名准确地提炼了自由主义的精髓，那就是分清公私权域：公域讲权力，私域言权利；公域讲民主，私域言自由。

严复认为民权就是使权利"必在我，无在彼"。他明确指出："国之所以常处于安，民之所以常免于暴者，亦恃制而已，非恃其人之仁也，恃其欲为不仁而不可得也，权在我者也。使彼而能吾仁，即亦可以吾不仁，权在彼者也。在彼者所胜之民也，必在我，无在彼，此之谓民权。"（严复，1986）[45-46] 同时，他看到了保障民权的民主制度的重要性："民主者，治制之极盛也。使五洲而有郅治之一日，其民主乎。"（严复，1986）[45-46] 严复的深刻之处就在于，他清醒地意识到民权与民主的运作绝不能依赖于统治者的仁心，而必须以制度的建设防止权力的滥用，使统治者"欲为不仁而不可得也"，从而在根本上保障公民的基本自由和权利。

（二）梁启超：新民说

另外一位启蒙大师梁启超，则在他一系列脍炙人口的文章中深刻揭示了现代公民的内涵。他一方面大力批判专制，指出专制对于人之尊严的伤害："专制久而民性漓也"（刘军宁，1998）[31]，"吾中国人惟日望仁政于其君上也，故遇仁焉者，则为之婴儿，遇不仁焉者，则为之鱼肉。古今仁君少而暴君多，故吾民自数千年来祖宗之遗传，即以受人鱼肉为天经地义，而权利二字之识想，断绝于吾人脑质中者固已久矣"（刘军宁，1998）[465]。另一方面他又指出了权利之于个体和族群的重要性："天生人而赋之以权利，且赋之以扩充此权利之智识，保护此权利之能力。故听民之自由焉，自治焉，则群治必蒸蒸日上。"（刘军宁，1998）[31] 梁启超以一个形象的比喻来定位权利与国家的关系："国家譬犹树也，权利思想譬犹根也"，进而指出"为政治家者，以勿摧压权利思想为第一义。为教育家者，以养成权利思想为第一义。……欲使吾国之国权与他国之国权平等，必先使吾国中人人固有之权皆平等，必先使吾国民在我国所享之权利与他国民在彼国所享之权利相平等"。(刘军宁，1998)[468-469] 这里不但指出了权利、平等的价值所在，还深刻地指出了教育的第一天职——养成权利思想，生成权利意识。也就是说，教育必须使国民具备公民人格，享有人权，并能自动、自主、自治、自立等。因为"国也者积民而成。……未有其民愚陋、怯弱、涣散、浑浊，而国犹能立"，所以"新民为今日中国第一急务"。(夏晓虹，1992)[102-103] 教育对于个体自由和国家富强的作用已经不言而喻了。

由于权利事关人之尊严，梁启超认为争取自由平等的权利乃"天经地义"："人人于法律内享有自由，法律之下人人皆平等，而断不容更越此界以作别种之解释"，"争回此平等自由之权利，宁非天经地义?"（刘军宁，1998)[86] 这和德国伟大思想家康德对公民的理解已相当接近。康德指出："宪法规定的自由，这是指每一个公民，除了必须服从他表示同意或认可的法律外，不服从任何其他法律；公民的平等，这是指一个公民有权不承认在人民当中还有在他之上的人；政治上的独立（自主），这个权利使一个公民生活在社会中并不是由于别人的专横意志，而是由于他本人的权利以及作为这个共同体成员的权利，因此，一个公民的人格的所有权，除他自己而外，别人是不能代表的。"(康德，1991)[140-141] 这表明，那一时期的中国学者对现代公民内涵的理解已经达到相当高的水平。

（三）陈独秀：科学与人权

"五四"新文化运动是中国现代思想史的开端。正是从那时起，中国人鲜明地举起了科学与民主的大旗，开始了对"现代化"的不懈追求。这种追求与探索极为艰辛。其所以艰辛，就在于"现代化"就其根本来说是人的现代化，没有国民意识的全面觉醒与国民素质的全面提高，没有现代公民的诞生，现代化也就无从谈起，只能是纸上谈兵。

"五四"先贤们没有退却，而是自觉地以培养现代公民为己任。陈独秀指出："国人而欲脱蒙昧时代，羞为浅化之民也，则急起直追，当以科学和人权并重。"（陈独秀，1915）他把人权同"人的自由"联系起来："吾国欲图世界的生存，必弃数千年相传之官僚的专制的个人政治，而易以自由的自治的国民政治也。……所谓国民政治，纯然以多数国民能否对于政治，自觉其居于主人的主动的地位为唯一根本之条件。自居于主人的主动的地位，则应自进而建设政府，自立法度而自服从之，自定权利而自尊重之。”（刘军宁，1998）[183] 陈独秀深刻地指出：“自唯心论言之：人间者，性灵之主体；自由者，性灵之活动力也。自心理学言之：人间者，意思之主体；自由者，意思之实现力也。自法律言之：人间者，权利之主体；自由者，权利之实行力也。”（任建树，1984）[166] 这是对有个性的个人价值主体的确认和呼唤。为此，他主张建立“惟民国家”，坚信民主代表着人类文明发展的基本方向：“……历史的大流，终于沿着人权民主运动的总方向前进的。”（任建树，1984）[389] 而要真正实现民主，唯一根本的条件是要依靠大多数民众的觉悟与力量。这就需要以新教育反对、代替封建教育，以“新人”代替、超越“旧人”，即以广大人民为施教对象，启迪人民觉悟，发展人民身心。基于此，他对教育提出了自己的深深期待：“以何者为教育大本，万国宪法。……盖宪法者，全国人民权利之保证书也。”所以“共和国民之教育，其应发挥人权平等之精神，毫无疑义”（刘军宁，1998）[186]。因为“伦理的觉悟，为吾人最后觉悟之最后觉悟”（陈独秀，1916）。陈独秀的上述主张，抓住了中国问题的根本，触及了中国文化的“无人”弊端，并开出了疗救时弊的药方——大力培养具有自由独立意识、科学民主精神的“新人”，也就是现代公民。其眼光之卓越，其用意之深远，即使对于当前，也仍然具有重大的启迪和指导意义。

（四）胡适：公民权利与公民参与

在胡适看来，中国的当务之急是完成文化与制度上的改良：“我们始终没有法可以解决君主专制的问题，始终没有建立一个制度来限制君主的专制大权”（刘军宁，1998）[68]，所以中国人的自由和尊严始终不能得到真正保障。胡适认为自由“不是那种内心境界”，而“是不受外力拘束压迫的权利。是在某一方面的生活不受外力限制束缚的权利”（刘军宁，1998）[66]。胡适在这里实际上已触及了消极自由的含义和精髓。以此为基础，他积极宣扬权利学说：“先进的民族得着的民权，不是君主钦赐的、也不是法律授予的；是无数的先知先觉奋斗力争来的，是用血写在法律条文上去的，是时时刻刻靠着无数人的监督才保障得住的。没有长期的自觉的奋斗，决不会有法律规定的权利；有了法律授予的权利，若没有养成严重监护自己的权利的习惯，那些权利还不过是法律上空文。法律只能规定我们的权利，决不能保障我们的权利。权利的保障全靠个人自己养成不肯放弃权利的好习惯。”（刘军宁，1998）[112] 应该说，这种对权利的理解已和今人的认识没有区别了。

为此，就需要公民去努力争取自己的正当权利。针对中国社会对自由和权利的误解，胡适指出了“自由独立的人格”的重要性，他说：“把自己铸造成器，方才可以希望有益于社会。真实的为我，便是最有益的为人。……现在有人对你们说：‘牺牲你们个人的自由，去求国家的自由！’我对你们说：‘争你们个人的自由，便是为国家争自由！争你们自己的人格，便是为国家争人格！自由平等的国家不是一群奴才建造得起来的！’”（刘军宁，1998）[512–513] 的确，一个尊重个人自由的社会才是一个好社会，也只有具备自由独立人格的现代公民才能建设一个现代国家，这是现代文明的不二法门。

同时，还要训练公民的参与能力。胡适指出：“宪政不是什么高不可攀的理想，是可以学得到的一种政治生活的习惯。”（刘军宁，1998）[169] 胡适一再强调，人民的参政能力是练习出来的，而不是训斥出来的。他说：“民治制度的本身便是一种教育。……人民参政并不须多大的专门知识，他们重要的是参政的经验。民治主义的根本观念是承认普通民众的常识是根本可信任的。……故民治制度本身便是最好的政治训练。”(刘军宁，1998)[179] 因为“民主政治的好处在于不甚需要出类拔萃的人才；在于可以逐渐推广政权，有伸缩的余地；在于‘集思广益’，使许多阿斗把他们的平凡常识凑起来也可以勉强对付；在于给多数平庸的人有个参加政治的机会，可以训练他们爱护自己的权利。总而言之，民主政治是常识的政治，而开明专制是特别英杰的政治。特别英杰不可必得，而常识比较容易训练。在我们这样缺乏人才的国家，最好的政治训练是一种可以逐渐推广政权的民主宪政”（刘军宁，1998）[242]。胡适的卓越之处就在于，他不是把民主仅仅理解为一种政体形式，而是把民主同时理解为人的生活方式。按照法国历史学家和社会学家托克维尔的理解，民主意味着从政治、法律、社会构成，一直到人的思想、情感、心态以至文化和学术活动方式等一切领域一切方面都将发生的一种深刻变化。这里的实质在于民主已经内化为人的一种生活方式。杜威也把民主理解为一种生活方式，他进而指出，这种生活方式的形成与民主教育之间互为基础，构成一种良性循环。只有这样，人们才能真正摒弃暴力、破坏与强迫，学会以民主、协商、对话等方式共谋发展。

总之，在胡适看来：“宪法的大功用不但在于规定人民的权利，更重要的是规定政府各机关的权限。立一个根本大法，使政府的各机关不得逾越他们的法定权限，使他们不得侵犯人民的权利，——这才是民主政治的训练。”换言之，“人民需要的训练是宪法之下的公民生活。政府与党部诸公需要的训练是宪法之下的法治生活”（刘军宁，1998）[180]。这种从宪政的视角对公民生活和法治生活的理解，使胡适能够自觉地站在人类文明的高度上去观察问题和分析问题，其所提出的建设性建议至今具有醒世意义。

（五）鲁迅：立人与立国

鲁迅作为中国现代文化的主将，贯穿其思想主线的始终是“人”这个主题。他“始终紧紧抓住了‘人’这个轴心，他最关心的是‘人’在中国社会结构与中国历史中所处的地位与真实处境”（钱理群，1999）[5]。为此，鲁迅从两个维度上进行了深刻的分析：一是对历史与现实的“国民性弱点”的反省及批判；一是对具有自由独立精神的人的渴望。前者基于对人的被奴化危险的警惕，后者基于他的“立人”思想。一破一立，二者构成了鲁迅思想的两个基本方面，形成了鲁迅完整的“人学”思想。

“在鲁迅的观念中，‘把人当做人’还是‘使人成为奴隶’是区分‘传统社会（历史、文化）’与‘现代社会（历史、文化）’的一个基本的价值标准与尺度，这也是他观察与思考一切历史与现实问题的基本出发点。”（钱理群，1999）[6] 正是在这个意义上，鲁迅认为中国传统文化是一种彻底使人“奴化”、造就奴隶的文化。但鲁迅没有泛泛而论，而是注意到这样一个事实：“无论是普通国民，还是知识分子，他们中的大多数都是处于被奴役、压迫的境地，尽管他们自身的弱点，特别是根深蒂固的奴性，成为强权统治的社会基础，但‘奴隶’与‘主子’、‘奴才’的区别却是不可混淆的（至于‘奴’与‘主’之间的转化是另一个问题）；因此鲁迅对国民性的批判，是‘哀其不幸，怒其不争’，目的是要启发民众自己觉悟，反抗压迫与压迫者。鲁迅是把自己的批判锋芒最终引向奴役者与奴役制度本身的，并因此对任何有可能（无论有意还是无意）帮助压迫者逃脱罪责的言行保持着高度的警惕。”（钱理群，1999）[(自序)4] 正是在这样的认识指导下，鲁迅终其一生都在自觉地用其“立人”思想为民众启蒙。

所谓“立人”，就是使人明白，自己的命运要由自己来支配，这就意味着对奴隶地位的彻底摆脱。所以，鲁迅极为看重人的精神独立与自由，也就是一个以真实自我为内涵的独立人格：“我”不再是“我们”的一个复制品，“我”不再微不足道。有人正是在这个意义上指出：鲁迅所说的“吃人”是指对人的个体精神自由的否定，对人的生存发展的贬抑。（王乾坤，1996）所以，鲁迅沉痛地发出了“救救孩子”的呼声，他是希冀新生的一代能真正走出奴隶状态，自己把握自己的命运，自己成为自己的主人。

更重要的是，鲁迅把“立人”与国家的未来结合起来，他说：“惟有民魂是值得宝贵的，惟有他发扬起来，中国才有真进步。”（鲁迅，1980）[208] 鲁迅的眼光是犀利的，他在20世纪早期就意识到，中国的现代化，不仅仅是建立一个独立的现代化国家，即“立国”，更重要的是实现人的个体精神自由，即“立人”，而“立人”是“立国”的根本。否则，“立国”就只是一句空话。因为在一个遍地都是阿 Q 的国度里，革命即便成功了，也没有什么实质意义。所以，不从根本上解决“人”的问题，现代化也就是空中楼阁，镜花水月。总之，鲁迅的意义就在于，他不断提醒我们在追求国家的独立、富强和民主的同时，还应自觉地追求人的个体精神的独立与自由，只有确立起“现代化”的这一双重目标，我们才能从历史的失败中汲取积极的警示，并将它们作为我们民族奋起的真正起点。

三、德育现代化：各美其美，美人之美，美美与共，天下大同

中国德育的现代化需要一个基本立场，我们既不能站在中国传统文化立场上，也不能站在外国文化立场上，而只能站在解决现代中国问题的立场上进行现代化。（于述胜，于建福，1996）[355] 现代中国所面临的最大问题是现代化问题，这就需要我们深入把握现代化的实质——现代性，如此，才能更好地了解中国德育现代化的问题。

（一）现代性的内涵

现代社会区别于传统社会的地方很多，现代性是其不同于传统社会的最为本质的规定，它主要包括以下四个方面的内容：（1）市场经济；（2）民主政治；（3）科学与道德；（4）人是目的。前三者大致对应于物质文明、制度文明和精神文明，而它们的共同指向是“人是目的”。“人是目的”既是现代性的核心所在，又是社会发展的最为根本的价值判断坐标。

具体而言，市场经济是一种以个人的人身独立为前提的经济形态。它对人的要求是独立、开拓、进取与创新，而不是计划经济体制下单纯的服从、听话与闭塞。市场经济所要求的这种“新人”形象，说到底就是公民。公民与传统社会的封建臣民相比，核心之处就在于它是人身与人格独立的权利主体，其开放性与创造性得到了极大的解放，可以自主地支配自己的命运，能够在经济活动中进行独立的选择，并因此而促进经济的发展。毫无疑问，公民的诞生需要中国德育的大力培植，没有这一点，公民永远只能是一个纸上谈兵的空洞概念。在此意义上，中国德育要着眼于培养人格独立，富有开拓、进取与创新精神的现代公民。

民主政治的核心在于“主权在民”，它内在地要求把公民定位于国家和社会的组成者，在认识到“公民者，国家之公民”的同时，更要充分认识到“国家者，公民之国家”，承认并保障公民作为权利义务主体的地位；在认识到“天下兴亡，匹夫有责”

的同时，更要认识到“匹夫安危，国家有责”，把公民的生命和尊严放到首要的位置。一般而言，民主包含五个要素：（1）在民主政治下，各级政府领导通过直接或间接的民主选举产生，即民主政治是选举政治；（2）国家要保障公民参与政治生活，即民主政治是参与政治；（3）不允许存在凌驾于法律之上的个人或团体，即民主政治是法治政治；（4）国家保护公民最大限度的自由选择权，即少数服从多数，多数保护少数；（5）任何权力必须受到制约，即民主政治是一种有限权力。（俞可平，2005）[46-47] 可见，民主政治的关键在于拥有政治自由的公民。孟德斯鸠就曾经这样启发过我们，他在勾画其政治形态图时，对每种形态都以一个起支撑作用的、特定的建构“原则”加以解释：民主制度中的公民道德、贵族统治中的中庸之道、君主制中的荣誉、暴政中的畏惧。（萨托利，1993）[304] 这里的关键在于，公民与民主政治是互为表里的，没有现代中国德育的内在支撑，就不可能有真正的民主政治和民主社会。

科学与道德侧重的是文化的视角。作为人类文明的两座基石，它们共同支撑起了人类文明的大厦，缺一不可。正如康德指出的，世界上“有两种东西，我们愈经常持久地加以思索，它们就愈使心灵始终充满新鲜不断增长的景仰和敬畏：在我之上的星空和居我心中的道德法则”（康德，1999）[177]。然而，众所周知，中国传统文化的核心观念是“天人合一”，一种人与自然未分化状态下的合一。而对这种过早的“合一”所进行的整体观照又导致了传统文化对人的整体、群体的强调和偏好。因此，传统文化首先是一种强调群体的整体主义，进而是一种特定的自然主义。这一整体主义所强调的人伦观念表面上看是对自然的超越，而实际上则是对自然的回归和肯定。因为构成中国传统社会关系之纲常伦理的君臣、父子、兄弟、夫妻等关系，不过是自然关系（血缘关系）的放大。所以，以天人合一观念为基础、以整体主义为本质特征的中国传统文化是一种与自然认同的自然主义。（衣俊卿，1995）[309] 这些特质——整体主义的伦理观与自然主义的天道观——决定了不但从这一传统文化中很难衍生出一种恰当的个人本位或权利思想，而且也无法生发出理性精神（包含工具理性和价值理性）。而它们恰恰是“现代性”的内涵。为了克服这一点，就必须通过现代德育培养出具有独立自主意识和科学精神的真正个体——公民。这是我们无论如何绕不过的必修课。还要看到，由于公民突破了狭隘的血缘关系而具有了真实意义上的共同体意识，因而有助于生成一种公开讨论、开放透明、尊重他人权利与自尊相结合的新文化。

“人是目的”这一康德提出的命题——“你的行动，要把你自己人身中的人性，和其他人身中的人性，在任何时候都同样看做是目的，永远不能只看做是手段”（康德，2002）[47]——则意味着“每一个人都应该得到人道的对待”。每一个人，不论其年龄、性别、种族、肤色、生理或心理能力、语言、宗教、政治观点、民族或社会背景如何，都拥有不可让渡的和不可侵犯的基本尊严。每一个个人以及每一个国家都有义务尊重并保护这种尊严。人类永远应当是权利的主体，应当是目的，绝不是手段，绝不是经济中的、政治中的、传播媒介和研究机构中的以及工业集团中的商业化和工业化对象。也就是说，在社会体系或社会制度的设计中，我们必须把人仅仅作为目的而绝不作为手段来对待，否则，人就只能作为工具而存在，不具备任何尊严可言，而这样的社会当然也就不具备任何正义性。这一不朽命题的理想意义在于，或许人类永远也无法达到这一高度，但它却时时提醒我们，看看我们离这一目标还有多大差距，看看我们在成长的旅途和对正义的追求中达到什么地步；这一命题的现实意义在于，它对每一个人提出了这样的行为要求：由于拥有理性和良心，每一个人都有义务以真正符合人性的方式行事，都有义务行善避恶。这既是现代公民的基本内涵与规定，也是中国德育的努力方向与旨归。

说到底，作为现代性的动态展开的现代化，代表着由传统农业文明走向现代工业文明的深刻的历史进程。从社会层面上讲，它是指传统的自然经济以及以传统、习惯等所维系的社会关系让位于建立在大工业生产和技术发展之上的现代商品经济，以及合乎理性的、符合人的发展需要的社会关系和结构。与此相适应，在活动主体方面，就有一个如何从传统人转变为现代人，也就是从农民转变为公民的问题。韦伯把人的现代化理解为由以传统习惯和特殊情感为基础的传统的非理性行为，向工具合理性或价值合理性行为的转变。在中国，梁启超曾设想过具有权利思想、义务思想，以及自尊、进取、冒险等特征的“新民”。陈独秀则呼唤自主的、进步的、进取的、世界性的、实利的、科学的“新青年”。尽管以上表述有所不同，但其指向是相同的：所谓人的现代化就是指人由凭借传统、习惯、风俗而自在自发地活动的传统主体，向具有主体意识、批判意识、科学理性的自由自觉的和创造性的个体的转变。（衣俊卿，1995）[357-358] 我们应自觉地把“五四”以来的这一主题深化，大力培养现代公民。

（二）中国传统德育的现代化路径

基于对以上内容的分析，我们至少要从两个方面来对中国传统德育加以定位。一方面要看到中国传统德育的可取之处，另一方面则要看到其不足之处。在此基础上，确立中国传统德育的现代化路径。

1. 中国传统德育的优点

就中国传统德育的可取之处而言，“天行健，君子以自强不息；地势坤，君子以厚德载物”（《易传》）所包含的自强不息的进取精神与厚德载物的宽广胸怀，“天视自我民视，天听自我民听”（《尚书·太誓》）所表达出的对民意民心的充分肯定，孟子所说的“富贵不能淫，贫贱不能移，威武不能屈”的“大丈夫”气概所绽放出的士君子人格的浩然正气，张载的“为天地立心，为生民立命，为往圣继绝学，为万世开太平”（《西铭》）所散发出的厚重的济世情怀，范仲淹的“先天下之忧而忧，后天下之乐而乐”所折射出的悲天悯人的人文气质，顾炎武的“国家兴亡，匹夫有责”所表达出的中华民族的不屈精神，以及儒家对于人格修养——“诚”的境界的强调，包括孔子本人“知其不可为而为之”的道德人格，展示了中国古代知识分子胸怀天下、心系苍生的理想与抱负，这些都是我们今天应该大力汲取的宝贵资源，如此，中华民族才能生生不息，继往开来。

具体来说，中国传统德育主要表现出三个特点。（于述胜，于建福，1996）[355-356] 首先，在价值取向上，它在重视人文的前提下，强调人与自然的和谐，追求天人合一的理想人格境界。在性习关系上，它突出了人之所以为人的基本特征，并常常把这一特性归结为人的社会道德属性。在行知关系上，它更重视行，强调实践意志的专一性和坚持性品格。在“知”中，它更重视德性之知，重视自求自得，强调自我解悟。在政、教关系上，强调政与教的统一性，并以道（或德）来统一教与政。在文与道的关系上，注重文以体道，崇圣尊经，经以致用，以经律史。在美与学的关系上，追求和谐之美，倡导“文质彬彬”、“情理合一”、“美善统一”、“刚柔相济”、“虚实相生”、“形神兼备”。

其次，在思维方式上，中国传统德育以整体思维为根本特征。第一，它习惯于把德育问题放到天、地、人这样一个大系统中进行考察，通过人与天地参、赞天地之化育，来展现人的主体性；第二，它在经验概括和直观基础上的辩证思维方式，强调系统的整体功能的发挥以及系统内各部分间功能的互补和相生相胜，注重对立双方的和谐统一（如孔子），矛盾双方的相互依存和转化（如老子）。《学记》的教学思想等，就充分体现了这一特点。在这样一种整体的思维方式中，整体与部分、个体与群体以及个体自身的形与神、性与命之间，都不是截然对立的，而是融为一体的。

最后，中国传统德育是一种自我超越的形而上思维。在传统哲学中，形而上与形而下、体与用都是相即不离的。在这个前提之下，其与西方所走的外在超越之路不同，即虽也承认天道、天理等是人类文化和精神的超验依据，但同时强调这种超越的存在是内在于人自身的，也就是说，宇宙本体与心性本体合而为一。因此，人的精神超越无须向外皈依，而是自我超越、自我实现。所谓“克己”、“为己”、“尽心知性知天”、

“极高明而道中庸”、“复性”等，无不体现了这种内在超越的思维方式。

总之，由孔子所创立的以“仁学”为核心的庞大思想体系，它的根本出发点是“仁者爱人”的人道主义，理论取向是现世的人文关怀；它主张仁政，强调“德治”；重视人生的价值，强调人格的独立；追求“中庸之道”、“天人合一”的精神境界和社会理想。（唐凯麟，曹刚，2000）[2]

2. 中国传统德育的不足

就中国传统德育的不足而言，它的重群体轻个体的整体主义取向压制了个体个性的发展空间，重私德而轻公德的取向使得传统社会只有家族而无社会组织、只有人治而无法治，义务的泛滥与权利的匮乏则使中国社会只有农民而无公民，“存天理灭人欲”的禁欲主义主张又排除了人们追求正当的幸福的权利。最重要的是，对于自由的忽视，使得传统社会只有控制而无自由，只有权威而无创新，只有依附而无独立，只有等级而无平等民主。

具体来说，支撑着中国传统德育的传统价值观念，诸如小农观念（之于市场观念）、恋家情结（之于开放观念）、奴性观念（之于个性观念）、宗法观念（之于民主观念）、德治观念（之于法治观念）、蒙昧观念（之于科学观念），等等，已不适应中国现代化的发展。（戴茂堂，江畅，2001）[244-282] 而儒学之所以蜕变为维护专制政体的工具，不能不说原始儒学中的尊卑等级观念和名分意识等体现宗法因素的东西，是其蜕变的内在根据。儒家思想的天道观念、大一统观念、纲常观念，恰好为自然经济条件和血缘宗法制度背景下的专制政权提供了可资利用的资源。（唐凯麟，曹刚，2000）[8-12]

需要特别指出的是，封建皇权思想至今还在发挥着影响。就此而言，儒家三纲五常思想难辞其咎。正如陈独秀在《吾人最后之觉悟》一文中指出的：“儒者三纲之说，为吾伦理政治之大原，共贯同条，莫可偏废。三纲之根本义，阶级制度是也。所谓名教，所谓礼教，皆以拥护此别尊卑、明贵贱之制度者也。近世西洋之道德政治，乃以自由、平等、独立之说为大原，与阶级制度极端相反。此东西文明之一大分水岭也。”（陈独秀，1916）应该说，皇权并非中国所首创，也不是中国所独有。但世界历史上恐怕很难再找出一个国家能够把皇权精神发挥到如我们这样登峰造极的程度，也很难再找到一个民族能够像我们这样对其有着侵入肌理的文化记忆。因此，不能简单地视中国的皇权为一种政制，甚至也不能把它算作是一种单一制度整体，实际上，它是包含规则、规范、信念以及组织等诸制度要素在内，涵盖政治、经济与社会文化的一整套多元系统。在中国，皇权的影响，无论从广度还是深度上来说，都远远超乎我们所能想象的。在长达两千年的时间长河里，皇权制度有效维系了中华文明的整合与成长。

但我们也应当认识到，皇权制度所取得的所有成就，依赖的是一套不同于现代制度的模式，使得中国走上了一条完全悖逆于现代世界进程的道路。因此，皇权从本质上而言全然是逆现代性的。这样，当中华文明面对现代世界的逼近时，皇权就成为一种必须逾越的鸿沟。乃至今时今日，我们仍不能确信自己是否已经真正挣脱了这种制度的影响，其种种逆现代性的遗存仍然能够成为当代中国制度演变过程中的最大阻碍因素。（方钦，2009）这也表明，我们这个民族所缺乏的恰恰是真正的现代公民意识，所以，破除皇权思想，生成人人都应具备的真正的公民意识和人权意识，是中国德育现代化的重要主题和任务。

此外，还要认识到，中国传统德育对“尊师重道、师道尊严”的强调，也在一定程度上包含着一些与当今社会强调师生平等、强调师生关系的情感性等教育理念不相适应的方面。这是需要我们自觉摒弃的。

总之，中国德育的现代化道路，必须要满足以下条件：第一，自我反思与自我批判——这是德育现代化的前提；第二，个体意识与自主意识——这是德育现代化的关键；第三，市场经济与民主政治——这是德育现代化的基础；第四，现代法治与现代道德——这是德育现代化的保证。（戴茂堂，江畅，2001）[513-525] 共和国的公民当然应有道德素养，但更应有公民意识，且前者必须以后者为基础，否则就会走入迷途。我们必须看到，包括中国在内的东方各国社会转型的首要条件是摆脱传统的重负，吸收外来先进文化。所以，正视中国传统文化的负面因素，摆脱民族情绪羁绊，不要听信“文化侵略”、“文化殖民”、“中国可以说不”、“中国不高兴”之类的蛊惑，建立自由交流、自由讨论的文化更新机制（袁伟时，2001），大力培养现代公民，才是中国德育现代化的关键所在。

当今伦理学特别强调人道主义和个人的价值与权利。一个国家或社会若不尊重个人，不以人为目的，那么这个国家或社会也不会令人尊重。这就需要在德育中尊重个人的自由。“我们不可能有什么方法让一个人代替另一个人走完生命之路；因此，我们必须承认每一个人都是他自己的真正的个体。这种承认等于授予一切人以最适合自己的方式生活的自由，从而承认关于人的真实存在的经验性真理：人确实是不同的、独特的个体。于是，自由同生命一样，不仅在经验上而且在理性上，都是被‘熔铸’于人的结构之中的。……因此，如果任何道德体系要完全发挥作用，看起来就必须把自由熔铸于这种道德体系之中。……如果一个体系要对所有努力做到有道德的人起作用，就必须让他们在做出道德选择和决定时有尽可能充分的自由。……个人自由原则对任何道德体系都是极为重要的。”（蒂洛，2008）[154] 可以说，自由或自由意志是道德和德育的前提。然而从整体上看，儒家是无自由的意志，道家是无意志的自由。（邓晓芒，2008）323-324 随着自由和自由人格的丧失，儒家不仅沦为一种帝王之术，而且成为桎梏人民的枷锁。这是中国传统文化和中国传统德育的深层缺憾，也是我们今天需要努力克服的。如此，才能尊重个体的自由选择，个体的价值和尊严才能得到保障。

结 束 语

胡适说："有伟大历史的民族，只要有急起直追的决心，终还有生存自立的机会。自然虽然残酷，但他还有最慈爱的一点：就是后天的变态大部分不致遗传下去。一千年的缠足，一旦放了，仍然可以恢复天足！这是使我们对于前途最可乐观的。"（胡适，2001）153 实践证明，权利平等、自由选择是一个和谐良序社会的基础，市场化进程是中国过去三十多年发展前进的一个根本原因和推动力。中国德育的现代化正是在这一进程中发展的。同时，处于一个全球化的时代，我们对中国德育的思考一定要在人类文明的视野中加以定位，用费孝通的话说，那就是"各美其美，美人之美，美美与共，天下大同"。这样我们才能立足中国文化，放眼人类文明，培植具有自由、平等、民主、尊严、独立和人文关怀等现代意识的中国公民。一言以蔽之，在人类文明共识的基础上确立中国德育的民族特色。

——这就是中国德育的现代化路径。

参考文献

陈独秀. 1915. 敬告青年［J］. 青年杂志（1）：1-2

陈独秀. 1916. 吾人最后之觉悟［J］. 青年杂志（6）：1-3.

陈少峰. 1996. 中国伦理学史：上［M］. 北京：北京大学出版社.

川岛武宜. 1994. 现代化与法［M］. 申政武，等，译. 北京：中国政法大学出版社.

戴茂堂，江畅. 2001. 传统价值观念与当代中国［M］. 武汉：湖北大学出版社.

邓晓芒. 2008. 哲学史方法论十四讲［M］. 重庆：重庆大学出版社.

蒂洛，等. 2008. 伦理学与生活［M］. 第9版. 程立显，刘建，等，译. 北京：世界图书出版公司.

杜维明. 2000. 道·学·政——论儒家知识分子［M］. 上海：上海人民出版社.

方钦. 2009. 皇权——中国的逆现代性［J］. 读书（2）：63-71.

费孝通. 2009. 乡土中国［M］. 北京：北京出版社.

何怀宏. 2000. “全球伦理”的可能论据［M］//赵汀阳. 现代性与中国. 广州：广东教育出版社.
胡适. 2001. 读梁漱溟先生的《东西文化及其哲学》［M］//姜义华. 胡适学术文集：哲学与文化. 北京：中华书局.
康德. 1991. 法的形而上学原理［M］. 沈叔平，译. 北京：商务印书馆.
康德. 1999. 实践理性批判［M］. 韩水法，译. 北京：商务印书馆.
康德. 2002. 道德形而上学原理［M］. 苗力田，译. 上海：上海人民出版社.
李泽厚. 1979. 中国近代思想史论［M］. 北京：人民出版社.
刘军宁. 1998. 北大传统与近代中国［M］. 北京：中国人事出版社.
鲁迅. 1980. 鲁迅全集：第3卷［M］. 北京：人民文学出版社.
马一浮. 2003. 论语大义［M］//傅永聚，韩钟文. 儒家教育思想研究. 北京：中华书局.
牟宗三. 2003. 孔子与仁教［M］//傅永聚，韩钟文. 儒家教育思想研究. 北京：中华书局.
钱理群. 1999. 拒绝遗忘［M］. 汕头：汕头大学出版社.
任建树. 1984. 陈独秀著作选：第1卷［M］. 上海：上海人民出版社.
萨托利. 1999. 民主新论［M］. 冯克利，阎克文，译. 北京：东方出版社.
唐凯麟，曹刚. 2000. 重释传统：儒家思想的现代价值评估［M］. 上海：华东师范大学出版社.
王炳照，等. 1994. 中国教育思想通史：第3卷［M］. 长沙：湖南教育出版社.
王乾坤. 1996. 关于“吃人”［J］. 鲁迅研究月刊（2）：4-9.
王栻. 1986. 严复集：第4册［M］. 北京：中华书局.
夏晓虹. 1992. 梁启超文集：上集［M］. 北京：中国广播电视出版社.
严复. 1986. 法意［M］. 台北：台湾商务印书馆.
衣俊卿. 1995. 衣俊卿集［M］. 哈尔滨：黑龙江教育出版社.
衣俊卿. 1999. 文化哲学：未来哲学的自觉形态［J］. 社会科学战线（2）：51-60.
于述胜，于建福. 1996. 中国传统教育哲学［M］. 南京：江苏教育出版社.
余涌. 2001. 道德权利研究［M］. 北京：中央编译出版社.
俞可平. 2005. 政治与政治学［M］. 北京：社会科学文献出版社.
袁伟时. 2001. 辛亥革命的是是非非［J］. 二十一世纪（12）.

问题与反思

1. 电视剧《汉武大帝》的主题曲歌词如下：“在滔滔的长河中，你是一朵浪花；在绵绵的山脉里，你是一座奇峰。你把寂寞藏进乌云的缝隙，你把梦想写在蓝天草原。你燃烧自己温暖大地，任自己成为灰烬。让一缕缕火焰翩翩起舞，那就是你最后的倾诉，倾诉……”您如何理解这首歌，尤其是“你燃烧自己温暖大地，任自己成为灰烬”一句？如何在德育中对封建帝王等历史人物进行评价？

2. “先孔子而圣者，非孔子无以明；后孔子而圣者，非孔子无以法”（出自曲阜孔庙元代碑文），赞扬了孔子的伟大，也说明了孔子对中国文化的巨大影响。您怎么理解一些人提出的把儒学立为国教的建议？如何看待今天的读经运动？怎样在德育中挖掘中国传统德育资源？

3. “十博士反对圣诞书”：2006年圣诞前夕，来自北京大学等著名高校的十名博士研究生，发出了一个呼吁中国人抵制过圣诞节的倡议书。您怎么看待这件事情？您如何理解全球化时代中国德育的定位？

4. 1996年，《中国可以说不》出版，2009年3月，《中国不高兴》出版。从《中国可以说不》到《中国不高兴》走过了12年的历程，而中国的民族主义情绪也不断高涨。您如何理解民族主义？如何理解爱国主义？如何在德育中讲解和开展爱国主义？

相关链接

1. 《论语》

《论语》是儒家学派最重要的著作，由孔子的弟子及其再传弟子编撰而成。它采用语录体和对话文体的形式，记录了孔子及其弟子的言行，集中体现了孔子的政治主张、伦理思想、道德观念及教育原则等，特别是孔子的“仁”、“礼”思想。通行本《论语》共20篇，语言简洁精练，含义深刻，值得反复诵读与体验。

2. 于述胜，于建福. 1996. 中国传统教育哲学［M］. 南京：江苏教育出版社.

这本专著对中国传统教育哲学的若干重要问题进行了深入分析和认真思考，有助于拓展视野，更好地理解中国传统德育的内涵与实质。

3. 陈少峰. 1996. 中国伦理学史［M］. 北京：北京大学出版社.

对于那些想进一步了解中国传统文化，特别是了解中国传统文化的伦理内涵的读者来说，此书值得一读。

教师德育专业化读本

德育观念模块	做一个配享幸福的教育家 ——教师德性生活关键词： 幸福、公正与仁慈 ▶ 中国传统德育与德育现代化 制度情境与道德教育 当代青少年文化与学校德育
德育实务模块	德育与课程实施 班主任的德育工作： 角色定位与功能实现 社会变迁过程中的学校师生关系 主题班会的设计与开展 ——班主任德育工作的视角
德育理论流派模块	苏霍姆林斯基的德育思想 科尔伯格与品德发展理论 关怀教育学与关怀关系的建立 价值澄清与多元文化的应对

教师德育专业化读本

制度情境与道德教育

3

康永久

阅读导航

现实的生活中，学校道德教育差不多就是一场肉搏战，主要依靠教师的个人影响直接地进行。

但实际上道德教育通常由两部分构成，一部分是直接由教师实施的，另一部分则由制度情境来实施。而且前一种道德教育在根本上还依赖于后一种道德教育。

然而，现实生活中制度情境的作用与教育者自身的作用并没有很好地分化，没有催生一种超主体的匿名过程或无形之手，因而只能依靠教师自身的“有形之手”来直面学生。正是在这种情境中，教师的个人素质成了教育成败的关键。

本专题所关注的主要问题，就是制度情境与道德教育的关系问题，主要的目的，就在于帮助教师进一步认清道德教育中制度情境的决定性影响，并为我们进一步从制度层面改进学校的德育工作提供新思路。

在我们看来，最有效的道德教育依存于一种民主的制度情境，或者说是民主的功能，而教育制度发展演化的方向，也是高教育意义的制度取代低教育意义的制度，在缺乏民主的制度情境下，我们对学生的道德教育时时刻刻都会面临某种道德危机。

一、超主体的匿名德育

通常，我们都会认为教育是由人来做的，道德教育也是由人来做的。因此，德育处的老师会说，我是管德育的，或者说，我是负责学生的道德教育的。这样说也没有错，但却可能忽略了一个很重要的社会事实，那就是，德育不仅是由人做或负责的，也是受某种超主体的匿名过程约束或推进的，或者说，道德教育过程在根本上是一个社会过程。看看《时代周报》所揭示的“河南灵宝王帅诽谤案”（专栏 3-1），你就能明白这种超主体的匿名过程（社会过程）对人的道德发展的影响。

专栏 3-1

因举报遭追捕者：我也是个热血青年

24 岁的王帅，经历了他从未想象到的一切。

2008 年下半年，王帅听说家乡政府以“以租代征”的方式低价占用隔壁村的土地，就开始以打电话和写信的方式举报。“我最初是打电话举报，打河南省国土厅、三门峡市国土局、灵宝市国土局。但国土厅的人给我登记下后就没了下文。而三门峡国土局的人又让我去问国土厅，要不就让我问灵宝国土局。我就像个皮球一样，被踢来踢去。”

当时他还没有想到网络。“没想到过年后，征地的公告到了我们村。我再次举报，还拍了照片发过去，还是没有回音。我们村的农民不懂法，就开始砍树啊等等，地里一片荒凉。我觉得又愤怒又无奈，到了 2 月 12 日，我就把当地清理农田的照片发出来，想到各地都在抗旱，我们当地却让羊吃麦苗人砍树，然后就用了那样的名字。”

他所说的就是“河南灵宝老农的抗旱绝招”一帖。他把老家灵宝庄稼地里羊吃小麦的场景和全国抗旱的情景对比，用来影射当地政府试图用 1200 元一亩一年的价格，用租赁方式征用土地的事情不合法。他本来的愿望只是给家乡的老百姓争取点赔偿款，让当地政府改正“以租代征”的方式。

没想到在发出帖子20天后，灵宝市警方来到了王帅工作的上海，将他带回千里之外的家乡，理由是他涉嫌诽谤（事实上，按照国家法律规定，针对机关、单位的行为不构成诽谤罪），污蔑政府抗旱不力，让他写悔过书，并承认发到网上的照片是嫁接的。但他抵死不肯，他知道要是写了，可能三五年都出不去了。在被拘留了8天后，警方称证据不足，王帅得以"取保候审"。后来才知道，是他家跟政府达成了一些协议，比如要把地里的树刨掉。至于他本人，则每两个月需要交一份思想汇报。

当然王帅并没有完全屈服，因为取保候审对他而言也是一个耻辱。但对王帅而言，这一事件"对我的人生观价值观都是一次颠覆。我现在最大的困扰，就是没有安全感。我觉得没有任何人可以相信，我很害怕。我现在只能通过多认识记者，多认识几个网友，来获得安全感。"

4月14日晚上，王帅对记者讲述自己从事情发生到现在的这些经历时说："我也是个热血青年"，但"以后再有这样的事情，不会再出头了"。

（来源：徐太岳，2009）

在这里，超主体的匿名过程可以说是一种高度专权的政府体制。它不是哪个人的发明创造，也不是河南省灵宝县的专利。它在处理问题时不看一个公民在作出它所认定的冒犯行动之前付出了多么坚韧的合法努力，也不看它自身是如何敷衍乃至忽悠一个公民的参政议政权利的，而且在试图定罪量刑的过程中甚至不会去看刑法的白纸黑字。它把自身的意志当作了绝对意志，因而对那些冒犯行动有一种强烈的复仇心态。它像一张无形的网让人窒息和恐惧。就这样，虽然看起来没有人试图破坏王帅的社会责任心，他的社会责任心却因此而受到无情的摧残。

当然，超主体的匿名过程对人道德发展的影响并非全是消极的。最近，《南方周末》上一篇有关美国说理教育的文章指出：逻辑和说理是一项基本的公民能力，说理的民主秩序与理性公民的高素质是相辅相成的。乍一看，这与我们这里要谈的话题毫无关系。但仔细一想，发现文章关注的正是一个超主体的匿名过程的积极作用。文章的作者是美国加州圣玛利学院的教授徐贲。他在这篇小豆腐块中首先强调说理是双方对话，不是自说自话，必须以逻辑为交流基础，然后详尽介绍了美国《加州公立学校幼儿园至12年级阅读与语言艺术（教学）纲要》中有关说理教育的要求（专栏3-2）。

专栏 3-2

美国加州公立中小学关于说理教育的要求

一年级：重述简单说理和叙述段落中的主要观点。

二年级：重述文本中的事实和细节，说清和组织要说的意见。

三年级：在说理文中区别主要观点和支持这些观点的细节。

四年级：区别说理文本中的“原因”与“结果”、“事实”和“看法”。

五到六年级：分辨文本中的“事实”、“得到证明的推论”和“看法”。

七年级：评估作者在支持结论和立场时所用论据是否适当、确切、相关，并注意有偏见和成见的例子。

八年级：评估文本的统一性、连贯性、逻辑以及内部的一致性和结构。

九到十年级：在说理中必须有对方意识，能够预先估计和避免可能会有的误解，并正确理解对方的话，不望文生义，不曲解，不断章取义。

十一到十二年级：一切发表了的东西，只要议及公共话题，都是公共文件，都必须接受公众的“说理评估”。

（来源：徐贲，2009）

在这里存在什么样的“超主体的匿名过程”？简单地说，就是对学生的尊重，而且这种尊重不是我们刻意为之的事情，而是一种根深蒂固的习惯，一种理当如此的信仰，一种制度化的取向。通常，我们在教育学生时是不太关注其逻辑与说理能力的，至少，我们在对学生进行价值教育时是这样的。我们只是在其他技术性方面要求学生正确地思维和说理。正因为如此，我们的道德教育会倡导说服教育，但不会倡导说理教育。

我们的说服教育和前面的说理教育有什么不同？我们的说服教育是由教师直接把要求告诉学生，然后让学生记住，如果不能达到目的，就开始摆事实、讲道理，但这一切也都是教师的行为。学生可以插话，但这种插话不会受到尊重，更不会得到提倡，或者只能被用来达到教师的既定目标。教师通常是不达目的誓不罢休，而这却被认为是在道德教育中发挥教师的“主导作用”。因此，我们的道德教育是由特定的主体（教师）主导的。谁在影响着学生的发展，一目了然，因此这一过程不是匿名的。

而说理教育则是致力于培养学生的逻辑与说理能力，让他们通过自己的思考去发现真理，或者找出现有说法、规矩乃至公文中的错漏。这样，如果学生们真正认识了某个道理，那就不是教师的个人之功，甚至也不仅仅是学生自身努力的结果，而是基于一种特定的师生关系。这种师生关系不是特定教师的恩赐，也不是某个特定学生努力抗争的结果。在很大程度上，它依存于一种制度情境。因此，我们称这一过程是超主体的，也就是不单由主体掌控。当然制度的背后也有人的影子，但这些人是谁，说不清道不明，或者很难归之于特定的个人，因此我们称之为"匿名过程"。当然，说这是一种超主体的匿名过程，并不意味着主体不发挥作用，而是强调，发挥学生的主体作用本身就是一种制度性的取向，不能单纯从明确的主体（具体的教师或学生）去解释这一教育机制。

还有一些由超主体的匿名过程所导致的积极教育完全是一种生活教育，这种教育只有教育的功能而无教育的形式，连那种非专门、非正规的形式也没有（生活中父母对子女的教育在形式上还是可以辨认的），就像我们前面所说的"对王帅的教育"一样。这里教育的主体就更为隐匿，教育纯粹是杜威所说的那种"社会的功能"（"教育是社会的功能"），不是任何人的主观意愿所在。2009 年时，自 2002 年开始做"市长公众支持度调查"的零点研究咨询集团董事长袁岳接受了《南方周末》记者的采访。记者问他："调查结果中最让人关注的部分不能充分披露，你们这样做下去影响力在哪?"他说：

> 我觉得即使是有限的信息，你要能够公布的话，就已经是在进步了。实质上我们在内部作过更高层领导的民调，但从来没有公布过。实际上，有一些领导人对这种方式是很有兴趣的，觉得与其后来被老百姓骂，还不如事先就知道，做事时可以更聪明点。所以我觉得做民意调查不仅是科学，同时它也是一个教育过程。（李梁，谢小红，2009）

认识到道德教育应当依托一种超主体的、匿名的过程究竟有什么意义？当我们认为对学生的道德教育是由明确的教育主体——教师——掌控的时候，我们会竭尽全力发挥教师的作用而忽视学生的作用，而且尤其忽视一种制度化的平等关系和理性氛围的作用。当教师素质不足以胜任这一工作时，我们会强调提高教师的个人素质，而不会考虑通过建构一种新的制度情境，将教师从繁重的素质要求中解脱出来。但单纯提高教师素质事实上又是难以为继的事情。这就不难理解教育工作中为什么有那么多的强制和惩罚。而如果我们能借助于一种超主体的匿名过程来推进我们的教育，我们就能营造一种全新的教育氛围，学生就会成为自我发展的源泉而不是被灌输的对象，教师的观念在这一过程中也能因受到全面的挑战而被重新激活。

二、制度情境中的教育学

强调超主体的匿名过程在道德教育中的作用，实际上是要我们重视制度情境的教育意蕴。有关制度对人的发展的影响，我们可以在弗洛伊德有关爱欲与文明的论述中找到。弗洛伊德正确地指出，人类文明造成了对爱欲的压抑，从而造成了人们精神的疾患，而建立一个开放、多元、自主的社会，则是个人心智健全的制度保障。团体心理学或群体动力学有关权威、民主与放任三种不同制度背景对儿童发展影响的研究，也揭示了制度的教育功能。此外，凡勃伦（Thorstein Veblen，1857—1929）很早就提出了“训练性无能”（trained incapacity）的概念，默顿（Robert K. Merton，1910—2003）则进一步指出科层制的效率只针对例行事务，因而在提高效率的同时也造成了刻板僵化、墨守成规，一旦特殊事件发生，既定条件改变，便反应迟钝，动作迟缓。(默顿，2006)[345-360]

但制度的教育影响一直不为传统教育学所关注。传统教育学关注的主题是教育功能的发挥、目标的制定、内容的组织、机构的设置、方法的选择、技术的开发、实践原则的贯彻和人员素质的提高。在教育发展战略上，则主要表现为理性的设计、系统的调控、专家的指导、组织的建设和外延的扩大再生产。其结果是不断再生产了一种理性化的教育制度。这种教育制度作为上述教育方方面面的灵魂或核心，又进一步强化了传统教育学忽视制度的倾向。(康永久，2003)[16]

不过，传统教育学不关注制度的教育意义，并不意味着制度在教育中的缺席。事实上当我们关注教师个人在道德教育中的主导作用的时候，也有一种制度情境在发挥作用。但显然这种制度情境本身没有太大的教育意义，不能很好地利用蕴藏在学生身上的教育资源，因而只能企求于教育者自身的素质。也就是说，这种制度情境的作用与教育者自身的作用并没有很好地分化，没有催生一种超主体的匿名过程或无形之手，因而只能依靠教师自身的“有形之手”来直面学生。这种道德教育是一场真正的“肉搏战”，教师要用自己的血肉之躯来应对来自学生的挑战。正是在这种情境中，教师的个人素质成了教育成败的关键。看看涂尔干对道德教育中教师的要求，我们就能够更好地理解这一点。

> 教师不应该从外面、从他使人产生的恐惧来获取他的权威；而应该从自身获得这种权威。除非权威来自他的内心深处，否则就不会在他身上出现。他也许绝不能相信他自己，或相信他在智力或意志上的优越品质，但必须相信他的任务以及该任务本身所具有的伟大性。……就像牧师是上帝的诠释者一样，教师是他的时代和国家伟大的道德观念的诠释者。(涂尔干，2001)[150-151]
>
> 在这种从非个人化的根源中产生的权威中，决不能掺入傲慢、自负或炫耀之类的东西。权威完全是通过教师对自身角色的尊重而产生的，或者，假如可以这么说的话，是通过他对他牧师般的职责的尊重而产生的。这种尊重又通过语言和手势从他的心灵传递到儿童的心灵，铭刻在儿童的内心中。（涂尔干，2001)[151]
>
> 所以，教师必须承诺，不把规范表现为像是他个人制定的那样，而是表现为一种高于他的道德权力，他不过是这种道德权力的工具，而不是它的创造者。他必须使学生们理解，规范不仅强加给了学生们，也强加给了他本人；他不能取消或修改规范；他不得不去适应规范；规范支配着他，而且也帮了他的忙，就像它也帮学生们的忙一样。只有在这种条件下，他才能够唤起一种感情，在像我们这样的民主社会里，这种感情是，或者应该是公共良知的基础，即对合法性的尊重，对从非个人性本身获得优势地位的非个人法律的尊重。(涂尔干，2001)[152]

道德教育中的“肉搏战”不能说是全无益处或者全无用处的。在一个存在着严重制度缺陷的社会中，我们确实需要依赖于我们乃至所有教育者的个人力量。但单纯依赖于这种个人力量的教育实践始终是有缺陷的，不但个人的力量很可能会被社会的力量所抵消，个人对生活、道德乃至道德教育的理解，也会不可避免地发生偏差。因为个人在没有受到有效挑战的情形下总会倾向于认定自己所持有的道德信念才是最正确的，而且也会被其所身处的社会环境所局限，学校中的教育者尤其容易被那种有着严重道德缺陷的社会制度所利用或者控制。看看二十多年前发生在深圳的“蛇口风波”(专栏 3-3)，我们就能认识到那种基于个人自身的道德修炼的道德教育者，在真实的生活情境中有可能表现出多么的无助和僵化。

专栏 3-3

“蛇口风波”始末

1988 年 1 月 13 日，深圳蛇口举行了一场“青年教育专家与蛇口青年座谈会”。三位专家均为中国青年思想教育研究中心的报告员，他们是 80 年代初以来相继以有关青年教育的演说成名的。一位是自称“青年是我师，我是青年友”的“启迪青年心灵的灵魂工程师”——北京师范学院（现首都师范大学）德育教授李燕杰；第二位是被称为“现实生活中的‘牧马人’”的某部调研员曲啸；第三位是自称“我这个跟在后边的老兵”的中央歌舞团前舞蹈演员彭清一。座谈会由共青团蛇口区委负责人主持，近 70 名蛇口青年参加。其中有些人是看到海报以后自发前来的。

这个会议并没有什么中心议题。开始时，主持人先请三位专家谈谈来特区的观感。曲啸说，到深圳几天，给他一个总的感觉：尽管毗邻港澳，经济又很活跃，然而深圳不是断线的风筝，而是一只腾空的雄鹰；深圳青年也不是断线的风筝，而是腾飞的雄鹰，正在沿着中国特色的社会主义航道前进。李燕杰也谈了“美的风光美的心，美的山河美的人”。彭清一则称赞外面有那么多自行车都没有丢过，比北大清华还文明。然而蛇口青年对这种高调高帽并不感冒，双方很快就人生价值观念等问题展开了激烈论战。

一是关于“淘金者”的争论。一位专家在发言中提到，有个别人来深圳的目的，就是为了在别人创造的财富中捞一把，这就是极少数淘金者，特区不欢迎这样的淘金者。而蛇口青年认为，“淘金者”赚钱，没有触犯法律，无所谓过错，“淘金者”来蛇口的直接动机是赚钱，但客观上也为蛇口建设出了力，“淘金者”并没有什么不好。

二是特区的中国特色问题。蛇口青年认为蛇口有的是外国特色，美国西部也是由淘金者发展起来的，而专家们则强调不能将资本主义美国的西部和社会主义中国的特区相提并论。

三是对特区青年的印象问题。蛇口青年认为专家们对此说了许多溢美之词，实际情况根本不是这样，很多时候其实只是因为特区青年钱赚得比较多，同时竞争的压力比较大，才不会去偷人家的自行车，而且还特爱学习。而专家们则强调不能单纯从物质文明来理解精神状况，不认同经济水平越高精神面貌越好。

四是如何表达对祖国的爱。专家们希望蛇口青年“点燃人们心灵之火”，带着对国家的爱、为蛇口创业的思想来干，并为这个感到骄傲，而蛇口青年则认为这些是空头的、虚无缥缈的，他们只是用自己享受自己成果的劳动表达对祖国的爱。

五是对个体户办公益事业的看法。青年教育专家认为“有许多个体户把收入的很大部分献给了国家，办了公益事业”，这种精神与做法应大力提倡。而蛇口青年则认为在目前情况下，一些个体户的这种举动并非出自自愿，而是对“左”的思想心有余悸的表示。个体户在赚钱的同时，已经为国家作了贡献。他们只有理直气壮地将劳动所得揣入腰包，才能使更多的人相信党的政策的连续性和稳定性，而不是鼓吹无端占用他人劳动的“左”的残余。

六是如何对待青年的自主意识。有专家讲到自己如何教育自己的子女做平凡的服务工作，蛇口青年则认为这可能使儿女选择职业的权利受到父亲的限制。

最后，双方又围绕进口小汽车和体制改革问题争论了一番。先是一专家在发言中说：看到我们国土上跑着那么多的外国车，心里难受。而蛇口青年则认为光看到（经济）落后算什么，关键是制度（落后）问题、体制（落后）问题。甚至大量进口汽车也是某些人拥有过分的不适当的权力所致，这也是个体制问题。有的青年则认为，在目前开放的主题下，在全球经济、贸易逐渐趋于一体的形势下，没有一些外国的东西倒是落后的表现。

青年教育专家认为此次座谈会是“突然发难”，走上了邪路。1 月 15 日，一份以北京师范学院青年教育研究所（李燕杰任所长）的名义起草的题为《“蛇口座谈会”始末》的材料从深圳分送给中央和有关单位的领导，以后有关专家又在各地的演讲中屡次把蛇口青年作为反面教材拿出来批。2 月 1 日，《蛇口通讯报》发表题为《蛇口青年与曲啸李燕杰坦率对话——青年教育家遇到青年人挑战》的文章开始反击。3 月 28 日到 4 月 25 日，《蛇口通讯报》连续发表三篇从理论上深入剖析这场观念撞击的文章，认为这是陈腐说教与现代意识的一次激烈交锋，是人的文化与神的文化的对立，引发了轰动全国、堪称第二次真理标准大讨论的“蛇口风波”。

（来源：马立诚，1989）

应当说，三位“青年教育专家”演说技巧纯熟，饱含热情，总是说着诗一般的语言，听起来富有哲理，而且博闻强记，大量引用名人名言和具体事例，不是正统的教师爷做派，鼓舞了不少年轻人，正是传统道德教育中理想教师的典范。而且他们也都习惯于将自己所传颂的道德规范奉为真理，否则就不足以让自己付出无比的热忱。这也正是传统道德教育理论所倡导的道德规范的神圣性的现实体现。他们凭借着这股信念和热情，也曾激励了甚至一直激励着不少在“文革”中受到伤害、丧失理想和信念的年轻人。

但正如美国作家马克·吐温所言：“用一整篓形容词来宣传一种东西的美丽之日，就是需要对它怀疑之时。”（章成均，2009）事实上他们也就这样陷入了泛道德主义的泥淖，在某种意义上也就成了道学家。道学家认为在美德与功利——至少与利己——之间存在着绝对的对立，涂尔干甚至认为：“道德行动的非个人目的，既不可能是除行动者以外的某个人的目的，也不可能是其他许多人的目的。因此，必然的结果就是，它们必定涉及到某种与个人不同的东西。它们是超个人的。”（涂尔干，2001）[60] 三位“专家”没有这样绝对，但还是倾向于认为美德的目的就是美德自身，而且不但自己醉心于这一道德理想，还几乎不能理解下位者的任何怀疑。

因此，“蛇口风波”的实质，不仅在于双方对道德规范的理解存在着分歧，而且是在如何看待这些分歧上彼此之间存在着尖锐的对立。前一个方面是道德观念层次的，如果单有这一层次上的交锋，其实还算是一次坦诚的交流。但要将冲突维持在这样一个层次并不容易。事实上，在道德与政治之间并没有绝对的界限，道德的说教总会试图借助于政治的力量来宣扬自己的存在与主张，正是在这里我们可以看出道德说教的破坏力。

但那种催生了超主体的匿名过程的蛇口或深圳情境则完全不同。在这里，教育者（这里所说的“教育者”应当是广义的，尤其指特区的领导者，或者那些推进了市场经济体制的人）本身没有狭隘的目标需要维护，也没有特定的规范需要让人们知晓或遵循，他们的任务是与市民一道来营造一个真实的活动或说理空间，过上一种真实的而不是想象的生活，然后一起理性地面对生活的挑战。正因为如此，在“蛇口风波”发生之后，蛇口招商局董事长袁庚在接受《人民日报》记者采访时说了这样一番话。

有两点可以明确表态：一、既然不是到这里来传经送道，就不能只允许一家之言；既然是座谈，就大家都可以谈。曲啸、李燕杰同志可以有自己的观点存在，也应该允许其他的观点存在。我们还是要提倡，坚持不论对内对外，不论是谁，

> 不论什么流派、什么观点，只要不反党，不搞人身攻击，都可以让他们在这里发表，在这里交流，在这里探讨。但有一点要讲清楚，我们不欢迎教师爷式的空洞说教，听不得不同意见，甚至要问你是哪个单位的，叫什么名字，这种作风连我这个老头都不能容忍，青年人是不会欢迎的。二、我非常赞赏这句话“我可以不同意你的观点，但我誓死捍卫你发表不同意见的权利”。希望记者同志一定要把这个观点报道出去，这是保卫宪法赋予的言论自由的神圣权利。所以，对那位被追问姓名并上了什么材料的青年人，我们一定要加以保护。即使他的发言有什么不妥，也不允许在蛇口发生以言治罪的事情。（曾宪斌，1988）

袁庚的这席话已经成了他个人人生中最闪亮的章节之一。“壁立千仞无欲则刚，海纳百川有容乃大”，类似于袁庚这样的广义的教育者还真可以称得上是处于“无欲”或“有容”的境地。正因为如此，他们就不是天生地处在学生或公民的对立面。他们也在试图影响学生或公民，但这经常只是“处无为之事，行不言之教”（老子语）。他们首先要让老百姓学会自己思考，自己直面生活的压力。而事实上即便这些东西，也不是或不需要借他们之口不断向老百姓宣讲。他们和老百姓共同创造的新的生活方式本身，就已经向人们传递了这一切。

这样“处无为之事，行不言之教”而又能培养真正公民的实践，其中的秘诀是什么？一个人在为自己的生存而斗争，而又能在社会公共生活中贡献出特立独行的智慧，其中的秘诀又是什么？在我们看来，这里的秘诀就在于：那种能给人们带来道德觉醒的教育学，不仅仅只是我们专业教师才有的那种专业的教育学，有一种更有意义的教育学，它不是存在于我们教师的专业知识之中，也不是存在于我们作为普通的人所具有的那种人格力量或自利品性之中，而是存在于我们的制度情境之中。在一个好的制度情境中，我们没有刻意地去教育别人，但他们自己或者说他们的生活就把他们教育好了，而且他们的自利品性也已对社会毫无伤害。事情变得像亚当·斯密（Adam Smith）在他的《国富论》（1776）中所说的那样：

> 每个人都在力图应用他的资本，来使其生产品能得到最大的价值。一般地说，他并不企图增进公共福利，也不知道他所增进的公共福利为多少，他所追求的仅仅是他个人的安乐，仅仅是他个人的利益。在这样做时，有一只看不见的手引导他去促进一种目标，而这种目标决不是他所追求的东西。由于追逐他自己的利益，他经常促进了社会利益，其效果要比他真正想促进社会利益时所得到的效果为大。

（转引自萨缪尔森，1992）[67]

我们把这种能变废为宝、化害为利、使“不言之教”畅行无阻的东西称为“制度情境中的教育学”。如果没有这种教育学，或者说，如果制度情境本身的教育学并无多大的教育意义，我们就会特别依赖专业教师所具有的那种教育学，或者他们所具有的那种教育教学的沟通艺术与技巧。但这时他们向学生传输的道德观念或力图让学生感染到的道德情感本身将得不到生活的检验，因为它们根本就不会允许其他的生活方式出现。这样的教育者自身实际上也是生活在自己所虚构的一个道德理想国之中。前面所讲的三位青年教育专家所表现出的对蛇口青年生活的浪漫化，实际上是由他们对过一种真实生活的回避造成的。他们的道德教育观只有降低为一种“一孔之见”，才能在真实的社会生活中延续。当他们自己把自己往政治上靠的时候，他们所面临的挑战确实完全超出了他们的想象。

三、学校的制度性流弊

现在我们已经知道：制度情境本身总是包含着一种教育学，而且这种教育学有的能激发一种具有积极作用的超主体的匿名过程，在现实生活实践中支持我们的“主体教育”，有的则只能让教育者借助政治或惩罚来推行自己的观念，并最终养成人们为道德而道德的心态，放弃对个人权利、需要和幸福的思考。这样看来，关注制度情境在道德教育中的实际作用，其意义就怎么强调都不会过分。那么，学校自身的制度情境的性质究竟如何呢？

涂尔干在《道德教育》一书中曾对体罚在学校情境中的地位作过一个精彩的分析，可以用来帮助我们理解学校制度所容易陷入的某种普遍处境。通常人们可能会先验地认为原始民俗的严酷无情、早期的野蛮蒙昧必然会带来某种惩罚模式，然而，事实却没有验证这种假设，无论这种假设可能有多么自然。恰恰相反，惩罚的严厉性会随着文明水平的上升而得到加强。在涂尔干看来——

> 这些惩罚并不是家庭生活本来的要素，后来才通过一种或明或暗的委托转给学校。相反，就它们构成一种有规律地组织起来的制度而言，它们的起源完全就是学校。当教育仅仅是一种家庭事务时，这样的惩罚只能零零星星地发生，是一种孤立的现象。普遍规范还是最大程度的迁就；虐待也是罕见的。当学校出现时，

> 惩罚不过是作为一种规训方法而逐渐被常规化的；惩罚方法也随着学校本身的发展而发展了若干世纪。此后，这样的惩罚装备逐渐扩张，对惩罚的应用也随着学校生活的持续扩张，越来越复杂，越来越有组织，而变得更加频繁。在学校的本性中，有一种东西可以强有力地使学校倾向于采取这种类型的惩罚；一旦这种惩罚确立起来，就会存留几百年，尽管人们提出了种种抗议，甚至还有人们最频繁重复提出的各种法律禁令。在舆论的压力下，这样的仪轨才极为缓慢地逐渐消失。在学校生活中，显然有某种因素，有某些强大的势力，诱使教师执行这种带有暴力色彩的规训方法。(涂尔干，2001)[181-182]

至于为什么教育在文明的民族中必然比在原始的民族中更为严厉，涂尔干认为这不难从下面的事实中得到解释。

> 原始生活是简单的，它的观念很少，也不很复杂，它的职业很少分化，总是重复着同样的事情。让儿童为他将来过的生活做准备的教育，自然也应该具有同样的简单性。甚至可以说，在这种社会里，教育几乎就不存在。通过直接的和个人的经验，儿童轻而易举就学会了他需要知道的东西。生活就是他的导师，没有让父母介入的必要。这样一来，自由放任的原则就起了主导作用。任何有组织的或系统化的纪律都没有存在的理由。只有当人类所获得的道德和知识文化已经变得非常复杂，而且在整个共同生活中具有极其重要的作用，人们不再能够靠环境的偶然机遇把这种文化代代相传时，真正意义上的教育才会开始出现。因此，长辈们感到有必要介入进来，有必要通过概括他们的经验，通过深思熟虑地把他们头脑中的观念、情感和知识传递给年轻人的心灵，而亲自传播文化。与其让年轻人在日常生活的影响下独立地、自发地自我教育，不如他们来教育年轻人。如此一来，在这样的行动中，就必然会有某种艰辛的和带有强制性的因素；这种因素约束着儿童，使他不能越出他作为儿童的本性，因为这里的问题是，使儿童的本性成熟得比自然所允许的程度更快；从此时起，人们不再让儿童的行动在环境的支配下随波逐流，儿童必须自愿而努力地把精力集中到人们指派给他的事情上。一言以蔽之，文明必然多少会使儿童的生活变得黯淡，而不是像托尔斯泰所说的那样，使他自发受到教导。进一步说，如果有人反映，就此而言，历史中的这种暴力是很普遍的，似乎并没有侮辱过什么人的良知，而且，惟有这种暴力才能在影响更粗陋的本性方面具有必要的效力，那么它就会很容易解释体罚的出现是怎

样成为文化开端的标志的。（涂尔干，2001）[182-183]

但涂尔干并没有因此而强调在学校教育中滥用惩罚。对他而言——

> 所有惩罚一经应用，就会由此丧失部分的影响力。能够为惩罚赋予权威，使惩罚变得可怕的东西，与其说是惩罚所引起的痛苦，不如说是惩罚表现出来的责备所包含的道德失信。这种对防范各种不端行为的道德敏感的感受，是一种最敏锐的情感。……惩罚最大的限制，就是与道德生活的主要来源发生冲突，这样会减少它自身在将来的效力。只有当它仅仅构成一种威胁时，才会保持它的全部力量。……没有什么东西比拥有过于简单的惩罚尺度更危险了。……因而，有一个极其重要的原则：倘若没有少见的例外情况，就不应该进行大剂量的惩罚；惩罚的影响只能通过人们明智地稀释惩罚而得到强化。（涂尔干，2001）[192]

不过，涂尔干始终没有考虑到主要让一个超主体的匿名过程在学校道德教育中发挥关键作用的可能性，而只是要求教师能认识到自己工作的神圣性，以在学生身上唤起一种最为炽热的道德情感。但学校是否因此而变得人性化呢？涂尔干认为是这样的。而在福柯看来，这种乐观的看法在那些比学校纪律更为严厉的刑罚领域中也广泛存在。

> 排除酷刑的惩罚，这种要求最先被提出来，因为它是出自内心的或者说是出于义愤的呼喊。即使是在惩罚最卑劣的凶手时，他身上至少有一样东西应该受到尊重的，亦即他的“人性”。在19世纪，这个在罪犯身上发现的“人”将成为刑法干预的目标，改造的对象以及一系列“犯罪科学”和奇特的“教养”实践的领域。……这里所说的不是为了改造人而必须实现的目标，而是为了尊重人而应该不加触动的东西。“不要动我”。这标志着君主复仇的终结。改革者所确立的、用以反对断头台的专制的“人”也变成了一种“人的尺度”（man measure），但不是衡量万物的，而是衡量权力的。（福柯，2007）[82-83]

然而事实上，经过近现代政治和法律变革的洗礼之后，学校依然是一个进行道德与学科规训的场所。尽管肉体的惩罚，尤其是那种作为公共景观的肉体惩罚几近消失，但事实正变得像福柯所说的那样，灵魂正在变成肉体的监狱，我们正在通过规训灵魂来规训肉体。（福柯，2007）[31-32] 而且正是这种把人既视为操练对象又视为操练工具的规训，将整齐划一的芸芸众生分类、解析、区分成了相互分立的个人。规训就这样“造就”了个人。(福柯，2007)[193] 因此，福柯认为：

> 从历史上看，资产阶级在18世纪变成政治统治阶级的进程，是以一种明确的、法典化的、形式上平等的法律结构的确立为标志的，是由于组织起一种议会代表制才成为现实的。但是，规训机制的发展和普遍化构成了这些进程的另一黑暗方面。保障原则上平等的权利体系的一般法律形式，是由这些细小的、日常的物理机制来维持的，是由我们称之为纪律的那些实质上不平等和不对称的微观权力系统维持的。……如果说西方的经济起飞始于导致资本积累的技术，那么或许也可以说，人员积聚的管理方法导致了一种脱离传统的、讲究仪式的、昂贵和粗暴的权力形式的政治起飞。(福柯，2007)[247-248]

人们今天依然称教师为“人类灵魂的工程师”，显然是因为我们今天的教育关注的依然只是灵魂的改造，而不是身体的需要、感受和权利。我们的学校依然缺乏一种真正的身体教育学，或者说，依然缺乏一种能通过尊重学生的身体而使他们自然而然地获得教益的教育学。我们的教师似乎依然是农耕时代的那种“学富五车的长辈”，要求学生们像晚辈一样尊重他们在知识和道德上的权威。并且为了确保自己的这种权威，他们不但试图直接控制学生的灵魂，而且还一有机会就尽可能地控制学生的肉体。他们不愿学生面对一种更为真实的生活，不希望学生感受到自己的身体需要、意愿和权利，而且总是试图通过营造一种道德氛围来阻断学生的这种自我成长。

除了这种以法为教、好为人师、以老为尊的传统，学校教育与社会生活也是严重分离的。在《教育上的道德原理》一文中，杜威对美国社会中的这种分离作了透彻的分析。

> (1) 学校与社会之间存在着完全不同的伦理原则，学校的社会工作又常常被局限于公民权的训练，而公民权又被狭义地理解为能够明智地投票，能够服从法律等等，忽视了学生社会生活的其他方面；
>
> (2) 学校中智育和道德训练、获得知识和性格成长之间存在着可悲的分离，这只是把学校设想并建造为一个在自身内部就有社会生活价值的社会机构的失败的一个表现，在这里，道德训练必定是部分是病理的（如只关注错误行为的矫正）和部分是形式的（如只关注学校规则的遵循）；

> （3）学生的学习本身也缺乏社会（合作）精神和内在的激励，只能求助于自私的低级动机（如对恐惧的逃避）、外部地位的竞争（如试图超过别人）和对未来生活的准备。（杜威，1981）[97-108]

在杜威看来，这样一种道德教育通常只能传递某种“关于道德的观念”，不能在学生的心目中建立某种真正的“道德观念”。而要进行真正的道德教育，就必须关注学校集体给予的道德训练和来自教育方法的道德训练。在《民主主义与教育》一书中，杜威对道德教育与儿童生活的脱节作了进一步的批判。

> 学校中道德教育最重要的问题是关于知识和行为的关系。因为，除了从非正式的课程所增长的学识足以影响性格，就是把道德的目的看作教育上统一的和最终的目的，也是无用的。如果知识的方法和题材与道德的发展没有密切的、有机的联系，就不得不求助于特定的修身课和特定的训练方式：只是没有和寻常的行为动机及人生观融为一体，道德就变成道德说教——成为各自独立的德行的组合。（杜威，2001）[378]

今天的道德教育，实际上正为这一问题所困扰。我们的学校德育不但分裂为借助教学进行的与借助专门的德育活动进行的两块，而且每一块又都有自身难以避免的缺陷。初看起来，以教学为中心的隐性德育主要关注学生的问题，也主要立足于解决学生的问题，不给学生空谈道理，似乎是以学生为中心的，但它又要满足于自身的应试需要，或者需要把学生限制在学习学习再学习的狭隘领域。以专门活动为依托的道德教育虽然可能会采取学生喜闻乐见的形式（当然并不完全如此，而且主要不是这样），中断单调的学习步调，但又致力于从灵魂深处约束学生。

当然，现代学校还有其他一些制度缺陷妨碍了学生品行的发展。如当前学校内部普遍实行的校长负责制、岗位聘任制和绩效责任制由于没能受到专业力量的反制，已在校长和教师角色之间造成了明显的分化。校长越来越成为一种难以从学校内部加以约束的力量，而教师则日益从体制内成员转化为学校雇员（公共雇员）。角色的分化造成了利益的冲突。学校内部的管理主义盛行使学校不再是教师的精神家园。这样一种绩效管理造成了对道德空间的压缩，也进一步激化了校长和教师之间激励不兼容问题。对学生的道德教育需要学校本身成为有德行的学校，但现实学校道德领导力的低下已经影响到学校自身的道德程度。

四、对学校的内部人控制

学校内部制度情境的这些缺陷是与学校的制度环境的性质联系在一起的。学校的制度环境主要包括学校与市场的关系，学校与家庭、社区乃至其他公民群体的关系，以及学校与国家、政府、教育主管部门的关系。

到目前为止，学校与市场的关系一直都存在着诸多问题。我们的问题不是没有教育市场，而是有无数个教育市场。比如，就近入学政策本应是一种便民措施，但却越来越成为一种地方保护主义政策——保护的是既得利益者，防范的是其他人以公民身份侵入既得利益。这样，每一个学区就是一个小的市场，只是这种市场实行的并不是公平公正公开的交易。因此，更完整地说，我们的问题不是没有教育市场，而是有无数个教育市场，而且基本上是教育“黑市”。“黑市”上的硬通货，主要不是公民身份，而是学习成绩，尤其是金钱和权力。《南方周末》对此曾有专题报道（专栏3-4）。

专栏3-4

众校长揭“择校”内幕：“择校”背后的隐秘博弈

家长们为了让孩子进名校，托关系、走后门、递条子，各显神通。而名校校长往往会因此承受巨大压力。

武汉市一所省属小学校长告诉记者，他选择的办法是“人间蒸发”，在招生的时候，他的电话根本就打不通。

“光各级领导批下来的条子都安排不完，省里的、市里的领导你一个人都得罪不了”，“所以我要均衡各方面的要求……学校还要不要活下去?”

他曾碰到过家长开着车追着来塞钱的事，但他说：“我要这个钱干什么呢，你要这么多钱怎么办，学生还是进不来的啊。”

他感叹，他已因为择校得罪过很多人，包括家里人、朋友，最后是得罪领导。

另有一名武汉名校负责人告诉记者，在旁人眼里，择校博弈中，学校好像占据绝对优势，其实学校也有自己的无奈：那么多条子怎么办呢?

这位负责人告诉记者："名校校长的位置也不是那么好坐的，你要千方百计把学校搞好，各方面的关系也要协调好，'钢琴弹不好'，等于什么事都白费了。"

"有些条子，还要看上面领导是否一定要办，因为领导有时候也碍于情面，最后把矛盾甩给我们。"她说。

最后她决定弄出个内部规范："省领导给一个指标，市政府给一个指标，省委办公厅一个，审计局给一个，教育厅给一个指标，教育局给一个……"这实际上是一个被权力左右的名额分配表。这样名额均分，为的是避免引起麻烦。

后来再有人找她，她就可以拿这个规范当挡箭牌："你拿的是自己部门的指标吗?"

在她看来，控制领导名额，"实际上也是在给自己找退路，我没办法，我也不想收，他们非要我收，而且来的都是领导介绍的人"。她认为，公办示范学校不能成为某些人的"私塾"。

她说："作为名校校长，我不喜欢择校制度，希望每年的择校生越少越好。"

一位校长告诉记者，就近入学本身就是择校行为，只不过直接的实施主体是政府而不是个人。从原来的转移户籍所在地改为今天的转移房产所在地，人们依然可以借助就近入学政策实现择校。从以户籍择校到以房产择校，引发了名校附近的购房热，"其进步意义可能是从以权力择校为主转到以金钱择校为主"。

一位专家一针见血地指出，地方政府、教育部门、学校合谋下的择校博弈，为学校建小金库提供了温床，难免不会出现居心叵测之人。

一位教育杂志主编认为："某种程度上，择校费就是地方政府对教育欠账过多的产物。正是在地方政府的默许下，一些教学质量好的学校收取的择校费越来越高，无情地吞噬着义务教育的公益性。"

（来源：姚亿江，2009）

确实，公立学校正在经受一种公共性危机或道德困境。这种公共性危机的根源倒不一定是对教育欠账过多，或者说不完全是一个经济问题。经济方面的投入不足当然有影响，尤其是教师待遇与公务员待遇之间所存在的巨大隐性差距，导致学校积极地投身于"创收"行动。但即便这样，这也不是一个单纯的经济总量问题，而是有一个投资结构方面的问题。至少，发生在名校中的择校收费不完全是教育投入总量不够的产物，而是与教育投入方面的结构性缺陷息息相关。由于存在"富庙穷方丈"的情形，“方丈们”开始借助于“富庙”本身寻租。而且，有的时候学校提高择校费门槛不完全是为了增加择校费总量，而是为了淘汰择校者，以减轻社会对学校的择校压力。也就是说，择校费水平实际上已超出了学校教师自己的寻租期望，变成了一种内生的控制择校的“挡箭牌”。

倒是逃离薄弱学校的行为跟教育投入不足的关系更直接：不但跟教育投入的结构性缺陷有关（在这里，教师的待遇问题就更严重），而且跟教育投入的总量有关，因为教育投入不足已直接造成了学校资源短缺，办学质量低下。但即便是这样，缺乏一种致力于教育公平、教育均衡的制度框架，依然是更为重要的原因。因为教育不均衡，学校之间的条件差距与办学水平差距被人为拉大，家长才产生了强烈的“逃离”需求。在这种条件下，接纳择校生的所谓“名校”不收择校费或借读费，或者不让家长“自愿”“捐资助学”，就无法实现教育机会的有效分配。教育主管领导不让学校参与对这些“捐资”的共享，就无法调动学校办学的积极性。

因此，说择校博弈中存在一种政府、教育主管部门和学校的“合谋”是有道理的。学校为什么不能处于一个健全的市场体系的约束之中？直接的原因就在于我们的教育市场大部分是教育“黑市”，我们在各种场合反对教育的市场化，结果却搞出了无数的教育“黑市”，并且“纵容”教育中的“黑市交易”。我们的制度无法也不能阻止市场的力量发挥作用，但又不承认市场的作用，因而不会试图将教育市场（尤其是义务教育中的市场）与商品市场区分开来，不会把人们选择教育的自由作为一项合法权利确定下来，当然也就不会试图去规范教育市场的运作。

这实际上已涉及学校与国家、政府及教育主管部门的新关系。此前，有学者把乡村公立学校称为“村落中的‘国家’”（李书磊，1999），意指学校是代表党、国家或政府在乡村社会中传播“社会主义新文化”的桥头堡，甚至在“政治正确”方面比国家机关还有过之而无不及。推而广之，可以把所有公立学校称为村落或社区社会中的“国家”，或者更为确切地将公立学校称为国家乃至其代理部门实现组织目标的工具。如果学校是国家机关，那么至少还有一种国家意志在里面。且不论这种国家意志是好是坏，是否受到系统干扰，至少它反映了特定条件下的主流民意。但现在看来，学校的“国家机关”身份事实上已经发生了很大的变化。教师的“国家干部”身份早已淡化，也不再被看成学校的主人翁，而成了教育主管部门的公共雇员。校长作为科层体制中的基层官员的身份也早已被淡忘，而且由于校长负责制的逐步落实和学校自主办学程度的增强，学校本身已在很大程度上脱离了外部科层体制的直接管理和控制。当然，学校依然在升国旗、唱国歌、挂各种政治标志，但市场化或准市场化改革还是改变了学校与国家、政府及教育主管部门的关系。由于脱离了外部科层的直接控制，学校越来越依赖于自主经营和“内部人控制”。但单纯借助于这种自主经营和“内部人控制”，学校显然无法在市场化的大潮中洁身自好。正因为如此，现在学校越来越成为各级领导干部和学校内部人员手中的寻租工具。

由于学校不再像以前那样政治化，但又能逃脱于公民社会的公共约束、公共治理之外，我们已经能够清晰地看到，私权利与公权力已通过暗箱操作紧紧地结合在一起，就近入学成了领导人员排斥民众的一种内部择校策略，整个公立学校系统目前都面临着严峻的公共性危机。这是一种最为深重的德育危机。在这种危机下，学校在学生的品行教育方面表现得越来越弱，学校教育也越来越“务实”。下面的这则材料是笔者最近与一位中学教师（简称“教师”）的谈话。

教师：现在学校里的德育不像你们想的那样，是很社会化的，没有人唱高调。现在学校做的很多事情都很市场化。比如说收你很多钱进来，你的分明明不高。有特招的、有乐团的、有为了进来冒名特招的，各种各样的。所以学生是处于一个非常复杂的环境中间，他/她必定社会化。你不要在学生面前讲一些死的事情，他们会嘲笑你。所以学校在某些事情上面态度是很暧昧的。

笔者：实际上就是学校放弃了教育？能这样理解吗？

教师：不是放弃了教育，它更像一种很务实的运作。它靠前面的班级冲高考、打牌子，靠后面的班级赚钱。这是校长要解决的问题。

笔者：这样会不会在学生中间产生不好的印象？

教师：我就不觉得有什么好不好。

笔者：平时你不觉得，但调查的时候学生不是什么话都说出来了吗？不是一骂的话，就什么都骂出来了吗？

教师：这很正常，就跟我们有时批评我们国家的某些制度一样。

笔者：我知道，是很正常。但是这个东西不正是说明我们学校没有某些教育功能吗？

教师：对啊。你让校长解决钱的问题，他该怎么办？他不把钱摆平，老师能干事吗？

笔者：就是说我们现在的学校能干的事情，能做的教育工作有限？

教师：我倒不觉得。

笔者：不。在现在的情况下，学校的有些行为，学生觉得不应当，但是学校还是会做。学生也很务实，他也就认了。认了之后，就说明我们学校原来的某些高调就已经唱不出来了。就是说在这种条件下，我们学校能够影响的东西很有限。

教师：如果你老师站在中间，又实施非常严酷的课堂教学，那学生真是很难过的。

笔者：这种课堂教学，有的是为了学生考大学，有时候是为了提高自己的成绩。提高自己的成绩与考大学倒是也没有什么大的冲突，关键是很多时候根本就是为了自己能偷懒。

教师：你不要说是学校的德育，你就说学校能教你什么？现在学校的功能是被弱化的，因为从学校得到的东西，从外面都能买到。这种不公平，在学校里面是很常见的。

笔者：像我们的这种学校里进行的公民教育，都是很弱的，都是靠自己。

教师：你在这种社会氛围中倡导这种教育别人会觉得你好笑。再说你这样做，在这种社会下也得不到什么好处。

笔者：怎么得不到好处？比如说公共的东西，比如说我们要平等对待，作为一个国家的公民都要有权利、都要平等。讲还是要讲，没做到你可以慢慢地做。

教师：对。如果学校里面是一个有远见的、有思想的校长，就应该这样要求老师。包括我们家长教育孩子的时候也应如此，你想要小孩子怎么对待你，首先你要怎么对待他。这不是德育吗？这就是德育啊。①

一线实践者的政治担忧和政治恐惧可能是过度了。但公立学校确实有可能像伊利奇所宣称的那样，变成一种“虚假的公共事业”，这是我们都不愿看到的事情。本来，国家不再对学校的日常管理实施直接控制是教育体制改革的重大成果，但这一成果有可能被学校和政府中的内部人所窃取。改革淡化了教育的政治性，但是我们依然从中闻到了一股铜臭味和腐败气息。普通民众从这一改革中获得了什么？除了不再需要将那些充满官僚气息、形式主义、教条主义的“党八股”奉为圭臬之外，他们还获得了什么？普通老百姓能对这些说什么？有时家长们会写匿名信，或者公开在家长会上抱怨，甚至直接上访，但不足以改变公立学校道德滑坡的现状。我们的公民社会还没有获得充足的制度化的支持，有公共参与意识的个人还是散兵游勇，他们发出的声音依

---

① 这是2009年5月初笔者为准备本报告所作的一次深度访谈的一部分，感谢笔者的学生刘丹宇对录音的整理。

然很容易被社会权势所屏蔽。

五、学校德育的制度温床

应当说，学校外部的制度环境给我们今天的学校道德教育设置了一面天花板。在这一天花板下，是我们教师活动的自由空间。但学校自身的制度情境又制约了学校道德教育的方式和动机水平，而学校外部的制度环境也给学校自身的制度情境限定了发展空间和动力。因此，我们学校今天所提供的道德教育正面临着严峻的制度限制，我们的制度和学校生活所能提供的道德教育依然非常有限，在大部分的时间里，只能依靠教师们的个人努力。

这就带来了我们前面所说的道德教育中的“肉搏战”。在这里，我们完全忽视了德育过程作为一个社会过程所具有的实践意义。此前人们论及道德教育的社会性的时候，都只强调现实的道德教育实践是社会制约的产物，根本没有考虑到社会本身所包含的道德教育的维度，而且也很少考虑借助改造社会自身来改造道德教育的可能性。这样，我们只是简单地把基于教师个人努力的道德教育看作一种现实的决定物，根本就忽视了这种道德教育同时所具有的“非社会性质”。[①] 而要使德育过程真正体现为一种社会过程，就必须检视社会与学校生活本身的道德意义，将学校教育建立在生活教育的基础之上，充分发挥制度情境中的教育学的教育功效，使我们的学校德育不仅在终极意义或本体论层面上是社会的，而且在其实践影响方面也是社会的。

怎样才能确保学校道德教育不但是社会制约的，而且在实践上也是社会地进行的？最为根本的出路，就在社会生活和学校生活的民主化。今天我们学校德育中所存在的诸种问题，实际上都是学校生活乃至广泛的社会生活不民主的产物。由于制度不民主：（1）教师们缺乏民主生活的经验，也不知道如何组织民主的教育实践，本来可以从生活中学会的东西需要依赖于有识之士的知识输入；（2）对学生的需要、意愿和权利的尊重不能自然而然地成为学校教育的应有之义，学校教育与社会生活的脱离因此就成为常事，学校生活因此而必须建立在某些人为设定的纪律或规则之上，学生在这里适应的只能是人为的学校生活，而不是真实的社会生活；（3）学校因此而主要受制于外

---

① 事实上，前面已经指出，现实中基于明确主体（尤其是教师）的道德教育过程虽也依赖于某种制度过程，但这种制度过程的作用与教育者自身的作用并没有很好地分化，没有催生一种超主体的匿名过程或无形之手，因而只能依靠教师自身的“有形之手”来直面学生。就这样，作为一种社会过程的道德教育最终却表现为某种“个人过程”，不能不说是阴差阳错。

部科层、相关领导及学校自身的内部人控制，对学校的公共治理因此而成为空中楼阁，学校本身也面临公共性/道德危机，结果造成学校在学生乃至社会道德引领方面丧失话语权；（4）学校对教师的激励和道德约束因此成为问题，学校生活对教师而言也存在着广泛的“意义的丧失”；（5）很多有重要意义的行动或话题因此成为教育禁区。

而一个真正意义上的民主社会则是一个最富教益的社会。在《民主主义与教育》中，杜威指出：“说教育是一种社会的功能，通过未成年人参与他们所在群体的生活，使他们得到指导和发展，实际上等于说，教育将随着群体中生活的质量的高低而不同。”（杜威，2001）[91] 而要衡量群体生活质量的高低，又有两条基本的标准，这两条标准“恰恰就是民主社会的特征”（杜威，2001）[97]，那就是“群体内成员有意识地参与的利益有多少”以及“和其他团体的相互作用，充分和自由到什么程度”（杜威，2001）[91]。而专制社会则是一种界限分明的狭隘社会，在杜威看来，

> 在这种社会里很少有共同的利益；社会各成员之间没有自由的往来。刺激和反应是非常片面的。为了要有大量共同的价值观念，社会全体成员必须有同等的授受机会，必须共同参与各种各样的事业和经验。否则，很多势力教育一些人成为主人，却教育另一些人成为奴隶。这两方面的不同的生活经验模式不能自由交流，每一方面的经验都失去意义。……由于缺乏各方面的共同利益的自由而平等的交往，理智的刺激作用失却平衡。刺激的多样性意味着有许多新奇的事情，有了新奇的事情，思维就得到挑战。如果人们的活动愈加限于狭隘的范围，如果有严格的阶级界限，彼此的经验无法适当交流，活动的范围就受到限制——处于不利地位的阶级，他们的行动就愈加墨守成规，而在物质上处于优越地位的阶级，他们的行动就愈加任性、无目的和暴躁。（杜威，2001）[94-95]

杜威在这里还只是一般性地强调不同的社会制度有不同的教育功能或潜力。1919年来中国讲学时，他又在《社会哲学和政治哲学》的讲演中不断地重新阐发这个观点。在该主题的第6次讲演中，杜威指出：“谓要批评种种社会编制、风俗习惯，究竟有什么最后的标准？我的简单答案是看这种编制、风俗习惯能不能发展共同生活。共同生活便是自由交际，互相往还，交换感情，交换种种有价值的东西。社会的编制、风俗习惯能够到这步田地的是好的，否则是不好的。”（杜威，2005）[22] 这基本上还是此前的立场。在该主题的第10次讲演中分析政治的“力”（物质的与精神的）的优劣时，杜威又提供了两条标准：

> 第一，看用力的时候，其含义，是否为公共的利益，还是带有恶意。倘先存一种仇视的观念，而不以公共利益为前提，这种力出去必然引起同样仇视的反动。所以用力以公共利益做根据的是好的，以恶意为根据的是坏的。……第二，看用力的时候，能否能引起最高限度的知识思想。倘摧残或禁止别人用知识思想的，是坏的，能提醒的，是好的。因为用力的蠢笨与聪明，全在知识思想的反应。(杜威，2005)[48-49]

在这里，杜威已开始将知识思想的增长作为衡量社会制度的标准，而不是仅仅看作健全社会的功能。在该主题的第15、第16次讲演中，杜威更加明确地将社会制度合理的程度与社会民主的程度关联起来，又将社会民主的程度与其教育价值的高低程度关联了起来，并且最终将教育价值的高低程度与社会中感情、知识、思想增长的程度关联了起来。杜威的结论是这样的。

> 大家所以要争民治，因为大多数人可以加入政治生活，使各人的感情、知识、思想都有充分发展的余地，推广原来自私自利的范围，做较大的事业。这是民治的益处。故可说：民治的最大益处是教育的，不仅物质生活的提高便够了的。(杜威，2005)[74]
>
> 一切社会组织的价值，不但在物质方面，尤全在于教育方面。每种社会组织的最高价值，都是教育的价值。(杜威，2005)[79]
>
> 现在把这个讲演总结起来，还回到民治和教育的关系。民治的根本观念，便是对教育有很大的信仰。这个信仰，便是认定大多数普通人都是可以教的，不知者可以使他们知，不能者可以使他们能，这是民治的根本观念。民治便是教育，便是继续不断的教育，除了学校，在民治社会中服务，处处都得着训练，与在学校一样。个人的见解逐渐推到全社会、全世界，结果教育收功之日，即全世界共同利害的见解成立之日，岂但一国一社会的幸福而已。(杜威，2005)[84]

这真可以称为杜威的"制度教育学"！杜威这里所说的教育，是民主制度自身的功能（当然也可以推及民主社会中的学校教育，因为只有在民主社会中，学校教育才能真正有效地开发人的心智）。在这里，民主社会的根本特征，就是它的教育优势。杜威就是这样用教育作为制度演化的尺度。这与新制度经济学将效率作为制度分析的标杆不同，但又有异曲同工之妙。按照杜威的说法，民主制度当然也能创造更多的财富、更多的交流，但这一切都基于它对个人智识的尊重，能为人的情感、知识和思想提供充分发展的余地。我们今天思考道德教育问题，就需要借鉴这种“制度教育学”。而制度教育学的基本立场，就是强调制度具有教育意义，而且坚信高教育意义的制度必将取代低教育意义的制度。

好在我们今天已有网络。我们的公民社会正在斗争中成长，而能够把这些分散的力量整合起来的基础，现在看起来最明显的就是网络。今天大家都在谈论网络暴力、人肉搜索的符号暴力，岂不知这只是网络的另一面，而且在某种意义上只是网络公民社会诞生的标志。涂尔干说惩罚是文明的标志。今天，网络中民意的激愤表达当然不是公民社会良性运作的标志，但确确实实是公民社会诞生的标志。公民社会正在阵痛中在网络社会降临。现在最能给人以信心、最能教育人、使人的良知不足以彻底沦丧的是网络，这是一个充满主体但又是匿名的过程，一种全新的制度情境，一种包含着丰富教育学的新的教育形式。它不是这个社会的管理者或管理部门有意识的制度设计，它是一种内生的也正处于生成中的制度框架，符合我们这个时代和国家的基本理念和承诺，因此尽管不受某些人欢迎，而且也面临着被封杀的危险，但还是正在不可遏制地发展。而这正是我们社会走向民主的强大动力。

参考文献

杜威. 1981. 杜威教育论著选［M］. 赵祥麟，王承绪，译. 上海：华东师范大学出版社.

杜威. 2001. 民主主义与教育［M］. 王承绪，译. 北京：人民教育出版社.

杜威. 2005. 杜威五大讲演［M］. 胡适，口译. 合肥：安徽教育出版社.

福柯. 2007. 规训与惩罚［M］. 刘北成，杨远婴，译. 北京：生活·读书·新知三联书店.

康永久. 2003. 教育制度的生成与变革——新制度教育学论纲［M］. 北京：教育科学出版社.

李梁，谢小红. 2009. 民意调查在中国捅到了天花板?［N］. 南方周末，05-14（B11）.

李书磊. 1999. 村落中的“国家”——文化变迁中的乡村学校［M］. 杭州：浙江人民出版社.

马立诚. 1989.“蛇口风波”始末［J］. 文汇月刊（2）.

默顿. 2006. 社会理论与社会结构［M］. 唐少杰，等，译. 南京：译林出版社.

萨缪尔森，诺德豪斯. 1992. 经济学［M］. 第12版. 高鸿业，等，译. 北京：中国发展出版社.

涂尔干. 2001. 道德教育［M］. 陈光金，等，译. 上海：上海人民出版社.

徐贲. 2009. 说理教育从小学开始［N］. 南方周末，04-30（E30）.

徐太岳. 2009. 因举报遭追捕者：我也是个热血青年［N/OL］. 时代周报，04-16. http：//news. qq.

com/a/20090416/000302_ 1. htm（转引自腾讯网）.
姚亿江. 2009. 众校长揭“择校”内幕：“择校”背后的隐秘博弈［N］. 南方周末，05-21（01）.
曾宪斌. 1988.“蛇口风波”答问录［N］. 人民日报，08-06.
章成均. 2009. 质疑·探索［EB/OL］.（04－10）. http：//pinglun. eastday. com/p/20090410/u1a4300863. html（东方网）.

问题与反思

1. 中国成年女足已经失去了世界霸主的地位，但“自古英雄出少年”，2009 年 4 月 12 日传来重庆大坪中学女足队击败德国某中学队，勇夺世界中学生足球锦标赛女子冠军的消息，令人振奋。可是，仅仅过了 5 天又传来消息，以重庆大坪中学名义出战的中学生队，只有 1 名该校在校学生，此外有 2 名学生与学校有某种关系，但没有该校的学籍，其余均为女足国少队球员，喜讯一下子变成丑闻。事件曝光后，教育部、足协和国少队争相推卸责任。后来又爆出大坪中学的女足虽然在重庆地区还算是小有名气，但在业界的口碑却一直不好，主要是因为存在各种造假行为。4 月 23 日，大坪中学校长张建玲向社会公开致歉，重庆市渝中区教委给予其记过处分，但女足国少队球员怎么会这么轻易地被一所初级中学所雇用，中国足协和教育主管部门为此应承担什么责任，却一直未得到认真的调查和追究。而且新闻发布会现场要求不摄像，不提问。请您对这一造假事件及其教育影响发表意见。

2. 下面是笔者曾经为某网站点评过的一个案例，从中可以看出我们当前的制度情境对学校中的教育民主实践产生了何种影响。

> 开学不久，801 班的同学们向我请求：要重新选举班委。正好，思想品德课里涉及“公平公正”的内容。何不把这次选举作为一次实践操作呢？于是，我把选班委的权力交给了全班同学，只给他们定下了“公开、公平、公正”的原则，要让同学们自主推选自己信任的新一届班委。
>
> 是的，一些大道理只能靠实践才会有体味。这不，全班顺利地完成了先投票再按票数的高低选出 11 位候选人的程序。
>
> 班委的当场选举就放在一节班队课上，由原来的正副班长主持，我今天就“让贤”一回了。
>
> 选举会开始了，首先，由上一届班委对自己的工作进行了总结并表达了他们

愿意继续为班级工作、为同学服务的心愿，同时也谈了对新班委的希望。接着又有同学毛遂自荐，表示愿意为班级集体奉献自己的一份力量，也希望自己能在工作中得到锻炼，取得进步。然后，采用无记名投票的方式开始选举。一切都非常顺利：发选票、全票收回、唱票、监票、统计票数，班委的入选人员名单出来啦！选举工作将顺利结束。选票被我随手扔进垃圾筒。

意外就在这时出现了，有几个同学冲到办公室找我，反映他们对最后的统计票数有怀疑，认为有些同学的票数统计可能出了差错。我狐疑地看着他们，觉得自己听错了，因为计票、唱票、监票都是我信得过的学生，而且一切活动都在老师同学的眼皮底下进行，怎么可能?！然而，他们再次坚持自己的真实想法。

难道要重新计票？作为班主任，同时又担任他们思想品德课的我想到，我们平常经常教育学生要充分行使自己的权利，此时我若怕麻烦用强权解决问题，那么，课堂教学就一定没有实际意义了。既然他们对选票有疑义，我应该有所交代。只有这样，同学们才能更好地理解“公开、公平、公正”原则的意义，体味、行使每个同学管理班级的权利。于是决定，那就再来一次吧！选票已丢入垃圾箱了，那也不能怕脏、嫌麻烦，我们从垃圾箱中将选票一张一张找出来，41 张一张都不能少。

为了公正，就要考虑回避有关人员，于是换了几个普通的没有担任任何职位的同学重新在班级里唱票计票。

结果——真的发现前面的统计出了差错——小理的票数原来有 32 票，现在只有 25 票！班上所有同学的目光都转向小理，小理满脸通红。随即所有的目光又转向了我，大家等着我公正的答复。怎么办？说实在的，当时我一下子也懵了，该怎么办？狠狠批评？轻描淡写？我知道全班都在等着我的处理，我决定先“轻描淡写”，并力求做到公正。尽管按票数来算，25 票也能进入班委，我想了想后，还是告诉全班同学，小理暂不安排进班委，其他事情，等老师问清楚再说。

几名男生怎么算得如此准？这是我的一个疑惑，下课后我先把他们叫进办公室。原来他们几个，觉得小理以前担任副班长、科学课代表，发作业本时态度不是很好，老扔本子，对订正的人推推搡搡，于是十几个人就约好，都不要选他。当票数出来后，他们以为有人改变主意了，课后一碰头，谁都没有投他，于是就认定小理作弊。可是看到小理刚才的窘困相后，他们已经有一丝后悔，觉得自己太过分了。尽管如此，我还是批评了他们：“搞小团体拉票，这可是很不好的，同学有错误可以当面指出，我相信他会接受的。”

我又把小理叫到了办公室，他始终低着头。这时再追问他有没有作弊，我觉得已没有必要了，于是轻轻地对他说："老师知道你一直干得很努力，但你细想一下，可能太忙了，是不是有些地方就做得比较粗心了？哪里跌倒就从哪里爬起来，放下'包袱'，做个敢做敢当的真正的男子汉。"他没有多说什么，只是点了点头。"还是有这么多同学投票给你，同学们还是很相信你的，缺点每个人都有，改了，就可以了。老师相信你以后肯定能做好，到时候再竞选班干部，怎么样？"他又点了点头。我想，对此时的班级来说，"冷处理"应该是最好的方式。因为我清楚，学生的态度会随着老师走，如果我把小理"一棍子打死"，学生也会跟过来。我要帮小理重树威信。

学习生活又重新开始了，选上班委同学的工作也做得确实不错，不过，我还是希望小理能够有些显著的变化，为班上做些什么。我在思考着……

3. 2008年10月28、29日两天，中国教育学会教育哲学专业委员会在上海举行年会，会议的主题是教育中的民主问题。会上北京师范大学学者石中英教授对教育中的民主概念作了一个批判性的思考，强调当前教育中的民主实践（如师生关系的民主化、学生自治中的民主参与以及学校管理中的民主决策）可能已经超出了教育所能容忍的限度，有用其他领域中的原则代替教育之嫌，希望人们讨论民主原则对教育的适切性究竟如何，教育民主化是否应有一定的限度，学校是不是一个可以被民主化的场所。另有台湾学者温明丽教授也曾发表"师道岂能止于民主"的议论。请您对民主与教育的关系发表意见。

相关链接

1. 康永久. 2003. 教育制度的生成与变革——新制度教育学论纲［M］. 北京：教育科学出版社.

该书对教育制度的教育意义作了详尽的说明，对制度与个人的关系也作了大胆的分析，提出的"新制度教育学"对我们思考道德教育中的制度问题不无启发，值得有兴趣者一读。

2. 杜威. 2001. 民主主义与教育［M］. 北京：人民教育出版社.

杜威. 1981. 教育中的道德原理［M］//杜威教育论著选. 上海：华东师范大学

出版社.

杜威的道德教育理论我们没有太多地论及，但在关键部分对他的著作的引用应当已让大家对他的著作有很深的印象，建议大家先去看他的《民主主义与教育》，这是一本理论与实践紧密结合的教育经典，值得理论工作者和实践工作者反复阅读。他的《教育中的道德原理》突出强调了道德教育的社会性，也非常有启发价值。

3. 涂尔干. 2001. 道德教育［M］. 上海：上海人民出版社.

福柯. 2007. 规训与惩罚［M］. 北京：生活·读书·新知三联书店.

涂尔干的《道德教育》和福柯的《规训与惩罚》中对纪律与惩罚的分析对我们理解学校自身的特征很有启发，尤其《规训与惩罚》将规训（实际上与纪律是同一个词）、奖惩、权力、监狱与学校等放在同一个社会背景下作统一的考察，更是体现了他不同凡响的洞察力。有兴趣者确实可以反思一下他在监狱和学校两种教养机构之间所作的联想。

教师德育专业化读本

德育观念模块	做一个配享幸福的教育家 ——教师德性生活关键词：幸福、公正与仁慈 中国传统德育与德育现代化 ▶ 制度情境与道德教育 当代青少年文化与学校德育
德育实务模块	德育与课程实施 班主任的德育工作：角色定位与功能实现 社会变迁过程中的学校师生关系 主题班会的设计与开展 ——班主任德育工作的视角
德育理论流派模块	苏霍姆林斯基的德育思想 科尔伯格与品德发展理论 关怀教育学与关怀关系的建立 价值澄清与多元文化的应对

教师德育专业化读本

当代青少年文化与学校德育

4

班建武　李凡卓

阅读导航

当前，成人社会越来越难以理解当代青少年的文化生活。而学校教育则习惯于用传统的价值观和教育方式对待青少年。这在很大程度上使得我们的学校德育基本上成为成人的一种独角戏，既缺乏青少年的主动参与，也难以引起青少年的兴趣和共鸣。解决这一困境的重要出路就是要关注和了解当代青少年的生活实际。这一切都离不开对青少年文化的认识和把握。

本章将从青少年文化的表征、类型等方面入手，揭示当代青少年价值观、人生观、审美观的时代特征，力图使每一位教师通过本章的学习能够：

1. 了解当代青少年的文化特征及其所表达的价值诉求；

2. 正确评价当代青少年文化的利弊；

3. 了解青少年文化影响学校德育的主要机制；

4. 结合实际教育教学工作探讨青少年文化与学校德育相融合的途径。

引言：学校德育为什么需要了解青少年文化

（一）青少年文化是了解当代青少年思想的重要线索

青少年文化是青少年存在方式的直接体现。学术界关于文化的定义很多，各种定义的主张虽然表面看起来纷繁复杂，但是，透过它们我们仍能体会到这些定义之中所肯定的基本要素。大体来说，构成文化最核心的要素就在于文化当中所包含的世界观、价值观和审美观等深层次的精神观念范畴。在某种程度上，我们可以说，文化就是人的人格及其生存状态的反映。关于这一点，我们从日常生活的经验中可以明显感觉出来。不同地域、不同民族、不同阶层的人的价值观念以及生活方式的不同，往往是以文化的形式表现出来的。因此，在社会生活中，文化既具有人际沟通和理解的功能，也具有一种社会区隔作用。文化因此成为社会理解和整合的重要力量。

如果从代际的角度来看文化，我们会发现不同年龄段的人也会由于其在社会结构中的位置的不同而形成不同的生活方式和价值目标。在生产力水平发展缓慢的社会，代际联系具有很大的稳定性和继承性。成人今天的生活基本上就是儿童明天的生活。因此，儿童以及青少年成长的重要使命就在于不断吸收、内化成人文化，掌握融入成人社会的基本规范和生活技能。在这样的社会现实中，代际文化差异和文化冲突基本上不存在。

到了近代以后，生产力的高度发展以及分工的细化日益打破代际文化连续性。青少年与成人之间由于生活环境的不同而产生的文化差异乃至冲突日益凸显。在高度现代化的社会中，所谓的“代沟”问题已经取代过去传统社会成人与青少年之间文化的一致性和稳定性，变成当下成人与青少年互动的新的课题。当下，成人与青少年的种种冲突，大多导源于二者之间的文化冲突。以青少年消费为例，成人似乎越来越难以理解青少年为什么会对各种时尚、品牌趋之若鹜，也难以理解为什么那些看来属于奇装异服、离经叛道的服饰或发型却为青少年群体所津津乐道，争相效仿。家长们也常常抱怨孩子总是买回一大堆对于他们而言是无用的东西。学校在这一问题上则采取较为强硬的做法，对学生的服饰、发型等作出了严格的规定和限制。于是乎，消费方式似乎成了当下成人社会与青少年群体之间代沟的一种重要表征。对于这些问题，单纯用经济因素去解释恐怕难以触及问题的核心。而简单套用已有的、传统的青少年形象标准对之加以鞭挞则显得过于武断和专制。这就需要我们从一种文化的角度去接近和观照青少年在这些具体的行为方式中所包含的价值诉求。只有建立在理解基础上的对话才是可能的。如果一味采取强制的方式来与当代青少年相处，那么只会激化矛盾。

长期以来，我们对青少年学生的关注，主要局限于学生在校园内的学习与生活，往往忽视了他们在校外的日常生活状态。另外，我们对学生的关注，也主要侧重于他们的学习、认知、能力、道德等方面，而较为忽视他们作为一个人在日常生活中的饮食、服饰等生活方式及其背后的价值所指。实际上，相对于学校内的制度化生活，学生日常生活中的生活方式更能反映出他们真实的人生观和价值观。因此，学校教育不能仅仅关注学生的校内生活，还应以一种主动的姿态去了解学生的日常生活。这也是当下学校教育回归生活世界应有的题中之义。

（二）青少年文化是学生与教师（成人）发生互动的基本中介

学校教育起作用的重要中介就是学生文化。在很大程度上，教师不是与个别的学生打交道，而是与特定的学生文化发生意义关联。这一点在苏联教育家马卡连柯所提出的“平行教育”原则那里已经有了充分的说明。马卡连柯认为通过组织健全、合理的集体来教育学生，是培养社会主义新人的主要方法。只有在集体中、通过集体和为了集体进行教育，才能完成培养集体主义者的任务。美国心理学者哈里斯（Judit Rich harris）的“群体社会化理论”认为，家庭外的环境（主要是同伴群体）才是儿童社会化的重要环境。实际上，集体或者青少年群体成为教育学生的重要方法，其内在机制就在于集体中所形成的文化对青少年学生而言具有一种“涵化”作用。一方面，只有认可特定群体的组织文化，青少年才能够融入该群体之中，获得一种身份的认同与归属感。另一方面，处在青春期的青少年尤为关注同辈群体对自己的评价。同伴的意见和建议所具有的影响力甚至比教师和家长的意见更大。这就会形成一种文化压力，使青少年不愿违背与这些文化相适应的生活方式以避免招致同伴的排挤和孤立。

学生在各种青少年文化中，容易获得一种安全感和成就感。这就使得青少年在违背成人社会的种种规约时，可以寻求到一种体制外的力量支持和肯定，从而降低或消除由于违反规定所带来的消极后果。甚至在某种情况下，对体制内文化要求的反抗构成了学生自身获得成就感和同伴认同感的重要方式。因此，学校教育工作要能够有效展开，就不能仅仅局限于对个别学生的具体教育上。而是要能够深入了解学生生活的具体文化场域，了解特定的同辈文化的特征及其与青少年成长的关系。只有从较为宏观的层面把握青少年文化的具体内涵，才能有效地做好日常的教育教学工作。

一、当代青少年文化生活扫描

正确把握当代青少年的思想状况，必须走进他们的文化生活。在他们的日常文化生活中，其真实的世界观、价值观以及审美观等才会较为充分、自然地流淌出来。

当代青少年的文化生活色彩斑斓。我们如何才能够提炼出它的特征呢？下面我们主要从青少年的认知取向、语言特点、情感表达等方面对当代青少年的文化生活作初步的解读。

（一）青少年文化中认知方式的读图化

1. 世界的图像化与青少年

当我们试图描述当下的社会文化生活形态时，诸多名词与提法扑面而来，传媒时代、读图时代、眼球经济时代、图像压倒文字时代……它们一致凸显着这个时代的一种趋向：图像的呈现和观看的主导和强势。无论是否意识到，我们都已置身在图像的包围中。图像作为传播信息的最主要的载体之一，已经成为当代人们获取社会信息的主要方式。据调查，在2001年，人们对社会信息的获得，有60%—70%是以图像的方式获得的（杨小彦，2001）[27-29.]。

当代青少年是伴随着电子传媒的发展而长大的一代。图形、图像成为他们阅读的主体内容。他们体验世界的方式主要是“看图”，看电影，看电视，看电脑，看动漫，而不是阅读和实践。笔者主持的一项调查①结果显示，当前青少年学生接触名著的最主要方式就是通过电影或电视剧（图4-1）。

当代青少年是真正的“读图一代”，有着明显的“图像依赖症”，习惯于图像化、视觉化的叙事方式，图像更能激发他们的活力。他们对文字阅读的兴趣减弱，尤其是对抽象的文字避之唯恐不及。图像世界和图像化本身因此成为当代“读图一代”赖以生存与发展的基本文化环境。在学生的书架上，成沓的光盘代替了书本；无数个青少年宣称他们讨厌文字而只喜欢动漫电影。更重要的是，在他们的“图像化”生存方式中，文字和图像的关系发生了倒转。一般而言，对于一个年纪超过25岁的人来说，他的童年世界更多地与语言联系在一起——无论是阅读还是听故事，都以语言为媒，在

① 北京市教育科学十一五规划重点课题“当代青少年流行文化学校德育”的调查研究，数据来源于北京、江西和陕西三地，共有1500人接受了调查。除特别说明外，本章所引用的数据均来自此次调查。

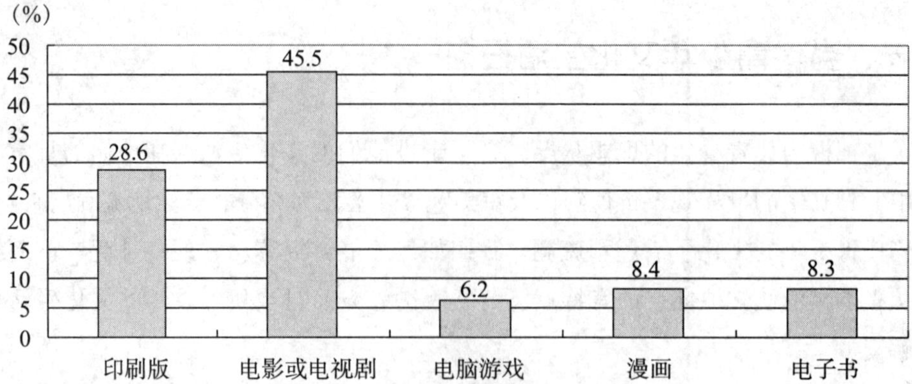

图 4-1　青少年接触名著的方式

语言的基础上个体产生属于自己的想象，然后才看到影像作品。例如他们先听说或者阅读了西游记的故事，后来才看到同名电视剧。然而在当代，这个关系发生了倒转。不仅影像作品数量大大超过文字作品，而且几乎所有文字名著都被改编成影视剧或动画甚至游戏（连“梁祝”都被拍成动画片，“四书五经”都被改编成漫画）。调查数据显示，当前以电视为代表的新兴媒体已经成为青少年了解信息的主要渠道（图 4-2）。

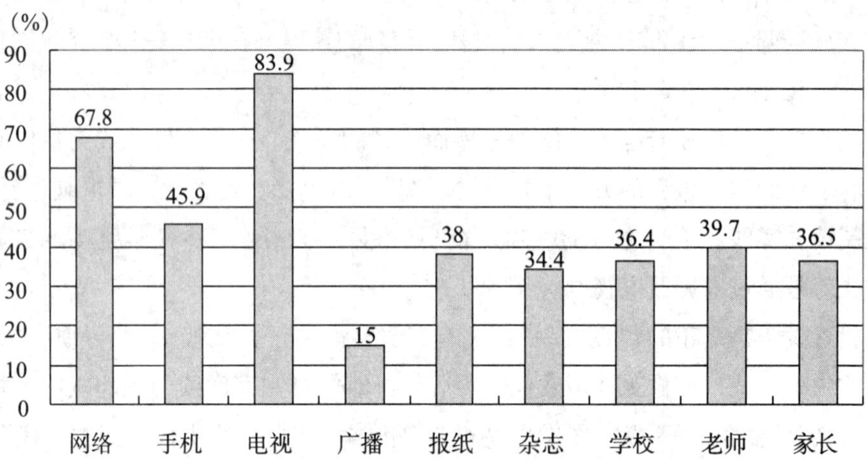

图 4-2　青少年了解信息的渠道

2. “读图时代”的特点

“读图”与文字阅读相比具有什么样的特点呢？对于二者我们可以作以下简单的区分。

（1）文字重理性，图像重感性。文字实际上代表着一种理性主义的文化，它注重形式，具有一定的抽象性，主要依靠一种约定俗成的惯例指代事物，需要通过理性的思维才能够把握和理解。另外，文字的呈现遵循着一定的逻辑要求，因此，文字本身在很大程度上是与“有文化”紧密相关的。只有掌握了必要的文字，个体才能够进入由文字所建构的精神世界和人类文明。较之文字，图像则明显趋向于感性，它摒弃了理性主义的说教，转向感性快乐，排除了形式主义原则，并把符号与日常生活现成物等同起来。因此，对图像的理解和把握不需要太多思维的参与。这就决定了图像对于受众而言所具有的开放性和低门槛特征。

（2）文字具有想象性，图像具有既定性。文字不仅能对事物进行指称和阐释，它还能给人以极大的想象空间。这是由文字的抽象性和多义性决定的。从表面上看，文字虽然是平面线性的，但其所表达的思想却是立体多样的。受众对文字的解码，包含着个体独特的生活阅历以及学识修养，这也是为什么“一千个读者有一千个哈姆雷特”的重要原因。相比而言，图像具体性、形象性的特征决定了它所传达的信息的既定性。人们对图像的把握，主要是通过一种感性直观的方式来达成。在这种把握过程中，图像往往以一种完满的方式去表达其意思，因此，图像给人留下的遐想空间是极其有限的，它在很大程度上已经把人们对事物的多样性理解定格为“一”。这也是为什么很多经典著作被搬上荧幕后其人物形象常常受到观众诟病的重要原因。

（3）文字需要“静观”，图像需要“投入”。文字由于其理性特征以及多义性的表达，为读者的再加工提供了必要的前提。而文字在叙述方面的逻辑特征及其与所指代的事物之间的距离性，则需要读者沉浸在文字中去思维和体味。在这方面，图像则显现出不一样的“阅读”方式。几乎所有的图像所要表达的东西都是既定的，面对图像观众更多的是接受而不是思考。学者周宪认为，最典型的形态差异就是读书与看电影的不同。阅读是“静观”的典型形式，它允许读者不断地体验作品的深刻含义，反复地吟咏和停下来沉思，因而审美主体与对象保持一定的距离；看电影则不同，观众完全沉浸在电影情境中，主体与对象之间的距离消失了，片刻的、当下的快感使主体忘却了自身现实存在，主体的欲望直接进入对象情境。

由此可见，文字和图像之间具有一种张力。这种张力的存在一方面表明文字与图像二者之间可以相得益彰，相互说明、补充，从而有利于读者更好地理解和把握文字与图像的精义及内涵，另一方面也表明图像对文字可能造成曲解与转义，从而不可避免地将文字所要传达的思想简单化、庸俗化。比如，各种对经典名家作品的漫画式解读，在一定程度上有利于普及经典作品，同时也不可避免地存在着将古代思想家深刻思想简单化的倾向。如果传统思想文化被定格为具体的漫画形象，那么，这些思想文化本身所蕴涵的丰富内涵和人生智慧就有可能变形甚至丧失。

3. “读图文化”对青少年的影响

感性认知是青少年把握世界的重要方式，这在儿童那里表现得更为明显。但是，如果长期沉溺在感性化的认知中，则不利于青少年理性思维和抽象能力的发展。实际上，作为人类认知世界的两种方式，感性认知与理性把握都具有各自的特点和作用。从这个角度而言，简单用一方否定另一方都是片面的。现在的问题在于以下三个方面。

（1）感性化认知大有取代理性认知的趋势。阅读或者学习的愉悦不仅仅来自感官的刺激，也来自深层次的精神陶冶与对话。而正是后者，构成了阅读的最大魅力。图像对文字的挤压使得传统的阅读活动发生了重大改变。其中，最大的改变就在于阅读主体与对象之间的关系发生了重大变革。主体与对象之间的距离消弭，二者的关系转变为一种纯粹的审美关系而失去了必要的思想深度。愉悦仅仅等同于感官享受。

（2）对感性认知的过度追求，往往会导致意义生活的丧失。这一点在当前的消费社会中表现得尤为突出。从某种意义上可以说，当前社会是一个图像化的社会。在现代媒体中，各种影像层出不穷、相互指涉，但是这些影像所代表的意义却十分贫乏，缺乏深度。

（3）读图对青少年更深层次的影响在于，它过早地将各种成人的“秘密”以各种带有强烈视觉冲击性的图像大量呈现在青少年面前，从而不可避免地加速了青少年的“早熟”。在文字印刷时代，文字的抽象性在很大程度上有效地守护了各种“秘密”。由于文字壁垒的存在，成人与儿童拥有各自的空间。“在文字世界里，做成人意味着有机会了解用非自然符号整理和记录下来的文化秘密”（波兹曼，2004）[19]，而儿童只能接受符合其心理水平且经成人挑选过和过滤了的儿童读物。也正是在此情况下，儿童才成其所是，童年才得以出现，童真才得以保存。而图画不像文字那样存在认知、想象、思维上的种种约束，它向任何人都敞开大门。除了审美水平存在一定的差距，儿童具有和成年人同等的读图水平，甚至有过之而无不及。图画消解了成人与儿童之间森严的文字壁垒，成人与儿童之间的那道帷幕已被拉开，从而宣告了“童年”的退场。

4. 读图时代的教育

在“读图时代”，决定学校教育策略的基本依据有二（李政涛，2004）。一是把握图像的两面性，图像是一把双刃剑，对于学校教育来说，既是危险，也是机遇。学校教育在应用电子媒介、与图像相结合的时候要注意扬长避短，既要防止一味地满足学生的图像兴趣，导致过度渲染有趣的、色彩艳丽的图像内容，甚至用图像内容取代细致严密的文字表达和思维训练，进而占据课堂生活和学习生活的中心位置，同时也要充分发挥图像在教育教学中的正面价值。二是把握“90后”和“00后”青少年学生的特性。他们是观看电视、阅读卡通书长大的一代，大都具有高度视觉化和图像化的倾向，如何使他们的这些特性有利于其自身的成长与发展，同时又消除图像有可能给他们带来的负面影响，是“读图时代”的教育者不能不考虑的问题。为此，学校教育可以采取如下教育策略（李政涛，2004）。

（1）创设一个包含视觉—空间智能在内，结合多种智能类型的图像化教学环境

把视觉—空间智能与语言智能、数理—逻辑智能、音乐智能等智能类型结合起来，一方面，避免学生在视觉—图像方面的单向度畸形发展，另一方面，结合的目的在于通过发挥具有视觉—空间智能的图像的独特功能，有效促进其他智能的发展。

图像化教学环境的创设，可以由师生共同设计制作屏幕画面，加强教室的视觉外观效果，探索教室墙壁和黑板在布局、平衡及颜色等方面的组合机制。同时，尽可能地丰富学习材料的视觉变化，如用不同颜色标示、变化形状、在讲述和讨论时加入视觉化辅助等，通过图像的设计编制来充分调动视觉、听觉、嗅觉等多重感官的结合，以期最大限度地发挥图像所具有的直观、形象的优势，使每一种教学环境中的图像都能产生教育的力量。

（2）在互动性的深度参与中，构建和发挥学生的主体性意识与能力

所谓“互动”，不仅是指师生之间、学生之间，即人与人的互动，还指人与图像之间的互动。其主要形式就是让学生更多地参与到图像的产生、使用、理解和解释之中。

教师对图像的选择和使用，应尽可能使图像成为麦克卢汉所言的“冷媒介”，即所含信息较少，或不够清晰，不够确定，更多地需要受众填补的媒介。对图像的填补、理解和思考的过程，就是学生主动参与的过程。在图像面前，学生就能够从被动的观察者转变成主动的思考者。这样，使用图像以及对图像的填补和参与的过程，就成为将学生建构为主体的过程。如，教师在利用录像机时，可以采用多种方式引导学生进行主动学习。教师可以充分利用暂停、倒转和重播等功能的优势，而不是把一盘带子从头放到尾。这时候可以为学生提供讨论的机会，鼓励学生描述已经看到的，同时猜测稍后将会看到的内容和可能的结局。

专栏 4-1

美国纽约达顿中学十年级的一堂文学课，学生们读完了莎士比亚的悲剧《麦克白》后，分组坐在电脑前完成教师交代的任务。一个小组在分析麦克白夫人的性格，学生好奇，她到底长成什么样？电脑数据库里调出各类数据：不同时期画家们笔下的肖像，好莱坞大导演波兰斯基1971年创作的同名电影中女主人公的扮相，还有百老汇剧场各种剧团演出时的片断。

教师如果能在这种情况下，引导学生回到文本，研究剧本中人物的语言、动作和心理，将剧本中的“麦克白夫人”（文字描写）、自己心目中的“麦克白夫人”（主观再创造）和他人理解的“麦克白夫人”（各种图像）进行三对照，启发学生对各种各样的“麦克白夫人”的“图像”进行比较、筛选、分析、修改、重塑，那么，学生从这样的图文交互式的学习中就能充分领略到文与图各自独特的魅力。

（来源：叶黎明，2007）

这样的参与也包括学生亲手制作各种图像，如学生可以制作多媒体的报告，或结合剪辑的影片片段、幻灯片、照片和其他的图解方式来制作一份完全视觉化的报告。通过这些图像化的制作，使学生的学习成为一个综合运用不同类型的知识与媒介来解决问题的过程。通过这些方式，图像避免了沦为浅薄、瞬间即逝、无思和客体化的命运，成为一种学生深度介入的方式。

（3）了解学生使用图像学习的阶段性特征，有针对性地适度运用图像

不同年龄阶段的学生对图像的兴趣和需求不同，例如，与中学生相比，小学生对图像的热情和对图像的依赖就要高出许多，即使同处在小学阶段，低年级与高年级的学生也存在一定的差异。同时，在不同阶段的学生中，图像的教育价值和功能也会有所不同，在教育过程中何时应该充分地利用图像，何时应该对图像的使用有所限制，甚至何时应该斩断学生与图像的联系，从图像化思维阶段进入非图像化思维的阶段，这些都是教育者应该重视和研究的问题。

（4）挖掘图像中的艺术性因素，促进学生的艺术化生存

图像本身蕴涵着丰富的艺术性资源，这种资源不仅可以直接转化为艺术教育和美

育的内容，而且可以渗透在智育、德育之中。当教师在课堂上呈现出具有生动美感和极富艺术气息的各种图像之时，当教师鼓励学生在完成语文、数学等各科作业的过程中，自己绘制与之匹配的优美图像之时，艺术教育、美的意识就渗透在教育生活的各个角落里，也灌注在学生的心灵之中，使他们逐渐摆脱粗浅低级的状态，进入高雅愉悦的艺术性状态。因此，图像带给艺术教育的不仅是挑战，更多的是机遇。在一定程度上，它成为使教师的教、学生的学和师生的生存状态得以进入艺术化境界的重要途径。

(5) 理性认识学校教育与社会及其他形式的教育的区别，着重发展学生理性思维能力

鉴于当前消遣性阅读的盛行和学生浅阅读状态的出现，学校教育更应该注重培养学生的理性思维能力，提高学生进行严密逻辑推理的兴趣。“90后”和“00后”青少年是在诱惑性视觉文化中成长起来的，他们长于图像感知而拙于线性逻辑推理，其理性思维能力已很薄弱。因而，在学校教育中应该坚持文字理性，要给图画画出界限，为文字清出地盘。学校教育要有所担当，它应该与其他形式的教育有所差别。学校不是象牙塔，但应有象牙塔般的气质。

学校教育的这些调适和改变，目的均在于应对“读图时代”的到来，使这样的时代在改变当代青少年的生存方式的同时，变成促进教育与当代青少年的发展的合理性力量，而不是压制性甚至毁灭性的力量。对此，学校教育者任重而道远。

（二）青少年文化中语言表达的游戏化

语言是青少年文化的重要内容。青少年文化的诸多价值诉求总是通过各种各样的话语方式表达出来。从后现代的观点来看，语言是个体存在的重要方式之一，蕴涵着特定的情感类型和价值特征。总体而言，当代青少年文化中的语言表达具有一种游戏化的特征。这种特征突出反映在以“大话文化”为表征的戏仿语言以及以“火星文”为基本形态的网络语言中。

1. 青少年文化中的“大话文化”语体

在当代青少年中，流行着诸多所谓时髦、时尚的诗词，而这些诗词大多源于对经典文化的任意改编。例如李白的《望庐山瀑布》是一首家喻户晓、雅俗共赏的七绝诗文，然而，这首诗文在有的青少年口中却变成了“日照香炉烤鸭店，鸡鸭鱼肉在眼前，口水流得三千尺，一摸口袋没带钱”的戏谑之词。这样一种戏仿在青少年当中大有市场，似乎一个人不能够吟诵这样的诗文就落伍于时代，会被其他同学所鄙视。正如在

一次访谈中一位初中生对笔者所说的："不会这些就会被同学看扁，显得很老土，根本就没办法混！"

实际上，青少年这种话语表达方式属于"大话文化"。"大话文化"的基本要义在于通过对各种经典文本的戏仿、拼贴，颠覆这些文本所包含的话语秩序及支撑这些话语秩序的审美原则、道德规范、文化秩序等意识形态化的东西，从而获得一种"冒犯"的快感。

举例来说，一本名为《Q版语文》的书，对31篇人们耳熟能详的语文课文进行改编，其所改编的课文包括《背影》、《荷塘月色》、《少年闰土》、《从百草园到三味书屋》、《孔乙己》、《孔融让梨》、《愚公移山》等。该书首印投入市场的便达到10万册，书店销售与网上浏览均呈现火爆场面。

书中《老爸的背影》改编自朱自清的《背影》。朱自清的原文是这样描写的：

> 我看见他戴着黑布小帽，穿着黑布大马褂，深青布棉袍，蹒跚地走到铁道边，慢慢探身下去，尚不大难。可是他穿过铁道，要爬上那边月台，就不容易了。他用两手攀着上面，两脚再向上缩；他肥胖的身子向左微倾，显出努力的样子。这时我看见他的背影，我的泪很快地流下来了。

在《Q版语文》中，这段话被改编为：

> 他跨过铁道，要爬上那边月台，就不容易了。他用两手攀着上面，两脚再向上缩。他肥胖的身子向左微倾，显出努力的样子。双腿左一蹬，右一撑，就像一只大蛤蟆，就是上不去。这时我看见他的背影，我的泪很快地流下来了。突然，老爸向后退了两步，左手掐腰，右手向天空一指，唱道："快使用双截棍，哼哼哈嘿！飞檐走壁莫奇怪，去去就来！"晴天里打了一个霹雳后，老爸纵身跃上了月台，还在月台上完成了一套"托马斯全旋"！然后，强忍着呼吸，微笑着向我和脚夫做了个胜利的手势。

从这则文本我们不难窥见"大话文化"的基本特征。首先，"大话文化"的首要特征就在于它的互文性。所谓互文性，就是"大话文化"的构成必须依赖于特定的已有文本以及在此文本上所进行的新的改造而诞生的文本。新文本源于旧文本，但在内涵以及价值等方面则迥异于先前的文本。但是，新文本的意义及其所取得的戏谑效果并不单单由新文本自身来完成。实际上，新旧文本之间的落差是大话文化戏谑效果得以产生的重要原因。那么，如何造成这种落差呢？一个重要的策略就是对各种所谓“经典”文本的戏仿。

在青少年眼中，“经典”在很大程度上意味着权威、保守与控制，在某种意义上，“经典”也带有一种禁忌的意味。因此，通过各种戏仿、拼贴、并置和挪用等策略，“经典”身上蕴涵的神圣光环被打破，沦落为琐碎的日常事件。这种将经典去圣化的策略可以称为“降格”。除了这一策略外，在大话文化中为了达到落差效果的最大化，另一种策略也被广泛使用。与以上“降格”策略相反，该策略的重点是将日常事件向上拔高，赋之以崇高的色彩。这就如同戏剧中的小丑，让其穿上华丽的外衣，从而突出喜剧效果。这种策略可以称为“升格”。不管是降格也好，升格也罢，对这种大话文化的操作与使用必须建立在一定的知识或文化背景之上，没有相应的知识背景，大话语言的效果则很难体现和得到认同。从这个角度看，当代青少年是绝顶聪明的一代。他们不仅熟悉原有的经典文本，而且仅仅从形式上来看，他们在原有文本上所进行的再创造也饱含着强烈的创新能力。

成人或主流社会对各种戏仿现象感到反感的重要原因之一就是他们认为这是对经典的亵渎。那么，青少年在这种戏仿文化中到底要表达什么？实际上，在很多时候，这只不过是当代青少年自我情绪宣泄，寻求生活乐趣的一种消遣方式。当代青少年对于商品形式或自身外形的关注，其主要目的就是要卸载掉太多所指的负担，寻求一种简单、原始的快乐。仅就这一点而言，青少年的符号性消费应该说是无可厚非的。这实际上表明了一种“享受的合理性”对于青少年健康成长的意义。毕竟，当代青少年身上已经负载了太多来自家庭、学校、社会以及自身的期待和责任，他们所面临的是一个较之其父辈那个年代更为激烈和残酷的竞争。在这种情况下，他们或喜欢韩剧，或喜欢嘻哈文化（hip-hop），或喜欢一些不为他人特别是家长和学校所认可的东西，在这些活动中，他们可以获得暂时的情感释放和轻松一笑，这对于青少年的成长是不无裨益的。

对此，家长、学校乃至社会要给予必要的理解。没有这种理解，青少年、家庭以及学校之间的相互沟通就失去了必要的前提。然而，所谓的理解并不是抽象的，它应该体现在青少年日常生活的点点滴滴之中，而不是仅仅停留在学习方面。在这里，我们需要注意的一个问题是，不要仅仅从文化符号的所指层面去要求学生文化消费的思想性、艺术性或者深刻性，更不能以所指去否定能指的美学功能。有时候，如果学校教育或者家长能够从传统的审美观和精英主义的固有藩篱中走出来，平心静气地与孩子一起欣赏他们符号消费的杰作、共同探讨其中的美与不足，这或许更有利于代际思想交流和沟通，也更有利于教育的顺利进行。

与此同时，大话文化也是当代青少年冒犯社会权威，寻求文化合法性的重要方式。在很长一段时间里，包括身份认同在内的青少年社会化所依据的社会文化资源，主要是由年长一代的成年人所提供。因此，青少年的身份认同主要是在一种继承性的认同框架之内进行，表现出一种明显的依附、被动的价值取向。在这种认同框架之内，青少年与成人之间的界限是泾渭分明的。成人由于拥有青少年身份合法化的话语和文化资源而较之青少年更具有权威性。另外，社会主导文化、精英文化与成人文化之间也具有较大的同质性。在某种意义上，成人文化几乎都是特定社会主导文化和精英文化的具体体现者。因此，以成人文化为主要身份认同合法资源的青少年，他们的自我认同与社会认同就是在一种体制内的价值观念、审美取向的框架之内进行。那些冒犯社会权威、寻求体制外的身份认同的青少年，无一不被赋予“离经叛道”的社会污名，更为严重的，则会受到体制力量的强烈镇压。但是，这种青少年与成年人、体制内与体制外的界限划分在日益“内爆”的社会中已经逐渐失去了其边界意义。当前社会内爆的突出事件就是大众文化的蓬勃兴起，冲击着主导文化、精英文化在社会意识形态中的主宰地位。由此带来的结果就是经典的衰微，戏仿文化的兴盛。这样青少年身份认同的社会空间和文化资源就发生了新的变化。

这种变化主要体现为以下两个方面。（1）青少年身份认同的社会空间和文化资源空前变大，他们赖以发现自我、成就自我的社会资源不再仅仅依靠成人社会的供给。大众文化成了青少年身份认同的新的文化资源。（2）青少年身份认同的范式逐步从依附、被动走向独立、自主。关于这种变化，我们可以通过青少年对各种传统经典文化的消费状况来进行说明。当代青少年对经典文化大多是一种快餐式的消费。在这种消费过程中，经典本身的历史性、崇高感、悲壮美等传统符号意义已经被抽空，被置换成了一种戏谑式的搞笑文本。从《大话西游》到日前在网络上炒得沸沸扬扬的《Q版语文》，无不体现了经典文本的娱乐化命运。而青少年对这些文本的痴迷与追捧，则在很大程度上反映了年青一代不同于其父辈的审美趣味和价值取向。在这种内爆了的文化语境中，禁忌不断地被打破。青少年由此找到了一种可以突破社会主导文化、精英文化限制的认同资源，并在这种资源的武装下，以一种挑战者的姿态小心而又大胆地冒犯着代表社会权威的经典，以此来宣告自己存在的价值与当下意义。

从图4-3的调查数据可以看出，青少年对经典文本的这种态度并无多大的恶意，经典之于他们可能与其他普通的商品一样，只是代表着一种可以利用的“搞笑”资

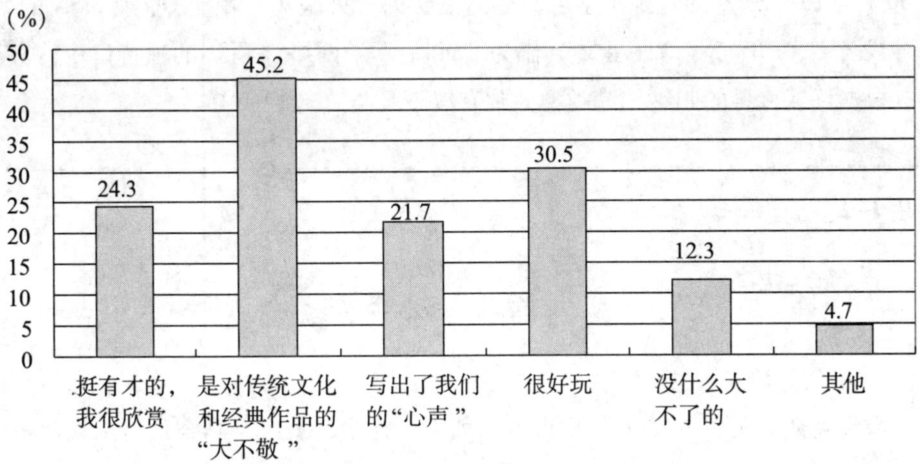

图 4-3　青少年对待“恶搞”的态度

源。在很大程度上，经典的意义在当代青少年眼中已经被置换为一种寻求感性愉悦的文字符号。经典的符号意义不再是一种永恒、崇高、神圣，而演变成了一种当下、庸俗的感性体验。当经典变成一种流行文化被消费时，经典的严肃性、深刻性就会丧失其应有的历史厚度而流于庸俗，趋于沉沦和死亡。另外，青少年对经典的解构和戏仿本身就是一种“大话文化”的消费，其典型的符号意义在于它宣告了一种彻底的怀疑主义人格的诞生。这种人格的突出心态就是：世界没有神圣，也没有权威和偶像，一切都是不可以相信的。这种对权威、神圣的全盘否定态度和解构立场，即使不直接指向某种特定的主流话语，也会使得对于主流话语的认同成为不可能。因此，青少年在“大话文化”的消费中破坏权威，张扬自我享乐的合理性的同时，也在无形之中挖空了探索真理和建设价值的根基，从而不可避免地滑向虚无主义的境地。

由此可见，“大话文化”的语言表达一方面为青少年挣脱传统力量的束缚，谋求其社会存在的合法性以及塑造个性风格等提供了具有冲击力的文化资源，在某种程度上有利于当代青少年创造才能的释放。但是，任意篡改经典的符号意义，甚至将其演化为一种搞笑、戏谑式的娱乐文本的做法，同样不利于青少年自我的发展。这容易使其养成一种无政府主义的人格特征，为所欲为，缺乏敬畏之心。

2. 青少年文化中的“火星文”

“3Q 得 orz”（感谢得五体投地）“莓天想埝祢，巳宬 S1 种滀惯”（每天想念你，已成为一种习惯）。乍看上去，让人觉得云里雾里，而这就是时下“90 后”在网络上最风行的语言——“火星文”。一家网站的调查数据显示，目前接触“火星文”的群体中80%为15—20岁的青少年学生，他们主要将“火星文”用于QQ或MSN的名字、网络游戏名字、BBS等。“火星文”作为“90后”“网络江湖”的独特口令，其种类繁多。根据百度百科的归纳，其类型大致有以下几类（专栏4-2）。

专栏4-2

“火星文”的类型

1. 杂交类语言

杂交类语言是“火星文”中由各种文字、符号、数字等融合使用生成的网络语言，具体表示为：杂交类语言=文字+符号+数字+其他。这在“90后”中最为常见，例如：“曾经u1分金诚di摆在挖d面前，但4挖迷u珍c，斗到失7d4候后悔莫g，尘4间最痛苦d4莫过于此。如果↑天口以给挖咕g费在乃1次d话，挖费对叽咕女孩说挖ie，如果非要在叽份i+↑1咕期限，挖c望4…1万年…”乍一看，这段由汉字、英文字母、数字和符号杂交而成的话语让人不知其所云，其实，这是《大话西游》中的一段经典对白，具体如下。“曾经有一份真诚的（爱情）摆在我的面前，但是我没有珍惜，等到失去的时候后悔莫及，尘世间最痛苦的事莫过于此。如果上天可以给我个机会再来一次的话，我会对这个女孩说我爱你，如果非要在这份爱上加上一期限，我希望是……一万年……”

2. 符号类语言

在“火星文”中，符号使用的频率非常高而且种类繁多，有标点符号类、数学符号类、方位符号类等各种各样的符号表达。常见的如“:）”表示微笑，“‘（..）’”表示猪头；还有“↓”表示“吓”字，如“你↓到我了”表示“你吓到我了”，“↑”表示“上天”、“上面”、“向上”等。

3. 字母类语言

字母类语言主要包括英文单词、汉语拼音及它们的缩写。例如：OIC（oh, I see）——哦，我明白了；DIY（do it yourself）——自己做；BC——白痴；PLMM——漂亮美眉（女孩）。

4. 数字类语言

数字类语言就是运用数字谐音的方法将几个阿拉伯数字组合成一个新词或句

子。例如：520——我爱你；201314——爱你一生一世；536——我想你；56——无聊；5387——我想发财；等等。此外，还有心情图示，如 orz 表示“五体投地”，or2-3 表示“翘着屁股放屁”；动作表示，如讨厌一个人，叫那人走开时用一个“踢”字并配上踢的动作；多字组合，如“酱紫”（这样子），等等。

5. 相似音/多字合一

将多个字合在一起表示的情况，或是使用发音相近的字取代原本的文字。

例：酱很好啊！

——“酱”表示“这样”的合音。

例：表这样做！

——“表”表示“不要”的合音。

例：偶口以跟你做朋友吗？

——“偶”应为“我”，此为中国台湾地区国语发音，故成“偶”；“口”应为“可”。

那么，青少年在这种“火星文”中所要表达的是一种怎样的思想及生活状态呢？调查数据显示，火星文之于青少年而言，主要是“好玩”和“沟通”（图 4-4）。

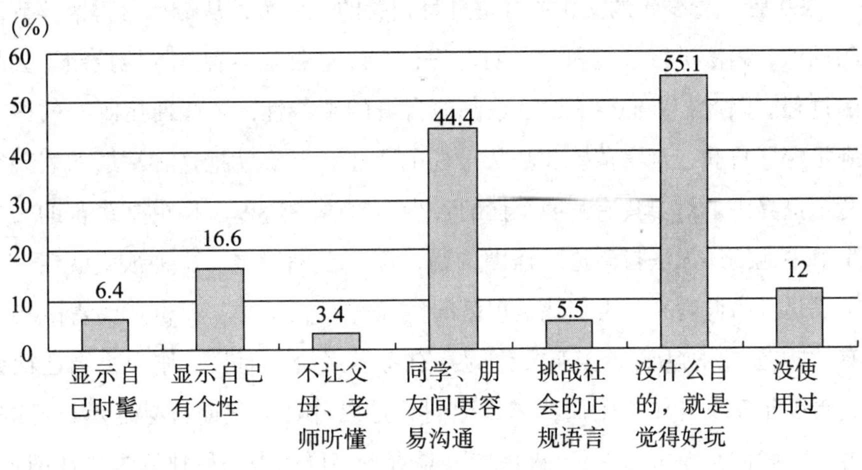

图 4-4　青少年使用火星文的目的

首先，从青少年成长的身心特点来看，“火星文”是青少年阶段一种独特的文化形态，具有明显的游戏特征。青少年作为连接儿童与成人的中间阶段，既保留着儿童所特有的天真烂漫，也开始展示成人社会的某些特质。他们一方面可以继续以儿童的心态去面对和应付生活中的各种事务，拒绝太多的责任要求。另一方面，他们最终还是要走进社会，成为社会中的一员。面对这样一种生存境况，青少年总是会通过各种方式尽量挽留住青春的脚步。“火星文”的出现和使用，在很大程度上可以看成是他们对儿时游戏的一种新的继承和创造。实际上，众多对“火星文”的调查结果都显示，青少年使用“火星文”的一种重要原因就在于他们感觉使用这种语言很好玩，很新鲜。

其次，“火星文”是青少年建构自我空间，保护隐私的重要策略。青少年时期一个重要的心理特征就在于自我意识的空前高涨。其重要表征就是渴望并寻求拥有一个属于自己的独立空间，各种有关成长的秘密可以在这一独立的空间中安全地存放和品味。这种成长的独立性诉求在现实生活中却往往受到来自家长、教师等成人的严格监控和审查：家长随意翻看孩子日记，教师私拆学生信件等。这些做法在传统的规范性文字系统中是有效的。但是，面对各种“火星文”，成人往往是难以理解的。这种不理解在很大程度上就确保了青少年隐私的安全性，从而实现一种独立于成人之外的自由空间。

最后，“火星文”是青少年建构身份、证明自我存在合法性的重要符号。“火星文”与现实社会中规范性语言的最大区别就是其编码的随意性和个性化。这同它的创造者——“90后”青少年的文化精神是息息相关的。一个人从最初习得语言到能够使用既有的词汇、语法进行表达和交流的过程，实际上就是语言微妙地控制了人的思维和表达的过程。因此，人们要么改变或隐藏自身的独特性，才能使用既有的语言符号系统来满足深层自我、真实情感和独特个性的欲望，要么就把这种深层的表现欲望压抑到潜意识世界中。对于具有鲜明个性的青少年来说，这种压抑更是痛苦的。如果说在现实生活中他们还无法打破这一怪圈的话，那么在网络中，这种欲望就在很大程度上得到了满足。由此看来，看似缺乏规范的怪异的“火星文”反倒成为青少年文化的一种固有“规范”，成为青少年亚文化的特有符号系统。而且，作为边缘性社会亚文化群体，青少年又不甘作为附属群体，他们总是以种种方式向社会显示自己的存在。在某种意义上我们甚至可以说，“火星文”是青少年群体中一种独特的“江湖令”，是区分自己与成年人的重要标志。因此，“火星文”更多的是在同伴群体或个人空间中流行。这一点在调查中也得到了很好的证明。调查数据显示，青少年使用“火星文”的主要对象就是自己的同学和朋友。家长、教师并不是其使用的重点（图4-5）。

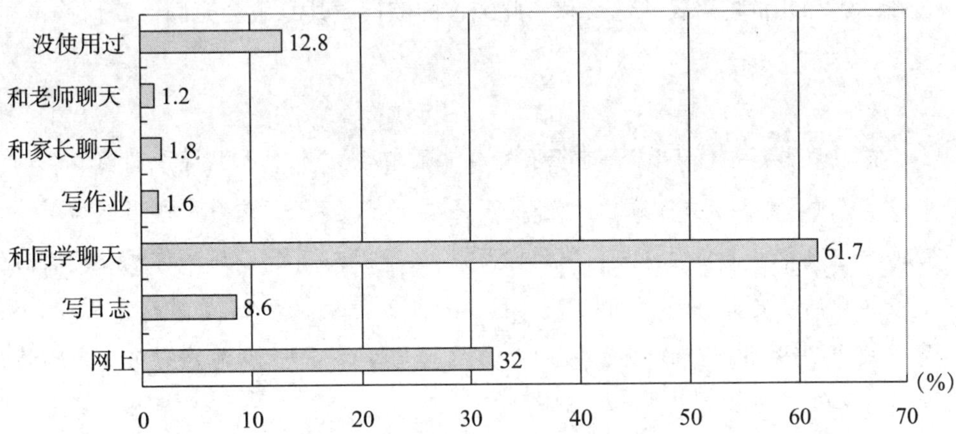

图4-5　青少年使用“火星文”的对象

（三）青少年文化中的情感世界

青少年文化中所呈现的情感世界可谓丰富多彩。在这里，我们主要通过最受当代青少年喜爱的偶像——周杰伦及其作品来对这一问题作一初步的描摹。

1. 对纯真感情的向往

青少年时期是情窦初开的季节。在青少年文化中，爱情是一个十分重要的主题。在这一问题上，青少年文化与当前的流行文化具有很大的同构性。从华语流行音乐开山人物邓丽君的《甜蜜蜜》到今天唱遍大街小巷的网络歌曲《老鼠爱大米》，流行音乐的词作者都在想方设法迎合当时流行的爱情观念，希望能触动人们内心深处向往爱情的美好愿望。

但是当代的流行歌曲不是太直白暴露，就是太复杂矫情，动辄“你伤害了我”、“我和你吻别”，要么就是“有多少爱可以重来”、“爱上一个不回家的人”。这些对于正处在青春朦胧阶段的青少年而言，显得太过于沉重，与他们那种具有浪漫想象的年轻心态是不够契合的。在很大程度上，处在青春期的青少年，对于爱情更多的还是懵懂的憧憬。他们没有太多的感情经历，也没有各种沉重的情感负担。因此，青少年文化对于爱情的定义，主要还是以简单、纯真、快乐为主题。青少年文化关于爱情的这种界定，在以周杰伦作品为代表的流行歌曲中得到了淋漓尽致的呈现。

周杰伦情歌与很多流行情歌截然不同的地方就在于，它极力描绘那种纯真青涩的初恋感觉，打造了一个晶莹剔透、一尘不染的“乌托邦”式的感情世界。就像下面这首《星晴》一样，无论一个人是否经历过爱情，是否品味过爱情的甜蜜，当他听到这轻快的旋律，如儿童呓语般的延长和如此纯情的歌词，其心中会充满像爱情一样甜蜜的感觉。

> 乘着风游荡在蓝天边/一颗云掉落在我面前/捏成你的形状随风跟着我/一口一口吃掉忧愁/载着你仿佛载着阳光/不管到哪里都是晴天/我不管到哪里都是晴天/蝴蝶自在飞花也布满天一朵一朵因你而香/试着让夕阳飞翔/带领你我环绕大自然/迎着风开始共度每一天/手牵手一步两步三步四步望着天/看星星一颗两颗三颗四颗连成线/背对背默默许下心愿/看远方的星是否听得见/看远方的星如果听得见/它一定实现

与过去相比，当代青少年所生活的现代社会无疑进步了很多，但这并不表明青少年生活得更为轻松和自由自在。正如吉登斯在《现代性的后果》中所说，现代社会的不确定性带来了很多的风险。人们必须作出很多的抉择，这使得人们承受着比过去多得多的压力。现代社会比过去更为复杂，更令人头疼，竞争也更为激烈，但是青少年向往的是一种无忧无虑、简单轻松的生活。周杰伦精心营造的“纯真年代”式的感情世界无疑缓解了青少年面对现实的沉重和压力，在这个世界中他们可以逃避压力，逃避沉重的意义，逃避选择——只是低着头，不说话，安安静静地牵着爱人的手。

> 说不上为什么/我变得很主动/若爱上一个人/什么都会值得去做/我想大声宣布/对你依依不舍/连隔壁邻居都猜到我现在的感受/河边的风在吹着头发飘动/牵着你的手/一阵莫名感动/我想带你回我的外婆家/一起看着日落/一直到我们都睡着/我想就这样牵着你的手不放开/爱能不能够永远单纯没有悲哀/我想带你骑单车/我想和你看棒球/想这样没担忧/唱着歌一直走/我想就这样牵着你的手不放开/爱可不可以简简单单没有伤害/你靠着我的肩膀/你在我胸口睡着/像这样的生活/我爱你你爱我
>
> （《简单爱》）

一名中学生这样评价《简单爱》这首歌：“就像夏日里新鲜的柠檬汽水和冬夜里那杯加了糖的温水，充斥着淡淡的温馨，浅浅的感动，轻叩我年轻的心扉。”（何婷，2005）这就是青少年心目中幻想和向往的爱情，它不是肝肠寸断、死去活来，它就是你爱我、我爱你那么简单，就是连我们的邻居都能感受到的甜蜜，是“我想带你回我的外婆家，一起看着日落一直到我们都睡着”的幻想。

尼尔·波兹曼在《童年的消逝》中说道，在电子化的媒介时代，无孔不入的大众传媒掀开了通向成人世界后台的幕布，从此开始，伪善的充满性欲的世界成为儿童成长的“镜像”，从此，儿童与成人分享着同样的秘密，人的童年阶段由此消逝了。当今青少年生活在电子化的时代，技术在他们的生活中发挥的作用越来越无可替代，但是在内心深处，他们仍渴望一个纯真无邪的精神家园。而周杰伦正是在这样一个复杂的电子化社会打造了一个“思无邪”的感情世界，青少年在他的歌声中重新找回了消逝的童年。

2. 孤独、迷惘与怀旧

中国社会的现代化进程，使当代青少年最大限度地从传统和权威的束缚中解放出来，但是，由于我国由传统社会向现代化社会转型过程中所出现的价值体系的断裂，即英国社会学家吉登斯所说的“现代化所带来的传统社会和文化特质的一种断裂”，现代社会在鼓舞个人从传统中解放出来的同时，却没有一个稳定的、与新的社会特质相适应的权威性主导文化价值主体给予他们个性和自我意识的支持，这使得他们更容易成为无依无靠的精神上的漂泊者和流浪者。

在现代化社会中，每个青少年都怀抱着一个自我实现的梦想——“我就是那条龙”，都试图在大千世界中把自己展示为一个特立独行、与众不同的有个性的存在。但是一方面每个人都因为没有终极价值体系的支持而永远不能实现真正的自我确认，另一方面他们的“个性”追求总是遭遇同样是追求“个性”的别人的否定和消解。渴望得到超越性的支持、得到根本性的肯定，是当代青少年的深层的欲望，无疑，这个欲望是不可能满足的。结果造成青少年在张扬个性、做“我”自己之后却是深深的孤独与迷惘，而且在现代商业社会的浮躁和压力之中，在形形色色的价值选择面前，在残酷的学习和就业竞争下，强烈的焦虑感也充斥着他们的心灵。同时他们又是独生子女的一代，高楼、电梯、广告、服装、网络、人造玩具、商业杂志填充在他们周围，无处言说的苦恼困扰着他们，就像一位女中学生说的那样：“穿着校服，背着书包，我茫然地走过街头。周围的学生看上去和我差不多。我有什么与众不同的地方呢？我不知道。然而我像漂流到孤岛上的人一样渴望引起人们的注意。凭什么呢？有 logo 的 T 恤，印着牛奶妹的笔袋么？彩色的袜子，手机上的懒猫贴纸么？这些东西能够打动谁的心呢？”（编辑部，2004）

当代青少年的这种孤独体验往往是成人难以体会和理解的。在很大程度上，这种孤独体验的产生就来源于成人与儿童之间的隔阂。在这种境况下，青少年寻求填补这种孤独感的重要方式就是转向同伴群体。而被当代青少年看作自我代言人的周杰伦，就在其中扮演着重要的角色。

身为单亲家庭的独生子女和自我精神的代言人，周杰伦熟谙这种孤独迷惘情绪，“孤独”、“迷茫”、“寂寞”、“一个人的悲伤”成为周杰伦很多歌曲的情绪基调，类似于“只剩下钢琴陪我谈了一天”（《安静》）、“我想我这辈子注定一个人演戏，最后再一个人慢慢地回忆”（《对不起》）这样的表达孤独和迷惘的词句在周杰伦的歌曲里比比皆是。但是周杰伦的歌曲对孤独的表现，更多的是利用一种古典或者是异域的意境与当代青少年的心理情绪相结合的方法，在二者的结合点上渲染气氛，在充满裂隙、混乱和错位的时空语境中，打动拥有相同个体经验的青少年。比如《以父之名》中那种“高处不胜寒”式的难以言表的落寞与焦虑。

> 微凉的晨露沾湿黑礼服/石板路有雾/父在低诉/无奈的觉悟/只能更残酷/一切都为了通往圣堂的路/吹不散的雾/隐没了意图/谁轻柔踱步停住/还来不及哭/穿过的子弹就带走温度/我们每个人都有罪/犯着不同的罪/我能决定谁对/谁又该要沉睡/争论不能解决/在永无止境的夜/关掉你的嘴/唯一的恩惠/挡在前面的人都有罪/后悔也无路可退/以父之名判决/那感觉没有适合字汇/就像边笑边掉泪/凝视着完全的黑/阻挡悲剧蔓延的悲剧会让我沉醉/低头亲吻我的左手/换取被宽恕的承诺/老旧管风琴在角落一直一直一直伴奏/黑色帘幕被风吹动/阳光无言地穿透/洒向那群被我驯服后的兽/沉默的喊叫沉默的喊叫/孤单开始发酵/不停对着我嘲笑/回忆逐渐延烧/曾经纯真的画面/残忍的温柔出现/脆弱时间到/我们一起来祷告/仁慈的父/我已坠入看不见罪的国度/请原谅我的自负/没人能说没人可说/好难承受/荣耀的背后刻着一道孤独/闭上双眼/我又看见当年那梦的画面/天空是蒙蒙的雾/父亲牵着我的双手/轻轻走过/清晨那安安静静的石板路/那斑驳的家徽我擦拭了一夜/孤独的光辉/我才懂的感觉/烛光不停地摇晃/猫头鹰在窗棂上对着远方眺望/通向大厅的长廊/一样说不出的沧桑/没有喧嚣只有宁静围绕/我慢慢睡着/天刚刚破晓

这首带有浓重的经典电影《教父》色彩的歌词，表达的是一个基督教文化背景下登上了权力高位者在荣耀的背后得到的只有孤独相伴，过去纯真的日子已不复存在也无法重来的心境。这首歌词对青少年来说多少有一些文化隔阂和晦涩，但是它却出乎意料地在青少年中大受欢迎并且流传甚广。歌曲主人公这种“没人能说没人可说，好难承受，荣耀的背后刻着一道孤独”的心绪，恰恰契合了青少年寂寞心态下面那种无处言说的焦灼感，那种拼命掩藏却欲盖弥彰的心灵上的空虚和无奈。

再如《娘子》中的羁旅孤客的思乡之情：

> 娘子依旧每日折一枝杨柳/你在那里在小村外的溪边默默等待/娘子/一壶好酒再来一碗热粥配上几斤的牛肉/我说店小二三两银够不够/景色入秋漫天黄沙掠过/塞北的客栈人多/牧草有没有/我马儿有些瘦/世事看透江湖上潮起潮落/什么恩怨过错/在多年以后还是让人难过/心伤透/娘子她人在江南等我/泪不休语沉默/娘子却依旧每日折一枝杨柳/在小村外的溪边河口/默默的在等着我/家乡的爹娘早已苍老了轮廓/娘子我欠你太多/天涯尽头满脸风霜落寞近乡情怯的我/相思寄红豆相思寄红豆无能为力的在人海中漂泊/心伤透/娘子她人在江南等我/泪不休语沉默

这首歌词表面上是对中国传统诗词的“思乡”和“悲秋”主题的继承，其实这种“乡愁”在跨时空的语境中，已经成为对青少年“无根”和“悬浮”的孤独心态最恰当的诠释。歌词反复渲染着“无能为力的在人海中漂泊”的游子“心伤透”和“多年以后还是让人难过”的落寞和伤心，其实是曲折地隐喻了失去了精神家园的青少年个体内心的迷茫，“无家可归”的焦虑困扰着他们。这种孤独和焦虑使青少年迫切需要心理慰藉，周杰伦正是将青少年的这种心态导向尘封的历史，在一种“文化”的怀旧中医治现代化造成的裂痕与伤口。

> 泛黄的春联还残留在墙上/依稀可见几个字岁岁平安/在我没回去过的老家米缸/爷爷用楷书写一个满/黄金葛爬满了雕花的门窗/夕阳斜斜映在斑驳的砖墙/铺着榉木板的屋内还弥漫/姥姥当年酿的豆瓣酱/我对着黑白照片开始想象/爸和妈当年的模样/说着一口吴侬软语的姑娘缓缓走过外滩/消失的旧时光一九四三/在回忆的路上/时间变好慢/老街坊小弄堂/是属于那年代/白墙黑瓦的淡淡的忧伤/消失的旧时光一九四三/回头看的片段有一些风霜/老唱盘旧皮箱/装满了明信片的铁盒里藏着一片玫瑰花瓣
>
> （《上海一九四三》）

这首歌词是一篇典型的“怀旧”文本。在文本中，呈现的历史只是一些“形象”——泛黄的春联、雕花的门窗、黑白照片、街坊弄堂。文本提供的只是风格化的记忆，而不是历史的再现和现实的重造。“老上海”成为一个具有浓厚主观色彩、意蕴丰富的文化载体。它作为一个有着温暖家庭记忆的精神家园给青少年群体制造了一种“归家”的抚慰。之所以选择“老上海”作为怀旧的对象，和台湾地区对于上海的文化想象有关。但是当代青少年对于“老上海”的个体经验只是来源于一些影视剧的描绘，歌词中塑造的“旧上海”对于歌曲的青少年受众来说只是一个代表影像记忆的空洞的能指，并没有真正的文化内涵。弗·詹姆逊对好莱坞怀旧电影作过一番深刻的分析：“要知道，怀旧电影从来就不是那种对历史内容的再现，相反，它是通过某些时尚特点来表达所谓的‘三十年代感’或‘五十年代感’。……怀旧影片的特点就在于它们对过去有一种欣赏口味的选择，而这种选择是非历史的。这种影片需要的是消费关于过去某一阶段的形象，而并不能告诉我们历史是怎么发展的，不能交代出个来龙去脉。”（詹姆逊，1987）[181] 同样，这种文化“怀旧”只是周杰伦提供给青少年受众的文化消费品，青少年进行这种具有风尚感和形象感的“怀旧”，其实只不过是在一种“拟历史”的时尚中完成了一次文化消费而已。

3. 对社会问题的关注

当代青少年成长在“仿真”和“复制”的年代里，在这个时代里，故乡葱郁的菜园、清澈的河水、古老悠长的胡同都消失了，爸爸妈妈整天忙着工作无暇顾及自己，战争、毒品、家庭暴力，一系列社会问题环绕在他们周围。周杰伦的歌曲对这些问题都表现出了关注和批判。《梯田》这首周杰伦自己填词的歌曲，反映了对城市化进程破坏自然环境的控诉：

> 靠着回忆画成油画/拿到奖状有个啥用/鼓励你多去回忆是吧？/哼/我真想撕掉换回自然/怎么梯田不见/多了几家饭店住在里面看西洋片/几只水牛却变成画挂在墙壁上/象征人们蒸蒸日上/一堆游客偶尔想看看窗外的观光景点/但只看到比你住的再高一层的饭店/因地制宜综合利用/对还是不对/自私的人类狼不狼狈破坏自然的生态会不会很累/你说为了艺术要砍下一棵树/这样对还是不对/你说为了装饰/请问干我啥事/是不是只能用相机记录自然拿给下一代下一代回味/可怜可悲森林绿地都已成纪录片/闻不到绿意盎然只享受到乌烟瘴气

对社会老龄化问题，周杰伦给我们展现了一个独特的“孙子”视角。在他的歌词中，爸爸妈妈的形象很少出现或者总是作为负面形象出现，好像父母是乏善可陈的一代人，是现代社会问题的代言人。而祖父母是最可信赖的，是和自己一样缺少关爱的对象。

今天是外婆生日/我换上复古西装/载着外婆开着拉风的古董车兜兜风/车里放着她的最爱/找回属于是她的时代/往大稻埋码头开去把所有和外公的往事静静回忆/外婆她脸上的涟漪/美丽但藏不住压抑/失去了爱情只盼望亲情/弥补回应/大人们以为出门之前桌上放六百就算是孝敬/一天到晚拼了命/赚钱少了关怀有什么意义/外婆她的期待/慢慢变成无奈/大人们始终不明白/她要的是陪伴/而不是六百块/比你给的还简单/外婆她的无奈/无法变成期待/只有爱才能够明白

上面这首《外婆》通过将外婆的境遇和父母对外婆的态度进行对比，进一步表达了对父母辈的不满。连外孙这样一个小孩子都知道外婆想要的是什么，而所谓的“大人们”（父母们）却整天忙着工作不知道自己的父母需要什么。

《爸，我回来了》是以家庭暴力为主题的，据说这首歌反响意外地好。很多饱受家庭暴力之苦的孩子们都把周杰伦认作知己：

我听说通常在战争后就会换来和平/为什么看到我的爸爸一直打我妈妈/就因为喝醉酒他就能拿我妈出气/我真的看不下去/不要再这样打我妈妈/我说的话你会听？/不要再这样打我妈妈/难道你手不会痛吗？/其实我回家就想要阻止一切/让家庭回到过去甜甜温馨的欢乐香味/虽然这是我编造出来的事实/有点讽刺有点酸性/但它确在这快乐社会发生产生共鸣/产生共鸣来阻止一切暴力

一个学生曾这样写道：“《爸，我回来了》那种让人又窒息却又坚韧不拔的气息，和我家的氛围一模一样。有时做题做累了，我会无意识地在草稿纸上一遍遍写这首歌的歌词。是Jay，让我明白在一个濒临破碎的家庭里，小孩该怎么做。”（编辑部，2004）周杰伦这些反映社会问题的歌曲对青少年都有很好的现实和社会意义。就像周杰伦说的那样：“家长们可能不会喜欢我的歌，但是很希望你们能够听一听，这样就会知道你们的孩子们在想什么。而且，你们会明白，我的歌不会教坏小孩子。”就像家长们对周杰伦的歌曲有误解一样，当今青少年也被外界认为是一群没有社会责任感、只知道享乐的“玩酷子弟”，而事实上他们对于社会、对于外部环境的各种问题都有着强烈的关注，他们不是对现实冷漠无动于衷的“垮掉的一代”。成长中的青少年需要和父母、和社会加强沟通，才能减少这些由于代沟而产生的误解。

二、面对当代青少年，学校教育何为?

不管当代青少年文化呈现出何种特立独行的文化形态和价值诉求，它都不可能脱离其所处的社会总体文化环境的制约。如果看不到这种制约因素的存在，我们对当代青少年文化的理解就会更多地停留在现象层面的解读上。实际上，当代青少年文化的诞生和发展受到多重文化力量的影响，其中社会主导文化和大众文化是最突出的两股文化力量。

（一）主导文化影响下的青少年文化

主导文化主要指的是社会主流的正统文化，包括主流意识形态的要求和成人文化的规范。在很大程度上，这种文化要求代表着社会合法的意识形态。其根本特征就是外在的、刚性的、制度化的，其目的就是让青少年一代积极融入社会结构当中。在学校生活中，社会主导文化的要求就具体转化为各种学生守则、学业要求，等等。因此，对于主导文化，青少年更多地表现出一种较为被动、消极的学习和适应状态。在某种意义上，青少年为了迎合或者实现主导文化的要求，往往会牺牲个人其他方面的正当需要。

从当前青少年的实际生活状态来看，他们在代表主导文化的校园生活中，更多感受到的是一种压抑和控制。面对各种各样的学校制度要求，接二连三的考试和排名，他们谨小慎微、疲于奔命。因此，在主导文化面前，很多青少年都将真实的自我隐藏起来，以一种社会认可的“好学生”、“好孩子”的方式要求自己。这样的生活状态无疑是一种戴着面具的生活，很累。调查数据显示，将近三成的学生认为学校生活很枯燥，没有意义。超过一半的学生认为父母对自己的期待很大，使自己感到很有压力(图 4-6 和图 4-7)。

（二）大众文化影响下的青少年文化

大众文化作为当代文化的重要组成部分，在本质上是一种感性文化，强调一种感官的愉悦和情感的释放。当前竞争日益激烈，人际关系趋于科层制，现代人在身心疲惫的同时内心充满着难以名状的孤独感。而大众文化的诞生对于抚慰人们的心灵，使人们的情绪、情感获得一个宣泄的途径具有一种“享受的合理性”。这一点对于青少年而言也是同样适用的。但是，大众文化的低门槛、娱乐化、感官化，甚至对“本

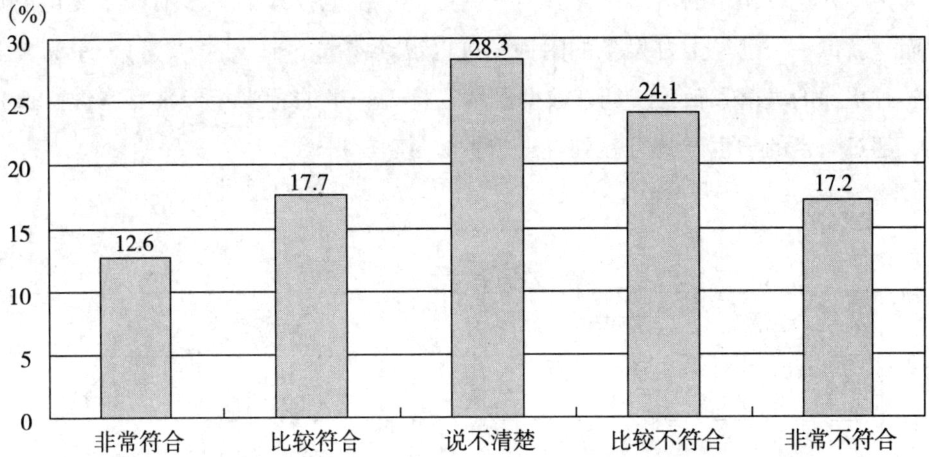

图 4-6　青少年对于“我觉得学校生活很枯燥，没有乐趣”的认同程度

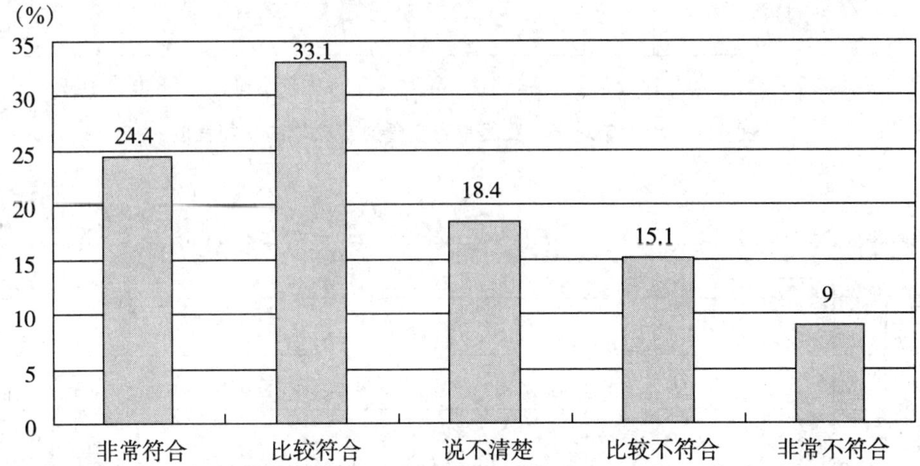

图 4-7　青少年对于“父母对我的期望使我压力很大”的认同程度

我”的过度张扬在很大程度上也暴露出了这种文化形态的局限性。它往往使人安于现状、不思进取，讲究及时行乐，等等。而这些特点又与青少年的天性有着极为密切的关系。因此，它也更容易捕获当代青少年的心灵。

这种文化借助于现代传媒的高度渗透作用，已经弥漫于社会生活的方方面面，变成了一种基本可以与主导文化分庭抗礼的文化形态。而这也成为青少年对抗主导文化压迫的重要文化资源。当代青少年也正是通过对种种大众文化形态的操作来实现与成人和社会的区隔，从而寻求自身存在的合法性。在这种文化中，青少年寻求到的是一种近乎原始的、本能的快乐。然而，这种快乐由于主要诉诸感性，因此往往又是短暂的。为了弥补这种快乐的流逝，青少年只能更进一步地投入到更多的大众文化消费当中。而这就像一个已经上好发条的闹钟，再也很难停歇下来。因为，每一中断，都意味着一种更深的失落和孤独。调查数据显示，将近一半的青少年经常有空虚、孤独的感觉，超过一半的学生“想穿越到过去的生活”（图 4-9）。

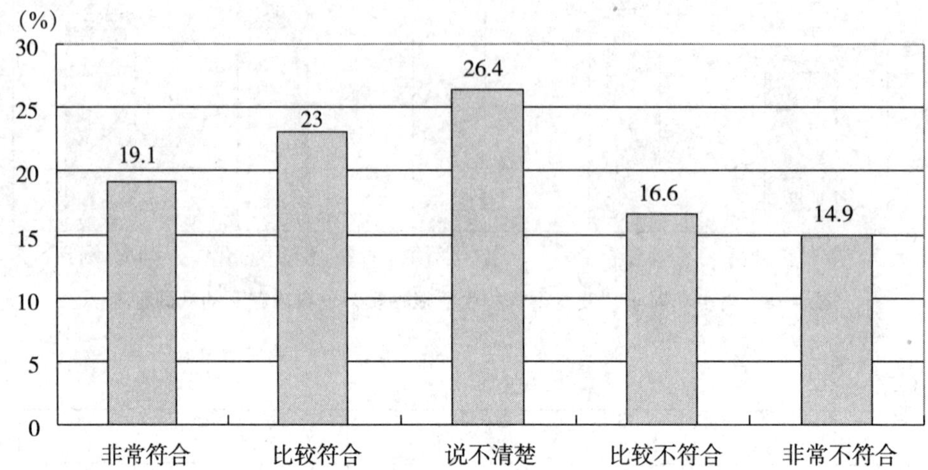

图 4-8　青少年对于“我经常有空虚的感觉”的认同程度

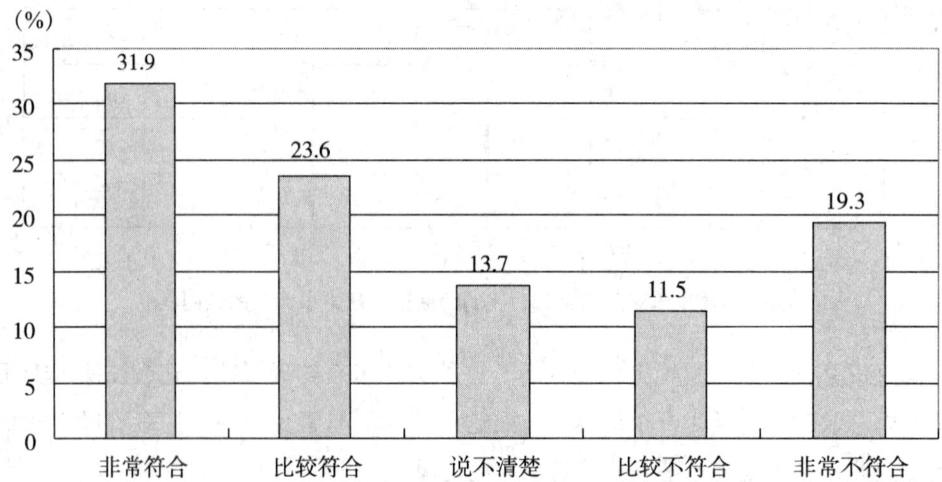

图 4-9　青少年对于“我想穿越到过去的生活”的认同程度

当代青少年文化正是在这样两个文化形态的夹缝中左右穿梭，试图在其中获得属于自我的独特文化形态。但现实是，青少年的企图在很多时候都是一种“在路上”的状态，尚未找到平衡主导文化与大众文化的关节点。这是我们正确认识当代青少年文化生存境遇的一个重要线索。

另外，理解当代青少年文化还有一个十分重要的维度就是表现形式和实质内容的关系的维度。在某种程度上，当代青少年文化具有一种“表里不一”的特征。一方面，学生在外在行为表现以及生活娱乐、穿衣打扮方面具有明显的流行文化的特征，突出表现为追星、哈韩、哈日，重视外在感官愉悦和外在形象包装，在日常语言表达方面有着浓厚的网络语言特征，等等。在访谈中，很多学生对于各种文体明星可谓了如指掌。因此，从当前学校学生文化的表现形式上看，似乎当代中学生的文化价值观与传统文化以及社会主导的道德价值观相去甚远。这也是当代青少年受到成人和教师诟病的重要原因之一。

另一方面，学生在内心深处所认同的价值理念有很大部分与社会所认可的文化价值是一致的。中华民族的传统美德依然受到学生们的高度认可。调查显示，当前所崇拜的人物主要有五种类型：(1) 各类文体明星；(2) 政治人物（主要是邓小平、周恩来和温家宝）；(3) 亲人；(4) 教师；(5) 自己。在这五种类型的人物中，亲人（主要是父母）居于所崇拜人物的首位。而当问及理由时，青少年几乎一致认为父母养育自己不容易，应该孝敬和报答父母。如有青少年在问卷中写道，“父母常年在外奔波，为了一个家，身上责任重大，在我的心里形象是多么崇高”，“因为父母为我付出太多”，“ 因为父母辛苦劳动，努力挣钱就是让我能受到很好的教育。我父母虽然不像别人的父母那样辛苦，但是他们非常爱我”，“因为他教会了我很多东西和道理，教会我怎么做人、怎么学习”，等等。紧随父母之后的是教师。另外，受到他们崇拜的政治人物绝大部分都是那些具有优良道德品质和人格魅力的领袖人物。而这些领袖人物最大的魅力就在于他们对人民、社会和国家的由衷的爱和奉献。由此可见，尊敬长辈、热爱祖国、贡献社会等传统美德依然得到广大青少年的认可。

在成人眼中，青少年对某些偶像明星的崇拜和追捧，是一种肤浅、幼稚的表现。但从青少年给出的理由来看，明星的外表只是令他们崇拜的外在因素。明星更打动他们的地方在于其所具有的才华以及个人的奋斗精神。调查显示，最受青少年青睐的偶像就是周杰伦。结合问卷调查和访谈情况，我们发现，青少年喜欢周杰伦的原因主要有三个方面：(1) 周杰伦的成长史；(2) 周杰伦的才华和风格；(3) 周杰伦歌词的魅力。比如，有的学生在列举喜欢周杰伦的理由时写道：“自强自立，孝敬父母，歌也很有创意”，“ 坚持不懈；为自己的梦想奋斗不息”，“才貌双全，很上进，歌也好听”，“周可以自己作曲写词，文采飞扬”。周杰伦作为一个单亲家庭的孩子，从一个高考落榜的小服务生成长为流行音乐界的小天王，这一过程对广大青少年来讲就是一部现实、生动的奋斗史。周杰伦很多看似不着边际、含混不清的歌曲当中，包含着对纯真感情的向往，对社会问题的批判以及对青春成长中难以名状的孤独的宣泄，这些都与当代青少年的成长背景有着十分密切的关系，都是打动他们的精神价值所在。

从上面的分析可以看出，文化与社会主导价值有着截然不同的表达形态，甚至或多或少还带有一定程度的“反社会主流文化”的意味。但是，这种对社会主流文化以及成人文化的背离与其说是一种实质的背离，不如说是一种形式的背离。在青少年光怪陆离、种类繁多的文化现象背后，其实仍然是对我们所提倡的社会核心价值观念的极大认同，只不过这种认同采取了不同的表达方式。如果我们仅仅从青少年文化的表现形式来对其进行评价，那么这样的评价难免会显得过于草率与偏颇。而这往往是造成教师与青少年相互隔阂、难以理解的重要文化因素。

（三）双重文化压力下的“酷”与“痛”

值得我们注意的是，当代青少年对于“自我”的张扬，一方面是由于没有一个权威型主导价值体系的约束，另一方面是因为他们这一代人从小肩负着父辈的高期望，在激烈竞争（特别是学习上的竞争）的环境中长大。无休止的考试和排名填满了他们的生活，学习上的压力几乎超过了任何一代人：望子成龙的家长让他们听话，做一个好孩子；科层制的学校通过约束他们的行为、压制他们的思想让他们好好学习。这样的生活让青少年苦不堪言，所以他们把追求“自我”当作反抗成人和学校的规训的武器，在“我的地盘听我的”的价值观念蛊惑下，体会着冒犯成人社会、逃避规训的快感。

但是，当代青少年自我意识的增强更多的是“以自我为中心”的个体意识的增强，甚至走向极端，他们并没有真正地认识到自我、找到自我。在他们张扬“自我”的“酷”下面，却是不能确定“自我”的“痛”——对复杂现代社会的迷惘和疏离，深入骨髓的无处言说的孤独，还有找寻自我的困惑和痛苦。在心理学视野中，青少年社会化也就是个体在青年期的心理发展，或者说要完成一系列的心理任务。新精神分析学派著名代表人物埃里克森认为，当个体发展到青年期时，不可避免地面临着一个建立自我同一性的问题。所谓自我同一性是指青少年对自己的本质、信仰和一生中的重要方面前后一致及较为完善的意识，也是个人内部状态与外部环境的整合和协调一致。当青少年建立起自我同一性时，他们就有了一种同一感，即一种关于自己是谁、在社会上应具有什么样的地位、将来准备成为什么样的人以及怎样努力成为理想中的人等一系列感觉。此时，他们就形成了比较稳定的符合社会标准的世界观和人生观，并以此指导他们的思想和行为，从而使自己顺利地过渡到成年期。在传统社会或者有一个占主导地位的价值观的社会里，青少年通常能够比较顺利地建立起自我同一性，因为那是一个同质性很高的稳定延续的社会；而现代社会的一个重要特点则是它的异质性、与传统之间的断裂，它不能给现代人的自我意识更多的支持，因而现代青年想要迅速而明确地建立起自我同一性并不那么容易。当代青少年的社会化过程是在一个权威性主导文化价值主体缺失、价值多元并且有“时空交错”特点的社会转型期进行的，传统的、现代的、后现代的诸种性质有别、特征各异的因素共时态地影响着他们的价值观念和行为规范，造成了他们心理上的无所适从，不可避免地会导致处在人的社会化和生命发展重要阶段的青少年产生某种不确定感，进而可能导致其在心理上出现迷茫、孤独和困惑。这使得他们建立自我同一性的过程变得更为艰难痛苦。

当代青少年就生活在这样一个价值观念上的“酷”与“痛”的边缘，一方面，他们努力想与别人不一样，张扬“自我”，真正地做“自己”；另一方面，他们又经历着“自我同一性”的危机，并没有真正明白自己是谁、在社会上应具有什么样的地位、将来准备成为什么样的人以及怎样努力成为理想中的人。他们的口号是“我就喜欢”、“喜欢有什么不可以”，而他们并不一定懂得“我为什么喜欢”、“我是否可以喜欢”以及“我怎么样去喜欢”。当代青少年的自我意识更多的是对旧观念的消解，而缺乏建树的思路；这种对于个性的张扬更多的是凸显自我的特征，而缺乏内省的自觉。

为了摆脱在茫茫人海中的迷茫、孤独和焦虑，当代青少年盲目地、不顾一切地探索自我，发现自我，最后在消费社会中的商家与大众传媒的合谋下，投入了时尚消费的洪流，祈望通过符号化的消费来建构自我，表达自我认同的形象并且寻求得以安身的“归属感”。今天，消费社会正在我国蓬勃兴起，当代青少年通过时尚消费这种方式来建立自我同一性，可以说是消费意识形态对当今青少年强力渗透后的必然结果。他们通过符号消费来建构自我、彰显个性，摆脱“这类”而加入“另类”，把一些看得并不那么顺眼的东西标上“非我族类”的标签，以为这样就可以把自己安全地投进时尚和潮流的大部队。殊不知，他们通过消费来建构的“自我”不过是商家通过传媒预先注入商品中的符号意义而已，当人人都可以通过消费来获得这种“自我”和“个性”，那么这种“个性”不过是阿多诺提出的“伪个性”。“文化工业通过不断地向消费者许愿来欺骗消费者，它不断地改变享乐的活动和装潢，但这种许诺没有得到实际的兑现，仅仅是让顾客画饼充饥而已。”（霍克海姆，1990）[131] 这时候，“自我”变成了一个悖论，变成了商家和传媒的甜蜜的诱饵与陷阱。当“自我”借由消费行为来确立时，青少年在片刻的满足和心情安宁之后会发现满街都是“个性”的“自我”，“自我”反而迷失在人群之中，曾经的坚定和犹豫、选择和背叛都成为一个轻松的玩笑。这就使得一部分青少年不顾自身的经济实力，通过更加疯狂的消费和追逐时尚来凸显自我。这种试图通过消费来建立自我同一性的行为，更像是从小在消费意识形态中浸染的当代青少年的集体无意识行为，是他们无法建立自我同一性的焦虑被商家和传媒成功地利用及引导的结果。但是他们却懵懂不觉，重演着西西弗斯的悲剧——每天推滚消费之石却无法达到自我同一之顶。

就像上面分析的那样，当代青少年在追求“自我”的“酷”的同时却掩藏不了自我无法同一、梦想和现实分裂的孤独和迷茫的“痛”，他们希望通过时尚的消费来得到慰藉，但是这样的“扮酷”带来的只是暂时的欢乐和快感，回到现实，这一切的虚幻都化为乌有，伴随他们的将是更强烈的“痛”——来自心灵深处的超现实性与其生存空间的现实性的矛盾。这又会进一步强化他们通过时尚消费来“扮酷”的欲望和行动。

在面对这一批个性和缺点同样鲜明的青少年时，学校教育工作者容易走向两种误区。一种是不闻不问，认为自己和这些“另类”的青少年学生的代沟深到无法沟通的地步，看不惯也无法理解这些青少年，因此以一种放任自流的态度对待他们，放弃了了解他们并且与之沟通的尝试。另外一种是强制的态度，认为当代青少年学生叛逆、张扬的个性触犯了自己的权威，他们异于常规的打扮“有失体统”，自我中心使他们自私自利。对待这样的学生，就要以强硬的态度和方式规训他们，让他们收敛个性，服从权威，遵从教育者的价值观念。这两种教育方式的结果无疑也走向了两个极端：前者的袖手旁观会使得青少年学生继续艰难地找寻自我，挣扎在“酷”与“痛”的边缘，甚至有出现越轨行为的可能。而后者要么激起学生更强烈的反叛意识，要么培养出的是唯唯诺诺、唯上级命令是从的“奴才型”人格的学生，与现代型人才背道而驰。

学校教育工作者首先要认识到，现阶段青少年学生所表现出来的一系列特点是时代、社会和他们自身身心特点的综合影响的结果。任何年代的人都有自己的特点，一概否定或者肯定都是不理智的。更何况对一个尚处于发展中的人群横加指责和压制是不公平也是没有必要的。若干年前，蛤蟆镜、喇叭裤、披肩发、迪斯科不是也曾被视为大逆不道吗？类似的批评不也曾落在“70 后”和“60 后”的人们头上吗？如今他们早已成为国家各行各业的中坚力量。

学校教育应该给予这个年龄段的青少年更多的理解和关心，主动了解他们热爱什么和憎恨什么，为什么快乐，为什么孤独，为什么困惑。面对一个个青春的成长，单挥动拳头是可笑的，不闻不问是冷漠的，帮助他们认清自身的使命与责任，看到自己的长处与不足，通过积极的引导，帮助他们建立起自我同一性，真正地找寻到自我，培养现代化的健康人格，走上正确的人生之路才是最有价值的。学校教育有责任给予当代青少年价值观上的引导和教育，帮助他们在纷繁复杂的多元的价值观冲突中学会正确选择，并经过反复实践，逐步确立自己的价值观，形成稳定的价值体系，建立自我同一性。在进行价值观教育的时候，要注意以下几点。

（1）构建开放性的价值目标体系

价值目标体系由价值理想、信念、信仰所构成。它是支撑一个社会或者一个人精神领域最基本的东西，是人的安身立命之本。针对当代青少年学生群体，学校教育应该帮助其树立一种符合现代社会发展要求的、健康的、积极向上的人生观、价值观和生活取向，然后，在中国社会现代化不断推进的过程中经过比较、取舍和筛选，逐步构建一种与现代社会特质相适应的价值信仰体系。这种现代价值信仰体系必然包含以下内涵。

首先，它是开放的。这种开放性意味着新的价值目标体系是与现时代发展要求相适应的，而不是固守某一种权威而故步自封的。这是由现代社会自身的性质所决定的。所以学校教育应该对社会和青少年学生的价值观状况给予充分的观照，吸取其合理化程度比较高的部分。

其次，从价值目标体系的本来含义而言，它应该是社会个体（或群体）在进行社会互动和角色扮演过程中所承诺及遵循的一种行为规范与规则。因此，它对个体（或群体）的思想和行为仅起着“基本原则”的驾驭作用，而不是直接地统摄和左右个体（或群体）的思想和行为，即新的价值信仰体系应该更多地强调个体（或群体）的行为准则和价值承诺与现代社会特质（如民主、开放、自由、个性和契约型信任等）“基本原则”的一致性，而在具体的行为方式和文化支持上并非绝对性地只认可某一权威而排斥其他。事实上，现代社会的“开放性”本身就意味着对异类和多元事物的认可和包容。因此，在现代社会，不同个体的价值信仰是以尊重他人和社会的价值信仰，即以认可多元为前提。多元性是现代社会的一个本质特征。

如果学校教育所构建和秉承的价值信仰体系仍然坚持传统的封闭模式，固守那些不合时宜的内容和形式，同现代社会的整合程度比较低，那么势必会加剧青少年学生对这种价值信仰体系的逆反心理，一些学生会以其他的价值内容来抗拒学校的主导文化价值，从而加剧多元价值环境中的价值混乱、自我同一性危机。

（2）加强价值观教育的滤导功能，坚持基本价值的一元导向

在开放多元的价值体系之中，学校对于多元价值观的滤导坚持基本价值的一元导向也是必不可少的。学校作为专门教育场所，应当通过对多元价值观的加工、整合、

滤清和导向，加强核心价值和基本价值的建设，对青少年学生一代实施导向性教育。若非如此，一方面学校不成其为学校，教育就失去了其本来应有的作用。另一方面，青少年学生正处在价值观形成的关键时期，学校教育如果放弃基本价值的一元导向，就会加剧价值观的混乱局面，学生就很可能会在多元的价值冲突中不知所措，无法把握最基本最核心的价值内容，不能很好地建立自己的“价值轴心”。虽然社会在瞬息万变，但是有些价值观念是始终不变地被肯定的，例如诚实、仁爱、正直、公义、助人及平等。

从社会发展来看，任何社会状态都坚持着某种意义上的价值一元导向。如西方发达国家，从表层的价值状况来看它是多元的，但从深层的价值状况看它是一元的，在多种观念中，法律、民主、人权等已经在长期的文化积淀中成为了人们最基本的价值观念，为人们从内心深处所接受，并使人们形成相应的行为习惯。某一民族一旦失去了最基本最深层的价值内容，就会失去文化的根，精神家园就会崩溃。这也是我们强调学校教育坚持一元导向的深层原因。

要特别指出的是，现在“全球伦理”的确认也为学校教育坚持基本价值的一元导向提供了支持。“全球伦理”“指的是对一些有约束性的价值观、一些不可取消的标准和人格态度的一种基本共识。没有这样一种伦理共识，社会或早或晚都会受到混乱和独裁的威胁，而个人或早或晚都会感到绝望。”（孔汉思，1997）[12] 这种“全球伦理”是世界各国面临各种道德和价值观问题（如生态伦理、人口、发展、贫困问题）时得出的人类基本的“核心价值观”（如怎样看待生命、如何保护环境等），是学生需要具备的普遍和基本的价值规范。学校教育坚持基本价值的一元导向，特别要对青少年进行“全球伦理”的导向性教育。

（3）提高学生的价值自觉能力

在转型的社会中进行价值教育，最要紧的是培养和提高学生的价值自觉能力。价值自觉能力是指个体以反省和批判的态度及自觉的精神，自觉抵制和消除不良价值的影响，不断吸纳代表社会进步趋向的价值观念，使之内化为自己的价值理想和追求，并在价值实践活动中表现出较强的自觉性、自律性和创造性。价值自觉能力包括价值澄清能力、分析能力、推理能力、抗御能力、内化能力、应用与创新能力等。

在价值矛盾和价值冲突激烈的社会中，培养学生的价值自觉能力是非常重要的。例如美国自 20 世纪 50 年代以来，各种价值矛盾日益突出，70 年代之后美国的学校里就普遍重视并开展了价值观教育。他们的价值观教育比较重视培养学生的价值自觉能力，出现了诸如价值澄清学派、道德推理学派、价值分析学派等。价值澄清学派重视价值评价的能力和评价的过程，认为价值教育不是要学生相信什么，最主要的是要帮助学生更清楚地认识价值的意义，能理智地检查自己的行为模式。道德推理学派主要注重学生道德认识与推理能力的建立，通过建立推理能力使学生道德水平由低级向高级发展。价值分析学派主要关注事物的合理性，他们的价值分析模式是把价值观的矛盾作为中心，以分析、比较、辨识等方法，要求学生在弄清了矛盾的性质之后再作出回应，强调分析、比较、辨识等能力。这些方法对我们提高学生价值自觉能力有一定借鉴作用。

我国学校的价值观教育一向比较重视灌输系统的观念性的东西，而对学生的价值自觉能力比较忽视，这是需要改进的。价值教育的目的不单是教导价值观念，更重要的是要提高学生的价值自觉能力，使他们能够以批判和反省的态度辨识、选择、内化正确的价值观念，建立良好的价值轴心，从而更好地适应复杂多变的社会，成为一代有正确价值理想的新人。

在当代青少年成长过程中，学校、家庭和社会应该充分发挥价值引导的教育作用，帮助他们形成正确的价值判断标准，为他们创造丰富多彩的探索机会，使他们能够克服特殊的历史时期和社会环境带给他们的那些弱势，在执著追求自我、实现自我的同时，形成正确的世界观、人生观和价值观，树立起对人类、对民族、对家庭的责任心。当代青少年是新世纪的一代，他们站在全球化的高度上，沐浴着跨世纪的曙光，承担着中国未来发展和实现中华民族伟大复兴的历史使命。随着年龄的增长和生活舞台的扩大，他们将面临更多机遇、更多挑战、更多压力，他们将在风雨中学会坚强，在挫折中体会理想与现实的差距，在与外部世界的交往中学会共处与合作，在奋斗中体会人生的价值与责任。我们完全有理由相信，那些经历过怀疑、迷惘、探寻和思考的青少年，将会最终走向成熟，成为国家和民族的栋梁！

参考文献

编辑部. 2004. 寻找周杰伦——Jay，我成长的标签［J］. 少年文艺（南京）（5）：4-9.

波德里亚. 2001. 消费社会［M］. 南京：南京大学出版社.

波兹曼. 2004. 童年的消逝［M］. 吴燕莛，译. 桂林：广西师范大学出版社：19.

费瑟斯通. 2000. 消费文化与后现代主义［M］. 南京：译林出版社.

费兹. 2005. 青少年［M］. 敖敏，译. 成都：四川出版集团.

弗洛姆. 1988. 健全的社会［M］. 北京：中国文联出版社.

高宣扬. 2006. 流行文化社会学［M］. 北京：中国人民大学出版社.

何婷. 2005. 喜欢周杰伦［J］. 今日中学生（9）：47.

霍克海姆，阿多诺. 1990. 启蒙辩证法［M］. 洪佩郁，译. 重庆：重庆出版社.

纪小鸥. 2007. 中学生美容现象透视［N/OL］. 中国中学生报，05-16. http：//www. ccppg. com. cn/kuaibao/xiaoyuan/2007-05-16/54883. html.

孔汉思，库舍尔. 1997. 全球伦理——世界宗教会议宣言［M］. 成都：四川人民出版社.

李政涛. 2004. 图像时代的教育论纲［J］. 教育理论与实践（8）：1-4.

宋林飞. 2001. 西方社会学理论［M］. 南京：南京大学出版社.

瓦西列夫. 1984. 情爱论［M］. 赵永穆，等，译. 北京：生活·读书·新知三联书店.

王晓峰. 2003. 流行偶像周杰伦［J］. 三联生活周刊（36）.

威尔逊. 2003. 时尚和后现代身体［M］//罗钢，王中忱. 消费文化读本. 北京：中国社会科学出版社.

新华社. 2001. 哈尔滨中学生纹身现象令人担忧［EB/OL］.（04-12）. http：//news. sohu. com/66/35/news144723566. shtml.

新生代市场监测机构. 2000. 新生代怎么花钱：2000 中国城市青少年消费形态报告［J］. 中国商贸（6）：17-19.

杨小彦. 2001. 话说读图时代［J］. 天涯（1）：27-29.

叶黎明，陶本一. 2007. “读图时代”语文阅读教学的危机与走向［J］. 教育学报（3）.

詹姆逊. 1987. 后现代主义与文化理论［M］. 唐小兵，译. 西安：陕西师范大学出版社.

张云鹏. 2007. 文化权：自我认同与他者认同的向度［M］. 北京：社会科学文献出版社.

周宪. 2005. “读图时代”的图文“战争”［M］. 文艺评论（6）：136-144.

问题与反思

1. 在我国，面对流行文化的强势侵入，教育者的心态是矛盾的。从目前教育及传媒机构对流行文化的一些举措中，我们能够感悟一二。

现象一　积极抵制：京剧进入中小学课堂

据新华社电　记者 21 日从教育部获悉，今年 3 月至明年 7 月，教育部将在北京、天津、黑龙江、上海、江苏、浙江、江西、湖北、广东、甘肃 10 省（市）中小学开展京剧进课堂试点，一至九年级学生将学唱 15 首京剧经典唱段。

教育部体育卫生与艺术教育司有关负责人指出，将京剧这一国粹纳入九年义务教育阶段音乐课程，旨在贯彻党的十七大精神，传承中华民族优秀文化。

（来源：http：//edu. sina. com. cn/t/2008-02-22/0928141137. shtml）

现象二　强令限制

广电总局发布通知要求加强电视动画片播出管理。自2008年5月1日起，全国各级电视台所有频道不得播出的境外动画片时段，由原来的17：00—20：00延长至17：00—21：00。中外合拍动画片在这一时段播出，需报广电总局批准。

（来源：http：//www.gov.cn/gzdt/2008-02/19/content_ 893907.htm）

现象三　被周杰伦引领的教育潮

（1）歌曲《上海1943》入选某小学教材。

（2）歌曲《蜗牛》入选上海中学生爱国主义歌曲推荐目录。

（3）歌曲《听妈妈的话》入选台湾地区小学一年级教材。

（4）歌曲《爱在西元前》成为台湾地区高中历史考题。

（5）歌曲《发如雪》成为台湾地区某学校语文考题。

（6）台湾地区某大学生用“周杰伦现象”作为自己的论文题目。

（7）由日本日中通信社出版的名为《通过唱歌记住中国话》的教材发行，周杰伦的《发如雪》等多首经典曲目大规模入选。

（8）《七里香》歌词意义成为台北市徐汇中学的高三考题。

（9）默写《青花瓷》的歌词成为武汉一中学的语文考题。

（来源：信息时报，2008-02-27）

继作品《蜗牛》入选上海《音乐》教材和上海中学生爱国主义歌曲推荐目录后，周杰伦再被教育界相中，获聘担任复旦大学上海视觉艺术学院英皇表演艺术学院的艺术指导。对于教育界是否对周杰伦有偏爱，有学者认为，由于周杰伦在音乐界有一定的成就，可以作为某一个领域的专长教授学生。

（来源：http：//ent.people.com.cn/GB/1082/6928723.html，2008-02-27）

对于这样的教育文化现象，您的看法是什么？

2. 试与学生一起分享他们的文化生活，了解各种各样的青少年文化对于他们成长的意义。尝试思考如何在教育教学中有效地利用各种青少年文化来提高教育效果。

相关链接

1. 陈映芳. 2002. 在角色与非角色之间：中国的青年文化［M］. 南京：江苏人

民出版社.

青年文化通常被描述为现代社会中的时尚潮流或社会问题，可无论是作为年轻人的文化还是与年轻人相关的文化，青年文化都不是今天才有的。对青年文化作社会学的探讨，可以算是一项“吃力不讨好”的研究，但却是诱人的挑战。该书从角色理论出发，对我国青年文化作了较为系统的梳理和分析，是我们了解青年文化的重要参考。

2. 波兹曼. 2004. 童年的消逝［M］. 吴燕莛，译. 桂林：广西师范大学出版社.

这是一部有关“童年”的历史，阐述了“童年”的产生、发展以及日益走向消逝的过程。这一过程是伴随着人类传播方式的变迁而完成的，信息与媒介与“童年”的起止相伴始终，文字、印刷、电视等都在“童年”的变迁过程中发挥着重要的作用。该书的主要贡献不在于断言童年正在消逝，而在于提供了一个解释这种现象何以发生的理论。

3. 陈群. 2008. 第三种文化［D］. 上海：华东师范大学博士论文.

当流行文化越过学校的围墙，与学校制度文化相遇在学校场域的时候，初中生是如何在两种文化下生存的问题便凸显为一个全新的研究课题。立足于初中生的视角，学校制度文化可以被描述为一种“苦文化”，流行文化则可以被描述为一种“酷文化”。基于此，作者将研究问题聚焦为：在“苦文化”与“酷文化”的碰撞中，初中生型塑了何种亚文化？该论文将“苦文化”界说为第一种文化，将“酷文化”界说为第二种文化，将初中生型塑的亚文化界定为第三种文化。该论文对于我们了解当代青少年的文化生活状态具有十分重要的意义。

4. 班建武. 2010. 符号消费与青少年身份认同［M］. 北京：教育科学出版社.

符号消费是当前社会文化生活的重要景观。在这一生活景观面前，青少年的日常消费也表现出较为明显的符号消费的特征。这种新的消费形态对青少年的人生观、价值观、审美原则以及青少年文化等方面都产生了不同程度的影响。该书以文化研究为方法论，通过文献研究、文本分析以及观察访谈等方法，对青少年符号消费进行了符号学层面的分析和解读。其着力点在于探寻构成青少年符号消费这一文本的所指世界、能指空间以及意指属性的特征，并在此基础上分析它们对于青少年成长以及学校教育的意义。

教师德育专业化读本

德育观念模块	做一个配享幸福的教育家 ——教师德性生活关键词：幸福、公正与仁慈 中国传统德育与德育现代化 制度情境与道德教育 ▶ 当代青少年文化与学校德育
德育实务模块	德育与课程实施 班主任的德育工作：角色定位与功能实现 社会变迁过程中的学校师生关系 主题班会的设计与开展 ——班主任德育工作的视角
德育理论流派模块	苏霍姆林斯基的德育思想 科尔伯格与品德发展理论 关怀教育学与关怀关系的建立 价值澄清与多元文化的应对

教师德育专业化读本

德育与课程实施

5

张宁娟

阅读导航

课程是学校德育目标实现的主要途径，包括显性课程和隐性课程，显性课程又分为专设德育课程或德育活动（又称“直接课程”）和其他学科课程（又称“间接课程”）。本章的核心任务是探讨教师如何通过课程实施，推进学校德育工作。目的在于使教师树立“学校无小事，时时有教育”、“德育无小事，处处皆育人”的理念，掌握用显性课程教育学生，用隐性课程影响学生的适合自己的德育技巧和方法。

通过本章的研讨，我们特别希望探询的问题主要有：

1. 如何充分发挥专设德育课程或德育活动的主渠道作用；

2. 如何充分挖掘其他学科课程的德育价值；

3. 如何充分利用隐性课程实施德育。

引言

课程是人类文化知识成体系、有组织、科学性的呈现，课程教学是学校教育活动的主要形式，教师是课程的主要实施者。可以这么说，课程内容是学校教师教学和学生学习的主要内容，课程教学是学校教师教学和学生学习的主要方式。德育作为学校教育最为重要的组成部分，自然离不开课程教学。在传统的课程理念下，德育效果并不完全简单取决于课程实施的效果，但当隐性课程概念被引入后，当教师的“身教”、校园环境的熏陶都成为一种课程时，德育效果就完全取决于课程实施的效果。因此，德育与课程实施的关系就更加密切，学校德育工作的开展更加依赖于教师对学校所有的一切可能的课程的有效利用及实施。

从德育角度，课程可以被划分为三类：专设德育课程或活动、学科课程以及隐性课程。三类课程各具特点，各有优势，面临的困难也迥然不同，但都是学校德育缺一不可的组成部分，其实际的地位和作用取决于课程实施者——教师——作用的发挥。因此，教师如何发挥三类课程的德育优势就成为德育工作的关键，成为德育课程实施的主要任务。

所以，本章将以“德育与课程实施”为主题，针对三类课程所面临的不同问题，就教师如何克服困难，充分有效地组织实施德育课程作一探讨。

一、坚守阵地，发挥专设德育课程的主渠道作用

所谓专设德育课程是指以专门介绍道德价值、规则的原理与知识体系，提高学生道德认知与判断能力等为主要内容的课程。（檀传宝，2003）[127] 这类课程包括专设的学科课程和活动。中小学专设的学科课程主要包括：小学的品德与生活、品德与社会，初中的思想品德，高中的思想政治。专门的德育活动主要包括：晨夕会、班会、团（队）活动、主题教育、社会实践活动等。

（一）正确认识专设德育课程的价值和处境

长期以来，理论界和实践界都对该不该专门开设德育课程存有质疑。正方认为应该专设。主要有两个理由。（1）从中国的现实看，专设德育课程已经成为道德教育的主阵地和主要组织形式；（2）从当代世界德育发展的趋势来看，肯定回答的声音越来

越强烈。譬如，在我国已经建立起了非常系统的大中小学德育课程体系（小学：品德与生活、品德与社会；初中：思想品德；高中：思想政治；大学：马克思主义基本原理概论、毛泽东思想、邓小平理论和“三个代表”重要思想概论，以及思想道德修养、法律基础和中国近现代史纲要）。在世界教育中，重视道德教育是各国教育发展的共同趋势。

反方认为不该专设。主要有两个原因。(1）道德教育作为专门的学科课程容易导致道德灌输，忽视道德理性、情感、行为能力的培养等。开设专门的德育学科进行德育，效果不如在其他学科中进行的间接德育。因此，专设德育课程效果不佳，没必要单独开设。(2）从德育渗透说的教育理念出发，可以说德育与学校任何教学、管理活动都是一起的，是无法分割的，人为的分割必然导致教学活动“两张皮”、学校出现“两支教师队伍”的现象，导致淡化其他学科教师道德教育义务的危险。有人曾形象地比喻，正如无法从鲜美的鱼汤中再拿出盐一样，德育是无法从教学等其他学校活动中单独抽离出来的。

事实上，德育效果差不能成为质疑专设德育课程有没有必要开设、是否有存在价值的充要条件，相反却成为说明专设德育课程的价值尚未得到有效利用、作用尚未得到有效发挥的有力证据。

从消极方面来讲，道德教育不够好是因为教育不够道德。(1）道德教育实效性低，但祸首不是专不专设德育课程，而在于目前学校德育的处境以及德育课程本身的欠缺。第一，学校德育的处境。目前，道德教育的确面临着许多困难，撇开社会风气的影响等外在因素，学校教育重智轻德、重分轻人的倾向是其症结所在，主要表现为评价唯知识、唯分数，德育课时安排不够，师资配备不足（没有接受过专业的德育培训）等。第二，德育课程的不足。撇开外部不利因素，就专设德育课程自身发展而言，从课程制定到课程实施也都存在着许多问题。虽然较之以前，德育课程在内容上的“倒置”现象已得到一定改善，但在教学方法、课程组织形式和评价方式等方面依然与其他学科课程严重“同构”，无法凸显德育课程实践性和生活性强的独特性。这是德育实效性差的原因之一。(2）学校工作中的确存在“两张皮”现象，但不是专设德育课程惹的祸。专设德育课程的出现，不是为了分割教育教学，它与学校教学工作渗透德育并不冲突。在实施中，大多数德育活动都不是孤零零的，需要依靠教学、管理来实施。没有无教育的教学，忽略德育的管理也会失去育人的本质和管理的意义。造成学校工作“两张皮”、“两支队伍”现象的根本原因之一在于，学校管理者、教师缺少对道德教育专业知识和技能的学习与掌握。因此，可以说德育实效性差，除一些外在社会原因之外，关键还是与专职德育教师的专业能力以及全体教师德育意识和能力欠佳相关，“罪”不在德育课程应不应专设，而在于是否给全体教师尤其是专职德育教师进行德育专业知识和能力培训。

从积极方面来讲，专设德育课程有其存在的价值和意义。专设德育课程存在的优势本身就是对这一质疑的有力回击。（1）知识的系统性。专设德育课程在知识的系统性、实践性和教学灵活性、体验性方面有其独特的优势。德育课程是根据学生的年龄特点和发展现状循序渐进地进行日常行为规范、法制、国情、生命、心理健康、马克思主义基本观点、马克思主义中国化最新成果等系统知识教学的专设课程。（2）符合学生的认知规律和生活实际。在发展学生道德认知的同时，特别注重德育目标与生活有机结合和德育课程的实践性，更加强调通过学生的互动、参与、对话、分享、讨论、倾听，引导学生在家庭生活、学校生活、社会生活和大自然中学习正确处理人与人、人与社会、人与自然、人与自我的关系，帮助解决学生学习生活成长中遇到的困惑和问题，用道德、真理的力量和魅力启迪、感染学生，增强学生对中国共产党的热爱和对中国特色社会主义道路的认同，逐步树立为构建社会主义和谐社会和中华民族伟大复兴作贡献的志向，从而发挥专设德育课程在学生思想道德形成和发展中的重要作用。因此，德育的重要性以及随着德育理论自身的发展和德育强调实践的独特性要求，也决定了专设德育课程出现的必要性。（3）我国是一个礼仪之邦，仁义礼智信是最大的学问，道德教育是我国古代最主要的课程内容，专设德育课程在我国的出现有其深刻的文化背景。同时，鉴于新中国成立后德育课程与中国共产党思想政治教育的密切关系，德育课程成为进行思想政治教育的主要渠道，是整个学校德育的主要组成部分。因此，取消专设德育课程既没有充足的理论依据，更没有实践的可能性。

因此，对专设德育课程而言不是取不取消的问题，而是如何提高其效果的问题。这里的关键在于教师对于专设德育课程的认同，坚守阵地，为有效发挥其作用而不懈努力。这就需要教师队伍的专业道德建设，尤其是专职德育教师队伍的专业建设，即教师育德素养的提升。教师育德素养的提升一般有两种途径：一是德育师资的培训，二是教师的自修。这两点在《学校道德教育原理》一书中有明确论述（见本章后面的“相关链接”部分），另外本书第一章对教师幸福、公正和仁慈的充分论证，也有助于增加教师对于教育事业、教师职业的认同，很好地解决了教师自修的动力问题。相信通过认真学习，广大教师能够树立坚守德育主阵地的信心，更好地发挥德育课程主渠道的作用。

（二）正确把握专设学科德育课程的特点

充分掌握道德教育的知行统一的规律，这既是教育者要具备的品质，也是对教育过程的概括，更是对教育对象的要求。除此之外，更要全面了解道德教育课程与其他学科教学的区别。与其他课程相比，德育课程有其明显的特殊性（参见檀传宝，2003）。

第一，体现在教育目标上。道德教育课程的目的不是简单地传授某一方面的知识或知识体系，它的目标在于价值观念的确立、态度的改变，以及正确的道德信念和行为方式的形成。由于德育目的和目标更加注重情感、态度、价值观养成的较高要求，也由于情感、态度、信念等目标因素本身的复杂性，德育课程的设计就自然成为整个课程设计中难度最大、挑战性最强的一个领域。

第二，体现在对学生主体的尊重上。道德教育的价值和主观色彩使学习主体的积极性对教育过程的重要性提高到无与伦比的高度。在一般的知识或技能的学习方面也许一定的强制或压力会有一定的效果，但是在德育课程的组织与实施方面，如果没有对学习主体的了解与尊重，就不可能取得应有的效果。从“牛不喝水强按头”到“让牛自己低头喝水”的转变，是德育课程最根本的要求。

第三，体现在教育内容上。道德教育虽然也可以有一套类似于其他学科的道德知识体系以形成直接的道德教育的教材，但是德育课程既要诉诸认知的因素，更要通过情感、行动的经验去实现，所以综合课程、活动课程、隐性课程等在道德教育课程体系及其研究中占有十分重要的地位。因此，要重视综合课程、活动课程和隐性课程在道德教育课程体系中的重要作用，尤其要重视专设德育课程教学中的活动、突发事件等隐性资源的利用与处理。譬如，教学生要遵守课堂纪律，教师就不能在课堂上接电话，教学生要使用文明用语，教师就不能满口粗话，等等。

第四，体现在学习活动的方式上。道德教育绝非仅靠直接的讲授就能奏效，道德教育课程应当认同更多的道德学习的方式和途径，以增进学生的参与意识和能力。

（三）充分认识专门的德育活动的意义

一方面，德育的目的在于德行，在于实践。亚里士多德说过：“我们做公正的事情才能成为公正的人；进行节制，才能成为节制的人；有勇敢的表现，才能成为勇敢的人。”一句话，只有在德行或道德实践中才能修养德性，才能验证德性。所以说普通的书面考试考不出学生的道德水平。另一方面，知道并不能必然导致行动。言行不一致的情况常常发生。因此，道德教育的最终目的是使学生实践道德，使学生知情意行统一。

可见，只有用实践、用德行进行的道德教育才具有说服力和影响力。有人认为，在整个学校的大德育课程中，其主要部分与主要的德育课程是实践性的。如果说，活动课程在其他学科教学中有一定局限的话，那么在道德教育这样一个特别需要实践活动的学科中则具有较大的优势。活动对于道德教育的意义至少有以下两点。第一，道德活动可以使道德知识“活化”。道德教育有认知性的教育成分，所以德育学科课程的存在是合理的，但是德育学科课程所传授的道德知识本身是一种实践智慧，来自道德生活。道德教育的效果只能在将个体的道德生活的直接经验与这一社会文化中的道德智慧相结合的形式中才能取得。从实践策略而言，道德实践能力提高的唯一途径也就只能是道德实践活动。因为离开道德活动是不可思议的，就像离开游泳实践不可能学会游泳一样。第二，道德活动可以使道德学习的动机得以增强，可以实现自我教育。动机固然是行为的起点，但倒过来行为也可以增强活动动机。因为生活体验是道德动机增强的有效策略。在道德教育中安排适当的活动，可以使学生在道德实践中获得自我反思、评价和学习的机会。简言之，在活动中践行德性，在活动中养成德性。因此，活动对于道德学习的意义是非常重大的。（檀传宝，2003）

二、不断追求完整课堂，充分发挥学科课程的德育价值

（一）什么是完整课堂

所谓学科课程的德育价值是指各科课程与道德教育存在着非常密切的相关性，使学科教学成为道德教育的一个重要途径。这种相关性表现在两个方面：一是学科课程自身蕴涵着非常丰富的德育素材；二是学科课程的学习有助于提高学生的理性思维能力，而理性思维能力正是学生世界观、价值观形成的前提性条件。所谓充分挖掘学科课程的德育价值，就是指充分利用学科课程自身所蕴涵的德育素材，间接进行道德教育。就道德教育而言，学科课程与专设德育课程的关系实际就是间接德育与直接德育的关系。

赫尔巴特指出：“教学如果没有进行道德的教育，只是一种没有目的的手段。道德教育如果没有教学，则是一种失去了手段的目的。”他认为，人的观念、情感、善的意志是不可分割的。作为知识传递过程的教学和作为善的意志形成的道德教育是统一的。也就是说，没有无教育的教学。因此，所谓完整课堂就是指既要传授学生学科知识，

又要注重学生的情感体验以及善的意志的养成。

（二）存在的问题

没有无教育的教学，这是一个不言自明的事实，就像教师的本职就是教书育人一样通俗。为什么它会成为一个需要强调的问题呢？这源于当前的学科课堂大多沦为一种片面的课堂，正如教师大多沦为教书匠一样。简言之，就是学科课堂的德育价值开发和利用得不够。

目前，学科课程德育价值的开发与利用存在以下问题。

一是开发不够。学科课程德育价值的挖掘与开发不够，普遍存在学科课程与专设德育课程两张皮，专职德育教师与其他科任教师各自为政的现象。

二是整合不够。各门课程与各个教学单元的德育目标整合不够，普遍存在德育分割、无序、随意和针对性不强的状况。

三是德育教学研究和开发动力不足。受“不考不讲”的影响，学科课程德育价值开发和整合缺少内在动力。

四是专业支持不够。教师缺乏足够的专业培训，受教师能力的限制，学科课程德育价值开发与渗透存在简单“贴标签”的情况，影响教学效果。

为此，学校必须进行深入细致的科学研究和积极的实践探索，教师必须在备课、上课等各个教学环节充分挖掘德育因素，考虑教学的德育要求，设计教案、组织教学，不断从专门的知识传授的课堂走向追求一种知识传授与情感体验、价值观形成为一体的完整课堂。

（三）如何追求完整课堂，发挥学科课程的德育价值

1. 丰富教学方法

以前的课堂教学，只是教师讲、学生听，教具简单得可怜，只有粉笔加黑板。现在讲究教学方法的多元化、多样化。它有助于活跃课堂氛围，吸引学生注意力，激发学生学习兴趣，提高课堂教学效果。改进教学方法成为教师孜孜以求的主要学习内容。

音乐法：优美的音乐，悦耳动听，感人至深。恰当地选用、播放与教学内容吻合的音乐作品，不仅能创设气氛，而且能把蕴涵德育内容的理念知识与音乐作品的思想内容、优美旋律融为一体，让学生在美的享受中领悟观点，陶冶情操，形成美德。

故事法：情节引人，娓娓动听，启迪道理。故事法是挖掘德育价值的有效手法。

影视法：使用幻灯、投影，播放录像、影碟或电视片断等。影视法打破“教师讲学生听”的单调枯燥的注入式，取而代之的是丰富和精彩生动的解说词、异彩纷呈的动人画面。这是声、光、电、像交织作用于学生感官的新形式。学生兴致高、感悟快，教学效果佳。

图画法：图画乃艺术结晶，使用课本背景图、插图、彩图和有关挂图、漫画等，新颖、形象、生动，易于激发学生兴趣，唤起学生注意力，保证教学有效进行；也可利用图画寓意，深入理解教材的德育内容；还可以发动学生创作图画，联系实际讨论，活跃课堂气氛，并进行评比，发现美、创造美。

诗歌法：结合教材德育内容，由教师或学生吟诵有关诗词、民歌、格言或散文体（最好配乐），以达到渲染气氛，理解观点，引发联想，陶冶情操，培养人格的目的。

2. 整合教学内容

与道德教育直接相关的学科课程，包括语文、历史、地理等人文社会科学课程。这些课程中有着丰富的德育素材，需要教师的慧眼去发现、发掘并自觉运用于道德教育实践。以语文为例，就需要教师以语言文字的美感和文学作品的魅力潜移默化地进行道德教育。

与道德教育相关性较弱的学科课程，包括数学、物理、化学、生物等。以数学为例，就需要教师在引领学生逐步培养抽象、推理、想象、创造等能力的过程中有机渗透地进行道德教育。

3. 实例操作

第一，在地图上画坐标，讲几何、讲地理、讲历史，以实现内容上的整合。坐标几何是代数的基础，包括一次线性函数、在一个坐标平面图中描点等。用某市地图教坐标几何，并在坐标上寻找名胜古迹，介绍某地悠久的历史文化。

第二，采用角色扮演和戏剧表演等形式模拟历史情景，讲授历史、语文，实现方法上的创新。角色扮演是历史情景创设的一种新方法。美国学者克拉克和斯塔尔在《中学教学法》一书中对它下的定义是：“角色扮演是通过某个场面中，参加者的角色扮演而使表演人和观众了解这一场面的未经排练的戏剧表现。”历史情景的创设由学生和教师通过角色表演共同进行，可以将一些抽象的历史知识、深奥的道理以具体的形象作深入浅出的说明。

单角色进入。如在讲授《戊戌变法》一课中“戊戌政变”的内容时，对于戊戌政变前谭嗣同与袁世凯的一段对话情景，可由学生表演。学生进入角色时，一会儿是谭嗣同，一会儿是袁世凯，分别站在不同历史人物的立场上，领会历史人物的命运沉浮。

在表演者创设二人的对话情景中，学生可充分体验谭嗣同的天真豪爽，袁世凯的阴险狡诈。

多角色扮演。多角色扮演是创设历史情景的有效方法，使学生和历史人物一道思维、对话、行动，犹如身临其境。在此过程中，学生自然而然地产生情感体验，激发学习兴趣，激活思维。如在讲授鸦片战争中的“禁烟运动”时，由学生分别扮演道光皇帝、林则徐、穆彰阿等历史人物，针对鸦片走私问题展开辩论。通过辩论激起学生的情感，深化学生的认识。再比如关于“西安事变”，可将学生分成八组：张学良、杨虎城一组，蒋介石一组，中国共产党一组，美英政府一组，国民党亲英美派一组，日本政府一组，国民党亲日派一组，共产国际一组。各组按自己代表的那一派发表对“西安事变”的看法，提出杀、放，不杀不放蒋介石的理由，表演者和其他学生在这种模拟的历史情景中体验、讨论，最终弄清问题的实质，明白中国共产党不计恩怨，以民族利益为重，坚持和平解决“西安事变”，促使抗日民族统一战线初步形成。使学生通过自己的思维，形成深刻的认识，提高具体问题具体分析的能力。

（四）必须注意的三个关键点

对于教师而言，在充分挖掘各科课程的德育价值时必须注意把握以下三个关键点。

第一，切勿“本末倒置”，避免“德化”。德育再重要、学科课程德育内容再丰富，也不能出现本末倒置的现象，要处理好学科课程与道德教育的关系。

第二，及时把握教育机会。对于各科教学而言，道德教育任务只能是渗透式地进行，点缀式地渗透，教师要把握教育机会，道德教育不在“多”，而在“精”、在“巧”。这种教育机会常常出现在学科教学的内容中、师生互动的课堂里。

第三，恰当运用教学方法。德育最忌“满堂灌”，目前德育实效性低的一个主要原因就是教师教学方法机械、死板，违背了道德教育所强调的实践性、生活性和体验性。对于各科教学而言，不讲究方法的道德教育，好则好得有限，坏则坏得每况愈下，其结果很容易适得其反。

三、处处皆育人，充分利用隐性课程实施德育

（一）隐性课程及其德育价值

隐性课程（hidden curriculum）是学校情境中以间接的内隐的方式呈现的课程。“隐性课程”一词是由美国学者杰克逊（P. W. Jackson）在 1968 年出版的《班级生活》

(life in classroom）一书中首先提出的。如果说显性课程是学校教育中有计划、有组织地实施的正式课程（formal curriculum）或官方课程（office curriculum）的话，那么隐性课程则是学生在学习环境中所学习到的非预期的或非计划的知识、价值观念、规范和态度等。一般而言，隐性课程具有不自觉性、潜在性、持久性和两面性等特点。但隐性课程自从被发现和利用以后，就失去了一些固有的特点，如两面性、不自觉性。简单地说，对于隐性课程的利用就是要自觉地消除其消极影响，最大限度地发挥其积极影响。

隐性课程之于道德教育的意义在于：隐性课程以间接的、内隐的、不明确的方式，作为内化学生思想的中介，强调更多的是实施不自觉、无意识、潜移默化、润物细无声的影响，使学生的思想、价值观等得到升华。隐性课程之于专设德育课程和学科课程德育价值的优势在于：隐性课程打破了显性课程固有的时间和空间的限制，其涉猎范围的宽广性和使学生随时随地获取经验的便捷性，以及通过学生心灵的体验和领悟产生作用的深刻性，都是显性课程无法比拟的。因此，多年来隐性课程已成为课程研究中的一个重要内容，成为课程设计和执行的一部分，成为有意识地设计的课程框架的一部分，失去了隐性课程最初的无意识、不自觉的原始形态。经过设计的隐性课程，保持了潜在性、持久性，避免了两面性中对学生的消极影响，最大限度地实现了积极的教育价值。所谓利用隐性课程实施德育，就是把不自觉的、潜在的教育因素变成自觉的教育行为，最大限度地发挥其育人作用。

从反面来讲，目前，学校德育从来都是将工作的重点放在专门开展的德育活动上，忽视了“非德育活动”，即常常忽视那些不是为了道德教育而设计却有道德影响的活动。如英国学者伯克认为，学校的建筑、景致、空间和内在设施以及布局装饰，是学生的“第三位老师”。又如高德胜博士在他的著作《道德教育的20个细节》中说：“一项管理，如果是依靠学校的权力让学生牺牲自己的正常权利来维持的，那这项管理的道德性就令人怀疑了。”他认为学校空间也是一种隐性课程，因为空间会说话，但所说的话可能是道德的“好话”，这是学校德育所希望的，也可能说不道德的“歪话”，这却是学校德育所不希望看到的。

（二）教师：最大的隐性课程

1. 为什么说教师是最大的隐性课程

一是隐性课程无所不在，但其作用的发挥都依赖于教师。隐性课程按影响的来源可划分为校外隐性课程和校内隐性课程。如社会风气、影视文化等都可称为校外对学生成长最有影响的隐性课程。在学校，最常被重视的隐性课程是校园文化。所以，从最大限度地发挥隐性课程育人功能的角度，强调和注重校园文化建设，让校园里的每块墙壁都会“说话”，已成为近年来学校工作的一项重要任务，这项任务的落实需要教师。要让整个校园成为思想品德教育的大课堂，让学生视线所及的地方都带有教育性——不仅仅指学校的物质文化环境。隐性课程作为一种强有力的教育力量，其开发和利用也不仅仅局限于校园文化中，更应深入到师生个体身上，尤其是教师身上。这一点对于教师个体从事道德教育工作至关重要。校园文化建设需要学校中的每个人尤其是教师去建设、去维护。

二是对于每个教师个人来说，利用隐性课程实现处处育人的教育理想，最为直接、便捷和有效的方式是利用细节、利用自己。因为我们每个人最可能充分利用的、驾驭的还是我们自己。美国明星教师罗恩·克拉克曾说：“恰当的行为举止与礼仪修养，是学生学习成功的关键因素之一。”（专栏 5-1）

专栏 5-1

美国明星教师罗恩·克拉克

罗恩·克拉克，出生在北卡罗来纳州，大学毕业后周游列国，23 岁开始在家乡的一所乡村学校任教，5 年后来到纽约市哈莱姆区，取得巨大的教育成功。他曾 3 次受美国总统及夫人邀请带学生做客白宫，2000 年当选迪士尼年度教师，出版著作《55 条基本规则》（中译本名为《优秀是教出来的》）和《教育者的 11 项卓越品质》，并创办罗恩·克拉克学园。他被著名电视节目主持人奥普拉·温弗瑞称为“美国教师”，他的传奇故事被好莱坞拍成了电影，成为一名世界瞩目的美国明星教师。克拉克现为纽约哈莱姆学校（哈莱姆为纽约著名黑人住宅区）教师。自从赢得了 2001 年迪斯尼美国优秀教师奖以来，克拉克一直在全美为各地的教师、家庭教师协会和学校董事会作报告。他的教学经验被多次录制成广播、电视节目在全美播出，受到广大教师、家长和孩子们的热烈欢迎。

克拉克在《教育者的 11 项卓越品质》一书中认为，教师具备的第一项品质是激情。他说，儿童很容易模仿成人的行为，这是把激情作为第一项也是最重要的一项素质的原因。“家长希望孩子有什么样的行为，他们就应该以身作则，”克拉克说，“如果家长真的热爱学习，孩子也会对学习充满激情。”除了激情之外，克拉克列出的素质还包括：冒险精神、创新精神、反思力、平衡力、同情心、自信心、幽默感、常识、鉴赏力和顺应力。

（来源：李茂，2007）[25-29]

2. 教师如何把握细节

学校无小事，处处有教育，教育的契机随时都可能出现，但又极易稍纵即逝。教师如何能够敏锐地捕捉教育契机，并使随时出现的教育机会都能够发挥积极的教育影响力？这就要求教师在常规工作中，重点在各项工作的细节处寻找与学生沟通、实施德育的机会。无论是班级的日常教育管理，还是解决具体问题，无论是常规的教育引导，还是处理突发事情，无论是面对全体，还是针对个体，都要善于捕捉教育机会，注重教育引导，并尽可能转化为学生的自我教育和自主管理。教师对于细节的重视、把握和处理，成为教师利用教育事件，把握教育契机，进行道德教育的关键环节。教育过程中的细节一般包括突发性的和常规性的两类。前者存在于教育的方方面面，一般无规律可循，有赖于善于发现及利用教育机会的眼睛和心灵。后者则存在于学校的日常工作中，是可以通过总结和归纳获得的。

譬如，班级排座位是每个班主任必须面对的一项常规工作，也是一个令班主任头疼的问题。网络上甚至有题为《班级排座位难倒众多班主任，高手献出三大“排位秘诀”》的文章。下面将以案例的形式来分析，班主任如何利用排座位这一常规细节进行育人工作（专栏5-2）。

专栏5-2

教了二十多年的书，排座位居然成了大难事。经过再三考虑，我准备把排座位这件事情交给学生来办。

但我还是有些不放心，先跟学生聊了起来。“同学们，排座位要有一定的规则，你们的规则是什么呢？”班长李源说：“首先要照顾眼睛近视的同学，因为他们的确有实际困难，大家都应该关心他们。”

学习委员嵇紫葳说：“还要考虑到学习成绩的差异，学习好的同学与学习吃力的同学排在一起，这样有利于结成‘一帮一’的对子。”班上最调皮的周季钊有点不好意思地说：“我觉得男女生应该搭配坐，男生和女生坐在一起，男生会注意讲究卫生一些，也会守纪律一些。”

周季钊的话刚说完，教室里的气氛顿时变得热烈起来。“在没有特殊的情况下，就按个子高矮来排，这样，前面的同学就不会挡住后面同学，每个人都可以清楚地看到黑板了。”劳动委员站起来大声地说。平时内向的朱紫颖竟然说出了自己的看法：“在排座位时，能不能考虑一下同学们的性格呢?”“对，让开朗的与内向的坐在一起。”立刻有人附和。“组与组之间的座位应该每半个月轮换一次，这样可以让每个同学的眼睛都得到调节，不会造成斜视。”谁知这个同学的话音刚落，快嘴吴晶同学提出了异议：“我觉得所有人不能一概而论，我的同桌陈宏希就应该经常坐在左边，因为他有向左斜视的习惯，经常坐在左边，可以强迫他向右看，有利于他眼睛的矫正。”

听了同学们的发言，我不禁有些惭愧。说实在的，同学们对这些细小问题的考虑比我还要周全。最后，我又不失时机地向大家提出了一个问题：“如果家长对座位提出异议或者要求特殊照顾自己的孩子那该怎么办呢?”

“那有什么难办的，如果家长们能说出正当的理由，并征得全班同学的同意，随时可以调整呀！如果理由不充分，不管谁说都不行!”

看着一群可爱的孩子，看着一张张纯真的笑脸，我感到有些欣慰了。排座位这个棘手、敏感的问题就这么解决了。接下来，在几个班干部的带领下，经过一阵忙碌后，座位终于排定了。

（来源：郑亚琴，2008）

以上案例展示了一位有二十多年教学经验的教师如何解决每个班主任都必须面对的排座位难题。让学生自己排座位，不仅调动了学生民主参与班级事务的积极性，解决了座位难排的问题；而且班主任利用这项常规工作，以学生参与的方式很好地挖掘了这一工作所蕴涵的德育价值，使排座位的全过程非常好地发挥了隐性课程的作用。北京教育学院陈爱苾老师对上述案例有如下点评：“学生排座位的过程，是学生自主管理的体现，更是学生自我教育的过程。为了公平、合理地排好座位，学生们懂得了要关心他人，特别是关注那些需要照顾的人；他们还考虑到座位要促进同学之间相互帮助、相互制约、相互补偿；不仅如此，他们还学会了如何辩证地、多视角地思考问题，既坚持了原则，又能具体问题具体分析，灵活机动地处理问题。在互动中，他们感受到了集思广益的优势，意识到了每个人的价值，学会了尊重，学会了倾听和表达……”（郑亚琴，2008）

所谓细节决定成败，善于利用工作细节的教师除了对教师职业和学生的热爱之外，一般对教师职业的身份意识以及对教育事件的敏感程度都非常强，并能借助于自己丰富的教育智慧，最终使教育细节、教育时机、教育的一种可能真正成为现实。在这一教育过程中，教师的身份意识和教育智慧相辅相成，缺一不可。

没有化可能教育为教育现实的智慧，教师的身份意识再强、对教育事件的敏感度再高也无济于事，反而会给教师工作造成一些负面的麻烦。一方面，教师身份意识太强，会给学生一种难以亲近的错觉，久而久之导致师生关系过于“死板”、“僵硬”，这种过于严肃和呆板的师生关系不利于教育工作的顺利开展；另一方面，没有处理教育事件的能力但却对任何一种教育可能都具有高度敏感性的教师，更为不幸，轻者会变成学生口中的“管家婆”，重者则沦为政治说教的牺牲品，在学生面前毫无威信可言。

因此，身份意识和敏感性是教师把握工作细节、抓住教育机会的前提，但关键在于教师的教育智慧以及育德专业能力的提高。没有后者，教育细节等任何具有德育价值的隐性课程终将难以发挥其价值。技巧和能力的获得可以通过定期的专业培训和长期的自我学习来实现。对于教师育德能力和教育智慧来说，目前的培训情况不容乐观。对教师作为德育工作者的培训与教师作为知识传授者的培训，在课程内容、教学形式等方面并没有什么不同，真正的教师德育培训仍不多见，需要专业人员的开发与探究。当前，这方面完全依赖于热爱教育事业的教师们在日常工作中的潜心学习与积累。这种积累与学习主要包括对相关书籍和案例的学习以及对自我工作经历的反思与整理。善于观察、敏于思考以及处理事情的艺术和技巧是个人学习与积累的关键。而这一切就是教师把握细节、最大限度地挖掘和利用隐性课程的德育价值所必须具备的态度和品质。

专栏 5-3

才接手初一当班主任的时候，学生大多是小不点儿，虽然我才一米六几的个头，但再怎么着，站在孩子堆里，也分明是“出类拔萃”“木秀于林”的地地道道的孩子王。每逢我召集学生开座谈会或孩子们围住我唧唧喳喳的时候，我就像一位将军，孩子们唯我马首是瞻。

后来，当我一次次被孩子们围住的时候，我发现有学生不时地将小手掌从自己的头顶慢慢移向我，最后停在我的胸部或肩部。哦，学生在跟我比高矮。这时候才发现，有的学生竟与我个子不相上下，有的甚至都比我高了。

“老师，咱俩比比！”有的学生个子不高，故意站在讲台上跟我比个子，我给了学生这个台阶。一看跟我一样高了，学生立即兴奋得欢呼起来。

“我怎么老是赶不上老师高呢?”一个小不点儿不无遗憾地说。

“要想长得跟我一样高甚至超过我，吃饭就不能偏食，要注意营养，养成良好的饮食习惯。”

“我的个子比老师高，可我的学问不如老师高。”一个高个儿学生说。

“这不要紧呀，只要你努力学习，将来你肯定能超过老师的。‘弟子不必不如师，师不必贤于弟子’嘛！”

于是，比个子就成了课余学生跟我交流的方式。无论是我被学生围着，还是我走过学生的身旁，经常有学生从侧面打量打量我，再打量打量自己，有的微微叹气，有的兴奋不已。学生一直在拿我做标杆，跟我比个子啊！

“我快赶上老师喽！”“我都比老师高喽！”

“我可能一辈子也长不到老师那样高，但我将来一定要比老师学问高，超过他！”

是呀，在学生的心目中，老师就是学习的榜样。学高为师，身正为范，老师的每个方面都有可能被学生拿来做榜样，学识、人品、个子甚至一言一行，都在潜移默化地影响着学生。为人师表，哪个方面都不能马虎呀！学生和我比个子，比出了学生的目标和方向，比出了学生的自信、成就感和自豪感，比出了融洽的师生关系，我喜欢学生和我试比高。

（来源：王新国，2008）

分析专栏5-3中的案例可以发现，案例中的细节是“我发现有学生不时地将小手掌从自己的头顶慢慢移向我，最后停在我的胸部或肩部”。教育事件是“学生与我试比高”。

就上述案例而言，教师把一个细节转变为教育事件的过程和必备素质则是：**能够发现学生的举动（需要教师对学生的细心、关心、爱心）——正确理解孩子的举动（需要教师对教育的敏感、自信以及对孩子们的信任）——恰当引导，积极地影响孩子（需要教师的教育智慧和技巧）——教育自己、积淀教育智慧（需要教师的反省）**。这是一个理想的教育过程，从小事出发，悄悄地影响学生，最后也引起了自己对教师职业的深刻思考。

事实上，潜在的教育过程非常脆弱，任何一个环节都极易被忽视。若被忽视，整个教育过程也就随之中断。如，分析上述案例，首先，如果教师比较大大咧咧，甚至过于忙碌，孩子当时的细小举动就不会被发现。其次，如果师生关系不融洽，教师就不会正确地解读孩子的举动，或者如果教师对自己的身高不自信，孩子的举动不仅不会让教师产生教育的敏感，甚至会恼羞成怒。再次，如果没有教师平日里对学生的了解以及教育技巧的娴熟应用，教师的教育敏感以及积极引导也不会如此自然和不露痕迹。最后，如果教师不善于自我反省，也不会为这一教育事件画上完美的句号。如果教师没有对教师职业神圣性的深刻体会，这一则教育故事也就只能是一个孤立的教育事件，是教师教育工作的点缀，而不能构成优秀教师教育工作的美丽画卷。

3. 教师如何利用自己

对于教育而言，教师的表情就是丰富的语言，“身教”就是最有影响力的教育形式。因此，我们要求教师不仅要如同孔子口中所说的君子善假于物，同时更应该“善假于己”。教师善假于己就是指教师使自己成为教育的工具，成为隐性课程，充分发挥自身潜力，实现育人功能。教师的笑容、眼神、言行都可以成为教师工作的法宝。因此，教师善假于己的关键在“立己”，即在学生心目中树立适合于自己的最佳的职业形象，并发挥其最大的教育价值。

这里主要讲两个方面。

第一，做好自己就是教育，人格魅力是德育最有效的隐性课程。

美国有关专家曾作过一个实验：将参与实验儿童划分为四组，然后每组分别派一名实验员与他们相处。当双方建立起良好关系并取得儿童信任后，实验员分别以不同的方式向各组儿童谈关于为孤儿院捐款的问题。第一组实验员在向儿童宣传募捐意义的同时，自己也慷慨解囊；第二组则宣传把钱留给自己的好处；第三组实验员大力宣传捐款的意义，可在行动上表现吝啬；第四组则宣传贪婪，并劝儿童不要捐款，但实验员自己却慷慨解囊。实验结果为：第一组儿童全部捐款；第二组无一捐款；第三组在实验员喋喋不休的教育下多数未捐；第四组同第三组相反，绝大多数捐了款。

这一有趣的实验充分证明了以下几点：一是良好道德行为对儿童可以产生巨大的教育力量；二是成人对儿童道德影响的前提在于儿童信任感的确立；三是在对儿童的教育中，言行一致的教育效果最佳；四是当教育者的言行不一时，其行为对受教育者的影响力更大。

通过上述实验我们认识到，教师的言行是最大的隐性课程。教师要使自己成为一种能够发挥积极作用的隐性课程，前提在于教师必须具有人格魅力，必须与学生建立起稳固的信任感。教师的人格魅力或者职业形象不是天性使然，教师必须以个人后天的修炼（“立己”）实现人格魅力的形成（“己立”）。“立己”的前提是教师必须以“德”、“才”、“术”做底蕴。“立己”的传统方式是教师通过反求诸己、反省，严于律己，言行一致，使自己人格高尚，在学生心目中树立良好的人格形象，使自己成为学生欣赏的对象、学习的偶像，从而达到以人格魅力积极影响学生的德育效果。

从隐性课程的角度讲，普通人做一个道德高尚的人是独善其身的话，一个人格高尚的教师则能够达到“兼济天下”的效果，能够通过自己的高尚人格影响更多的人的成长。教师职业的特殊性决定了教师的“独善其身”能够达到“立人”、“达人”的积极育人效果。所以，对于教师而言，规范自己的言行，树立健康的个人形象，陶冶高尚的道德情操，本身就是在从事一种影响学生、成就学生的教育活动，就是一种最主要的具有积极影响力的隐性课程。

第二，充分发挥职业优势进行教育，是每个教师都可利用的主要的隐性课程。

隐性课程无所不在，但唯有产生积极影响的方能真正被称为课程。对于隐性课程的挖掘和利用就是旨在避免其消极影响，使其积极影响最大化。这一过程使隐性课程由不自觉、潜在的存在变为一种自觉、显性的存在。譬如，过去教师的书写尤其言说是从事教师职业的前提性条件，其书写形式、言说方式属于教师个人风格的组成部分，怎样言说、怎样书写都是教师个人的事。但若从隐性课程的角度，从追求对学生产生积极影响作用的角度分析，教师个人的言说和书写就成为一种隐性课程，成为教育的手段，由此对手段的完善以期实现预期的教育目的就成为教师应该注意和追求的事情。

教师如何挖掘自身潜在的课程资源？首要的任务就是正确认识自己。认识自己的优势，恰当运用自己的优势进行教育，影响学生。一般而言，教师的言说、书写、眼神、笑容以及任何肢体语言都可以对学生产生意想不到的教育效果，都可以成为一种最有价值的隐性课程。若运用恰当，教师个人必须结合自己的优势，以及对于教育事业的热情和对学生的爱心，在与学生真诚的互动中，进行有心的探索和用心的尝试，方能达到预期的教育效果。这里主要谈谈教师的言说和书写如何成为一种最有价值的隐性课程，以便为善于书写和言说，或者为有志在书写和言说中寻求教育影响力的教师提供一些实践指导。

（1）作为一种课程资源的教师书写

书写对于教师职业成长和发展具有重要的意义。教育现象学家范梅南认为："坚持写日记有助于我们对过去和现在生活的重要方面进行反思并有助于我们确立自己工作或奋斗的目标。"（范梅南，2003）[94] 擅长书写的教师、勤于书写的教师，可以利用书写提升自己的专业水平，从而间接达到更高水平的教育效果。擅长书写的教师、勤于书写的教师，更应该利用书写，使书写成为师生互动的工具，直接实现育人功能。

传统的书写形式包括教师的反思日记、作业评语、学期鉴定等；而目前比较流行的教师书写方式还包括教师自己的博客、班级博客、微博等。如恰当运用"评语"，巧妙书写，可以实现对学生的教化和感化，也可以利用网络书写来完成教育任务（专栏 5-4）。

专栏 5-4

小段、小庞和小程三位同学，一天下午放学没排路队就偷偷溜了（而且不是第一次了）。当晚他们三人各自采用悄悄话的方式在班级博客给我留言。而准备第二天严惩三个家伙的我，读着幽默可笑且言辞诚恳的道歉信，雷霆之怒顿时烟消云散，我心平气和地敲打出这样一串话语："知错能改，善莫大焉。不过，如有再犯，定惩不饶!"试想这起教育事件如果第二天放置在学校处理，我肯定带有不良情绪，处理不当还会影响到师生之间的关系。但通过网络，孩子的道歉信已经化解了我的不良情绪。几分钟时间，我通过短短的十八个字把老师的爱和要求都传递给了学生，既节省了教育时间，优化了教育效果，又促进了师生情感的交流，和谐了师生关系。

（来源：王婷，2008）

教师自己"开博"，不仅是对已有私人书写尤其是日记等书写形式的延续，也将成为教师内省、反思的途径，弥补教师私人书写无法共同分享和交流的弊端，它有可能成为增进师生理解和交流的途径，尤其是可以帮助学生了解教师，从而实现对教师的理解。教师为班级开博，可帮助师生、生生良性互动与交流，营造温馨、融洽的教育氛围，更能有效处理一些教育问题。

叙事是教师书写的主要方式。叙事，即讲故事。人天生有用故事形式组织和再现他们经验的能力和倾向。教师也不例外。一是中小学教师擅长讲故事。如果让中小学教师说话、发言或演讲，他们明显偏好于讲故事。二是教师的职业生活中充满着故事。在教师的专业生活中，充满着太多的故事，因此，叙事特别适合于教师，可谓教师的一项“特长”。三是叙事研究已成为教师提高研究能力、进行教育科研的主要方式。在实施新课程改革和促进教师专业化发展浪潮的推动下，叙事研究作为教师反思与改进专业生活，丰富实践知识的途径，近几年来广受关注。许多中小学要求教师每周或每学期通过叙事的方式撰写反思笔记、案例，或发表于校园网，或结集出版。这对于教师积累经验，共享智慧，改进教学，增进研究能力起到了积极的作用。

教师如何叙事？这里介绍邓友超博士在其著作《教育实践智慧及其养成》一书中的观点，他认为教师要有“抓拍”、“形构”和“阐释”故事的能力（邓友超，2007）[156-158]。

“抓拍”故事要求教师具有问题意识。“叙事”来自教师自身的教育教学生活，叙事中要有观察意识、抓拍意识。教师专业生活中散落着很多故事，但并非所有的都有被叙述的可能，其中的关键在于教师的用心程度或“抓拍”意识。因此，在某种程度上，教师是否用心，是否“抓拍”到故事，比把故事讲完整、写完整更加重要。

抓拍故事的关键在于教师要有问题意识、分析意识，将貌似正常的情境“问题化”。有研究发现，专家教师和非专家教师的关键区别是，专家教师能把貌似正常的情境“问题化”，主动去发现问题、定义问题，而不仅仅是解决已呈现出来的问题。杜威说得好：问题提得好，答案就有了一半。

“形构”故事要求教师具有观察能力。所谓“形构”，就是把故事构建成一个完整的形象，时间、地点、人物、情节，一个都不能少。其中对后两者的处理将直接决定一个故事精彩与否。

就情节而言，主要是要有起伏。所谓有起伏，不外乎是有过渡，有悬念，有高潮。叙事“需要情节展开，也就是说需要变化、差异。任何变化都是叙事的一个环节……仅描写不足以产生叙事，但叙事并不排斥描写。”（托多罗夫，2001）[41]只有这样的情节才具有邀请性——邀请他人来阅读与对话。

形构故事的关键在于通过观察积累素材。当教师形成了有意义而且具体的研究问题后，积累丰富的论据就很重要了。

“阐释”故事要求教师具有分析能力。叙事的目的除了让人欣赏一个故事外，还应该有点“弦外之音”。这里说的“阐释”故事，就指这种情况。提炼故事的意义应避免两种情况：一是就故事说故事，讲完故事不去揭示故事中的理论；二是借用一般教育和教学原理，从很宏大和高远的层面进行总结，使得结论脱离了故事本身，显得空洞无力。

教师如何避免上述情况？第一，要提高理论总结的能力，使阐释切合主题。阐释一定要和故事隐含的道理高度一致。第二，要进行富有逻辑的思考，有感而发，不为阐释而阐释。

（2）作为一种课程资源的教师言说

教师如何言说？与书写相比，言说对于普通教师来说更为重要，如果说书写是台下“十年功”的话，那么“言说”就属于台上的“一分钟”。教师的言说主要分为“说什么”和“如何说”两大问题。“说什么”关注的是内容问题，而“如何说”侧重的是方式问题。在以往的教学过程中，教师的言说主要表现为以下几种模式（刘铁芳，2002）。

第一，“教诲式”或“教导式”。教师是以长者、智者、有知者的身份，对学生循循善诱、语重心长地发话，讲授知识，传述真理，劝诫人生，教师自身的优越感和对学生的真诚并存。这种话语模式常常表现出温和、诚挚、热心，最容易受到推崇、褒扬。

第二，规范式。如果教诲式等于教师的优越感加上对学生的真诚情感的话，那么规范式则更接近于教师的优越感加上对学生的道德宣讲，一个侧重于以情动人，另一个侧重于以理服人。这种话语模式的关键词是“应该”。

第三，命令式。如果说前两种权力渗透的形式是隐在的，那么第三种模式便是显在的权力表达，它往往不容商量，必须贯彻执行，常用的关键词是“必须”、“要”。

第四，惩罚式。这种模式既不讲情，也不讲理，而是赤裸裸的权力再现，通常以祈使句或“不……就……”、“……否则……”的句式表达。在这类言说方式中，教师常常扮演的是强势的言说者，拥有言说的绝对权力。而当权力在言说者之间出现了绝对的不平衡时，言说也就变成了影响与被影响的单向活动，而不是言说者之间的有意义互动。

作为一种课程资源的教师言说主要关注的是教师“如何说”的问题，关键在于对上述几种比较常见的言说模式进行审美化改造，主要包括对言说机遇的准确把握、对言说意图的委婉性表达、对言说内容的审美化润色、对言说方式的技巧性处理。有时甚至取决于一些微妙的甚至难以言传的感应和领悟，特别注重对批评对象、时机、场合和方式的选择。所谓“运用之妙，存乎一心”，巧妙运用可以事半功倍。譬如，在言说时机准确把握方面，有研究就认为在学生刚刚入学的时候、在学生遇到挫折的时候、在学生出现错误的时候、在学生身体不适或生病的时候、在学生受了委屈的时候、在学生有牢骚怨气的时候，教师找其谈话能够收到事半功倍的效果（朱飞，2008）。对言说的审美化改造要求教师作为言说者言说的态度要真诚，驾驭言说的能力要娴熟。两者相比，真诚比娴熟更重要。真诚来自教师对教师职业的热爱、对学生的爱心。娴熟则来自教师对于语言艺术的把握，是教师教育智慧和水平的综合体现。

作为教育工作者，只有根据学生的年龄特征和不同的心理特点因材施教，才能收到较为理想的教育效果。对于言说模式的审美化改造或者语言的净化，并不意味着不能对学生的错误言行进行责罚，问题不是不能责罚，而是怎样责罚。如批评一般情况下就是一种典型的惩戒式言说模式，但根据学生的特点，经过审美化改造，就可分为赏识性批评、沉默式批评、奖励式批评、后果式批评、幽默式批评、激将式批评、故事式批评、谈心式批评等（王之强，孙希波，2009）。

进行审美化改造的关键在于教师个人一要强化“一种认识”，即认识到学生犯错误实属正常，“人非圣贤，孰能无过”，更何况是不谙世事的学生。二要落实“一个务必”，即对学生务必要有耐心、信心和爱心。批评应力求做到开而弗达，含而不露，育人而不伤人，正确引导学生在自我批评中完善自己。三是批评和责罚应该有一个限度，对事不对人，不能无限上纲，上升到否定学生人格的程度。四是批评和责罚的出发点一定是促进学生健康成长的，是善意的。所有的技巧只有跟善意的目的联系起来才有价值，否则就会背道而驰。

> 批评和责罚是善意的还是恶意的，区别很大，即使是非常严厉的批评和责罚，如果是善意的，就意味着不是对学生的全盘否定，不是对其进行人格侮辱，在道德上是可接受的；如果不是善意的，而是教师对学生的挖苦、讽刺，或者是为批评而批评、为责罚而责罚，哪怕是轻微的，在道德上也是不可接受的。……尊重学生，“从口做起”，说起来简单，做起来并不容易。如果一个教师没有“为了一切学生”的教育思想，很难做到善待每个学生。（高德胜，2007）[19]

这就对教师提出了更高的要求。

实例操作：批评的艺术。说到言说的技巧，除了技术性的把握，如语音、语调的掌握之外，就是对于赞扬和批评的应用了。这里主要谈一下批评的艺术。

下面有几个实例（专栏 5-5 至专栏 5-12），是我们每个教师都曾经遇到或将要遇到的，我们不妨仔细想想假如自己遇到这样的情景，会如何处理？同样是批评，自己会怎么说呢？

专栏 5-5

球王贝利少年时，一度染上吸烟的毛病。一次被他父亲发现了，贝利非常害怕，可他父亲却以朋友般的态度，非常和气地对他说："你踢球很有天分，以后或许能成为一名好手。可吸烟对身体是有害的，如果因为它而没能使你成为球星，你会遗憾的，吸不吸烟由你自己决定。"说完把自己仅有的一点钱给了贝利。从此贝利改掉了吸烟的毛病。当回想往事的时候，贝利说："如果当时父亲狠狠地揍我一顿，那么我今天很可能只是个烟鬼。"

（来源：王之强，邹元明，2008）

评析：赏识性批评的要诀在于抓住人性渴望得到赏识的本质特点，艺术地为苦口良药包上一层糖衣，目的是使学生更加容易接受。

专栏 5-6

日本小提琴教育家铃木镇一先生回忆起他小时候的一件事：上小学的时候，我做错了一件事，母亲告诉我"不许干！"受到母亲的批评，我心里不舒服，就强硬地和她顶嘴，我以为母亲会大发雷霆，可母亲当时只是直愣愣地盯着我，难过地流下了两行热泪，然后一声不吭地出门去了。望着母亲逐渐远去的背影，我心里升起一股难以抑制的内疚之情，我暗暗地想："我以后再也不和母亲顶嘴了，她可是从未训斥过我的母亲啊！"无声胜有声，这就是沉默式的批评。

（来源：王之强，邹元明，2008）

评析：沉默式批评强调，在一定的场合，教育者有意识地沉默也是一种有效的批评方法，学生在沉静、严肃的气氛中感觉到教师的不满和责备，产生一种心理压力，并在自我反省和检查中领悟到自己的不足或过错，从而达到“此时无声胜有声”的效果。

专栏 5-7

著名教育家陶行知先生曾经任校长。一天，他看到一位男生正想用砖头砸同学，陶先生马上制止，并令其到校长室等候处理。陶先生回到校长室以后，看到那位男生已在等候，陶先生掏出一块糖给他，“这是我奖励你的，因为你按时来了”，接着又掏出一块糖，“这也是奖给你的，我不让你打同学，你立即住了手，这表明你是尊重我的”。

陶先生又说，“据我了解，你打同学是因为他欺负女同学，说明你有正义感。”陶先生又奖励了他第三块糖。这时，这位男生哭了，“校长，我错了，同学再不对，我也不能采用这种方法……”陶先生拿出了第四块糖，“你已经承认了错误，再奖励你一块。我的糖分完了，我们的谈话也结束了。”这就是“教育家”批评孩子的方式。

（来源：方明，2006）

评析：陶行知先生教育顽皮小孩的故事是奖励式批评的典型案例。故事的关键在于将原本要批评学生的意图巧妙地转化为对学生的表扬，使学生意想不到，并感受深刻，从而实现教育学生的目的。

专栏 5-8

苏霍姆林斯基说过：“只有学生把批评看成自己的需要，且乐于接受时，才能取得最佳教育效果。”他曾经处理过这样一件事：他的学生无故打死一只麻雀。为了教育学生，他把学生带到雀巢旁，里面有几只小雀嗷嗷待哺，苏霍姆林斯基无不忧伤地说：“它们失去了妈妈，现在谁也无法救治它们……”这种批评方式使学生十分懊悔。20 年后，他的学生对苏霍姆林斯基说：“如果当年你严厉批评我，那么这么多年来，我就不会警示自己了。”

（来源：王之强，邹元明，2008）

评析：后果式批评就是让学生明白这样做的后果，动之以情，循循善诱，让学生在自我教育、自我反省、自我惩罚中达到批评的目的。

专栏 5-9

一个同学因贪玩忘了擦黑板，上课时我调侃地说："今天老师只好插空写了。"同学们虽然都笑了，但那位同学还是为自己的疏忽而脸红了。记得还有一次，刚进教室就发现门口有几大张乱扔的纸片，我将它们拾起，笑着对同学们说："我差点被这三张垃圾纸绊倒了！同学们可别像老师被座位下的东西绊了。"同学们便笑着自觉地捡起座位边的垃圾，在幽默的、善意的批评中，同学们改正了错误。

（来源：王之强，邹元明，2008）

评析：幽默式批评就是对学生的过错不正面指责，而是用风趣友善的态度缓解学生的紧张感，让学生轻松自觉地改正错误。

专栏 5-10

刘强是一个不爱劳动的学生，安排他做值日生，他总是诸多借口，不是脚疼就是头疼。每次打扫完卫生后，需要把垃圾用车送到垃圾池，他也是能逃就逃。后来有一次我在班上说："今天老师要找一个男子汉去送垃圾，嗯，谁去呢？"同学纷纷举手，我说："刘强，高大威猛，真是个男子汉，就你去吧，噢，不，他肯定拉不动，算了，还是王涛去吧。"我看到他不好意思地低下了头。第二次大扫除，我直接问："男子汉在哪？"刘强立刻举起手说："老师我去。"我故意地说："你能拉得动吗？"他二话不说，直接用行动证明。回来后，我在班上说："刘强，真是个男子汉，大力士，老师都小看了你呢。"

（来源：王之强，邹元明，2008）

评析：激将式批评就是根据学生争强好胜的单纯心理，故意说某学生做不好某件事，激起学生的上进心和好胜心，从而达到预期的效果。

专栏 5-11

有一位学生，他家庭经济不好，父亲患病，母亲下岗。可是受不良风气影响，却染上打游戏机的习惯，成绩直线下降。班主任找他谈话时，不直接提出批评，而是先与他拉家常，问他家中父母情况，每月收入及姐弟的开支，然后说："你是个懂事的孩子，不像个别同学成绩差而又是不努力……你父母对你寄予很大希望，他们培养你，很不容易，够辛苦了！要是你能在生活上多替你父母想想，自觉约束自己，你父母也一定会很欣慰，老师会更高兴。"这位学生惭愧地低下了头，表示一定改正错误。这种与学生谈心的批评方法是从善意的立场出发，分清是非，以情感人，使学生容易接受。

（来源：王之强，邹元明，2008）

评析：谈心式批评要求教师心平气和地与学生商讨，使学生感受到教师批评的诚意。谈心时，教师应该以诚恳、热情的态度去帮助学生，言语要饱含深情，蕴藏期望，做到动之以情，晓之以理，使学生感到教师的善意批评是对自己的关心和爱护，从而接受批评，改正错误。

专栏 5-12

针对开学以来班级纪律较差，班级不够团结的现象，我想利用一次班会对这种现象进行批评。一上课，我就对学生说："今天的班会课，我给大家讲一个故事好不好?"学生一听讲故事，非常高兴。我讲的故事是《天堂和地狱》，有人和上帝讨论天堂和地狱的区别。上帝对他说："来吧！我让你看看什么是地狱。"他们走进一个房间。一群人围着一大锅肉汤，每个人都是一脸饿相，瘦骨伶仃。每个人都有一只长柄汤勺，但汤勺的柄比他们的手臂还长，自己没法把汤送进嘴里。有肉汤喝不到肚里。只能望"汤"兴叹，无可奈何。"来吧！我再让你看看天堂。"上帝把这个人领到另一个房间。这里的一切和刚才那个房间没什么不同，一锅汤、一群人、一样的长柄汤勺，但大家都身宽体胖，正在快乐地歌唱着幸福。

“为什么?”这个人不解地问，“为什么地狱的人喝不到肉汤，而天堂的人却能喝到?”上帝微笑着说：“很简单，在这儿，他们都会喂别人。”这个故事让同学们受到了极大的启发，懂得集体就像一个大家庭，各个成员和睦相处，愉快合作，才能给人带来幸福与欢乐。通过这种批评方式，学生深刻体会到老师的良苦用心，远比普通说教效果好。

（来源：王之强，邹元明，2008）

评析：故事式批评就是通过讲故事的方法，让学生领悟其中的对错，自觉克服身上的缺点。

总之，教师实施批评，在方式运用上首先要研究教育对象，根据教育对象的年龄特征，因人而异，因事而施，有的放矢，对症下药。其次，在选择方法时也要因自己而异，因时而异。只要方法的选择既适合自己，也适合于受教育者，自然就能达到事半功倍的教育效果。与此同时，不同的方式有不同的效果，仅批评的教育方式就有8种之多，或许还没有穷尽。教育艺术丰富而无边，只要教师用心，就能收到“学校无小事，时时有教育”、“德育无小事，处处皆育人”的神奇效果。

结 束 语

本章对隐性课程，尤其是教师自身资源的挖掘与利用作了概要式的分析 。很多教师会说，如果这样，教师不是要累死了？事实上任何事物的作用都是有边界的。一个没有边界的事情不可能是科学的，也不可能被科学化。隐性课程作为一种德育资源也是有边界的，其作用不可能被无限放大。虽然隐性课程可挖掘的德育资源是丰富的、庞大的，作用是持久的，但其永远无法代替显性课程，尤其是专设德育课程有计划、有系统地进行道德教育的优势。这就是隐性课程作为一种德育资源的边界。校园中充斥着丰富的隐性课程，教师个人是最为丰富和生动的隐性课程。但同样，将校园中的大小事情、教师个人的点滴言行都作为一种隐性课程，也是有边界的。校园中的隐性课程的关键在于氛围的营造、环境的熏陶，而不在于事事人为设计。否则，让大家做一件没有边界的事情肯定会充满随意性、盲目性，最后的结果便是徒劳。教师个人点滴言行作为隐性课程的边界在于教师的公共空间与私人空间、公共时间与私人时间有明显的界线。否则，让教师没完没了地保持一种完美的教育者形象，无时无刻处于教育人、影响人的工作状态，令人向往的教师职业将使人难以负荷。

生活是矛盾的，需要坚强去支撑、智慧去化解；德育是复杂的，需要爱心做基础、技巧来简化。这一切都奠基于教师对于自己职业的热爱，对于学生的爱心、用心。只要经过教师爱心点化、诚心融化的教育行为，才有可能成为一种最有价值的隐性课程。

教育事业索取了教师许多，同时给予了教师更多，这些给予就在教师运用自己的热情和能力编织的那一幕幕美丽之中。

参考文献

邓友超 . 2007. 教师实践智慧及其养成［M］. 北京：教育科学出版社 .

范梅南 . 2003. 生活体验研究——人文科学视野中的教育学［M］. 宋广文，译 . 北京：教育科学出版社 .

方明 . 2006. 陶行知名篇精选［M］. 北京：教育科学出版社 .

高德胜 . 2007. 道德教育的 20 个细节［M］. 上海：华东师范大学出版社 .

李茂 . 2007. 在与众不同的教室里［M］. 上海：华东师范大学出版社 .

刘铁芳 . 2002. 教育者的形象与师道尊严［J］. 教育科学研究（3）：5-9.

王婷 . 2008. 浅论班级博客的教育管理功能［J］. 班主任之友（4）：7.

檀传宝 . 2003. 学校道德教育原理［M］. 北京：教育科学出版社 .

托多罗夫 . 2001. 巴赫金、对话理论及其他［M］. 蒋子华，等，译 . 天津：百花文艺出版社 .

王新国 . 2008. 学生与我试比高［J］. 班主任之友（3）：45.

王之强，孙希波 . 2009. 巧妙地批评［J］. 青年教育（1）：27-28.

王之强，邹元明，2008. 论批评的艺术［EB/OL］.［05 - 27］. http：//blog. sina. com. cn/s/blog_512535cc01009gdx. html.

张必乐，魏道盛 . 2000. 正面施教，渗透熏陶——论交谈、班会、批评的教育艺术［J］. 福建金融管理干部学院学报（4）：44-46.

郑亚琴 . 2008. 让学生自己排座位［N］. 中国教育报，03-17（3）.

朱飞 . 2008. 浅谈班主任工作中与学生谈话的艺术［J］. 读与写杂志（12）：129.

问题与反思

1. 有人认为，德育与教学活动不可分，德育课程专设无疑会造成学校德育、教学

“两张皮”现象，您怎么看待专设德育课程的必要性，以及它与学科课程和隐性课程的关系？

2. 苏联教育家马卡连柯曾说：“从口袋里掏出揉皱了的脏手帕的老师，已经失去了当老师的资格。”您如何看待教师个人的自我修为对教育工作的影响？

相关链接

1. 檀传宝.2003. 学校道德教育原理［M］. 北京：教育科学出版社.

这是一本以学校“道德教育”为主线的德育原理教程。该著作以“德育对象道德人格与生命质量的提升为终极目标，以道德学习主体性充分发挥为基本追求”，逐一研讨了德育范畴、德育的本质与功能、德育对象、德育目的、德育过程、德育内容、德育课程、德育方法、德育主体、学校德育的社会环境等德育原理的基本问题。该书是中小学教师自学、进修德育课程最佳的教材读物。

2. 苏霍姆林斯基.2005. 苏霍姆林斯基教育全集（5卷）［G］. 北京：教育科学出版社.

该书是苏联教育家苏霍姆林斯基教育思想和实践智慧的结晶，是热爱教育事业、有志于教师职业的人们的精神盛宴。书中大量记录了苏霍姆林斯基亲身经历的生动的教育案例，渗透着苏霍姆林斯基处理教育事件的伟大智慧，一线教师应该珍藏并时时阅读。

3.《班主任之友》、《班主任》（期刊）

这两类杂志是教师尤其是班主任应该随时放在工作案头的快餐性读物，可随时随手翻阅，及时掌握最新的教育理念，也可直接从中吸收与学生相处之道、解决教育事件的方法技巧。

4. 中国教育在线（网站：http：//www. eol. cn）

该网站是权威的教育网站，点击率很高。在这里，教师们可共享教育经验，也可就日常工作中遇到的难以解决的教育问题请教同行，好好利用这一网站，可以帮助教师提高工作效率，提升专业水平。

5. 优秀影片推荐

《我的教师生涯》（中国，2007）

《放牛班的春天》（法国，2004）

《美丽的大脚》（中国，2003）

《蒙娜丽莎的微笑》（美国，2003）

《跑吧，孩子》（新加坡，2002）

《黑板》（伊朗，2000）

《草房子》（中国，1999）

《天堂的颜色》（伊朗，1999）

《弦动我心》（美国，1999）

《心灵捕手》（美国，1997）

《霍兰先生的乐章》（《生命因你而动听》）（美国，1995）

《凤凰琴》（中国，1993）

《家庭作业》（伊朗，1989）

《死亡诗社》（美国，1988）

《音乐之声》（美国，1965）

教师德育专业化读本

德育观念模块	做一个配享幸福的教育家 ——教师德性生活关键词：幸福、公正与仁慈 中国传统德育与德育现代化 制度情境与道德教育 当代青少年文化与学校德育
德育实务模块	▶ 德育与课程实施 班主任的德育工作：角色定位与功能实现 社会变迁过程中的学校师生关系 主题班会的设计与开展 ——班主任德育工作的视角
德育理论流派模块	苏霍姆林斯基的德育思想 科尔伯格与品德发展理论 关怀教育学与关怀关系的建立 价值澄清与多元文化的应对

教师德育专业化读本

班主任的德育工作：

角色定位与功能实现

迟希新

6

阅读导航

中小学班主任在促进学生全面发展的过程中处于怎样一种地位，这是学校德育必须关注的现实问题。传统上，人们习惯用班级管理者的角色来定位班主任的教育功能，班主任因此被称为“联系家庭与学校的桥梁和纽带”。在这里，班主任在促进学生品德发展中的特殊地位被严重低估和误读，也由此引发了班主任德育工作实践的问题。班主任在促进学生品德发展中的作用是特殊的，不可替代的。教育部在2006年6月8日颁发的《教育部关于进一步加强中小学班主任工作的意见》中对小学班主任的教育角色作出了明确的定位：小学班主任是中小学教师队伍的重要组成部分，是班级工作的组织者、班集体建设的指导者、中小学生健康成长的引领者，是中小学思想道德教育的骨干，是沟通家长和社区的桥梁，是实施素质教育的重要力量。我们可以从中看到，班主任作为学生教育者和指导者的角色定位被给予了优先的关注与肯定。

事实上，关于班主任学校德育功能实现与自我定位的讨论，也存在着一个广义和狭义之分的问题。广义上说，基于“事事是德育，人人做德育”的学校全员德育的理念和“处处有德育，时时有德育”的学校隐性德育的理念，班主任是“全天候”的德育工作者，班主任的所有日常教育工作都和学生的品德成长与发展相关。但从狭义的层面理解，班主任工作的内容方式和途径又具有很强的特殊性，这种特殊性也决定了班主任在学校德育中的工作途径和方法的特殊性。基于此，本章将着重讨论以下几个问题：

1. 与其他学校德育途径和方式相比较，班主任德育工作的特殊性体现在哪些方面；

2. 基于班主任日常工作的视角，班主任在学校德育工作中的主要途径有哪些；

3. 在德育教师专业化的大背景之下，班主任如何进行正确的自我角色定位。

一、班主任德育工作的特点

班主任在促进学生全面发展中具有重要的不可替代的作用。与科任教师和学校里的普通行政管理人员相比，班主任与学生的交往以及形成的师生关系，具有如下独特性。

首先，班主任是学校里和学生相处时间最长的教师。班主任因承担着学生的所有教育工作，每天跟随学生在学校的全程的学习和生活，因此，也成为和学生相处时间最长的人。

其次，班主任是学校里与学生发生冲突最多的教师。班主任与学生长时间的相处和高频度的交往，也使他们与学生在观念、思想、价值、态度等方面发生冲突的可能性大大增加。

最后，班主任是学生最难以忘怀的人。对于班主任教师有这样的调侃：班主任可能会成为学生终生爱戴的人，也可能是学生终生最记恨的人，但一定是让学生终生记住的人。

专栏 6-1

田老师最难以忘怀的电话

石家庄市第 42 中学的田丽霞老师是全国优秀班主任，她讲了这样一个故事：一天早晨四点多她被急促的电话铃声惊醒，打来电话的人是几年前毕业的学生。他来石家庄出差，下火车的时候钱包被人偷走了，他身无分文，连打电话的钱都没有。他和田老师说的第一句话是："老师快来帮我，我在火车站。"田老师急忙赶到火车站，交了电话费，解救了被"扣押"的学生，并把他领回家里。田老师事后感言：虽然在睡梦中被电话吵醒，清晨就被折腾到车站，但还是感到由衷的快乐！学生在遇到麻烦、陷入绝境的时候，首先还是想到向他虽很少联系却一直铭记心中的班主任求助。在信任的背后更多是牢不可破的师生情谊使然。田老师体验的是一种被铭记的快乐！

基于社会学的视角，从上述描述中我们不难看出，班主任是影响学生品德成长和心理发展的“重要他人”。但从学校德育工作的角度，我们研究班主任在学校德育中的特殊作用以及对学生发挥影响作用的途径，更需要从隐性德育课程的角度去作深入的分析。隐性德育课程是与学校显性德育课程相对应的德育课程资源，是潜存于班级、学校、社会中的隐含性的自然的影响。班主任对学生品德发展的影响既包括通过班级活动等产生的显性的影响，也包括隐含于师生交往、教师榜样示范方面的隐性的教育影响。

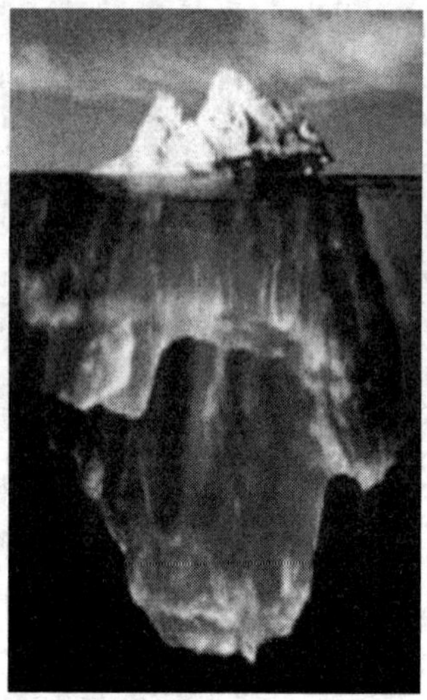

图 6-1　隐性德育与显性德育的冰山模型

（一）主导性

班主任作为影响学生品德和心理成长的“重要他人”，在某种程度上决定了学生未来的人生发展路向。美国著名教育家海姆吉诺特曾断言：“我总结出一个可怕的结论，我在课堂上起决定性的作用……作为一个教师，我拥有让一个孩子的生活痛苦或幸福的权力。我可以是一个实施惩罚的刑具，也可以是给予鼓励的益友，我可以伤害一个心灵，也可以治愈一个灵魂，学生心理危机的增加或减缓，孩子长大后是仁慈还是残忍，都是我的言行所致。”（里克纳，2001）[65] 不同的班主任营造了不同的班级心理氛围，也创设了不同的学生发展的成长生态。从长远看，不同风格、不同教育艺术的教师决定着学生未来发展的方向和可能性；从当下实际的影响看，一个班主任更决定着学生在他们童年驻留时间最长的教室里过一种怎样的生活。

专栏 6-2

班主任的“致命幽默”

一位班主任在课堂上为了调解气氛，给全班学生讲了这样一个幽默故事：“张华、刘军和李茂辉共同去见上帝，张华问上帝自己什么时候可以成为全班第一，上帝说需要奋斗一年，张华哭了，说时间太长了。刘军问上帝自己什么时候能考全班第一，上帝回答说两年，刘军也哭了，说怎么会需要那么长时间。最后李茂辉也想问自己什么时候能成为全班第一，还没等他开口，上帝哭了，边哭边说自己这辈子是看不到李茂辉拿第一了。”老师讲罢，同学大笑不止，可是幽默中提到的三个人却怎么也笑不出来，老师的否定和不尊重的调侃深深伤害了他们的自尊。

（来源：http：//www. taoxue123. com）

其实，老师讲这个笑话时未必心存恶意，但是，这样的评价出自对学生有充分了解的班主任之口，对三个学生的影响就不仅仅是自尊心的层面，老师的消极评价和无望的预言，更会让学生在自信心上形成强烈的自我暗示：我是个没有希望的人。

心理学研究证明，自我效能是影响人行为结果的最重要的因素。班杜拉认为，所谓自我效能，是指个人对自己在特定情境中是否有能力去完成某个行为的期望。它包括两个成分，即结果预期和效能预期，其中结果预期是指个体对自己的某种行为可能导致什么样结果的推测，效能预期是指个体对自己实施某行为的能力的主观判断。（伍德沃克，2005）[448-430]

自我效能决定了一个人基本的自我价值感和行动选择方式，决定了一个人如何去看待自己，如何进行自我激励，也最终决定了一个人如何规划和设计自己的人生。当一个人的自我效能出现问题时，其人生理想和价值观念就会随之发生变异。这则幽默是致命的，它不是增强了学生的信心，而是打击了学生的自我效能。教师在不经意间影响着学生的精神成长和性格的形成，从这个意义上说，班主任是学生精神的关怀者和人格的塑造者。

（二）协同性

学校德育必须赢得家长的配合，必须协同家庭教育的力量，这早已成为人们的共识。没有家庭教育功能的充分发挥，就难以破解“5+2=0”的教育悖论。作为联系家庭与学校的纽带，班主任与家长沟通作用的发挥可以改变家长的德育观念，同时，家校沟通的顺畅也会给学校德育功能的充分发挥提供更有效的家庭教育支持。

（三）浸染性

班主任在学生价值观形成过程中具有重要的影响。美国教育和心理学家布朗芬布伦纳（Bronfenbrenner，1993）[13] 提出了人类发展的生态模型。他认为，个体发展的社会生态环境是由相互联系的四个系统组成的，即微系统、中间系统、外系统和宏系统。其中，微系统（microsystem）是对个体有直接影响的环境，影响个体发展的微系统主要包括家庭、同伴和学校等（图 6-2）（Berns，1993）。心理学研究中大部分关于环境与个体发展的研究，都是在微系统这一水平上进行的。而班主任工作的特殊性，使其成为对学生品德发展影响最为直接的微系统中的“微系统”。班主任工作以其特殊的地位，成为影响学生品德和心理发展的微系统的重要组成部分。同时，班主任作为“纽带”和“桥梁”的沟通角色，也决定了其以特有的方式影响微系统内部要素的关系和功能发挥，乃至影响其他系统的运转。

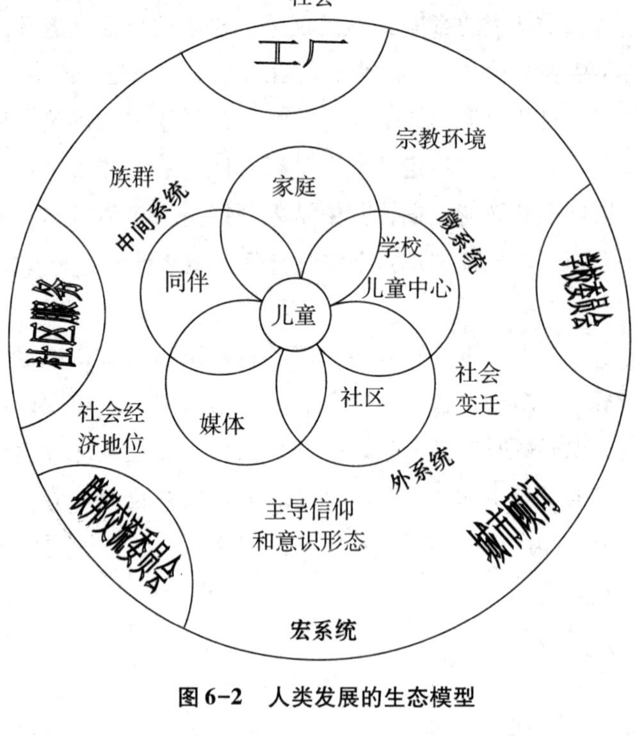

图 6-2　人类发展的生态模型

班主任以其潜移默化的影响方式主导了学生道德人格发展的路向。班主任不仅在班级活动的设计中，通过自己的教育理念和对活动内容的选择来实现对学生的价值引导，同时，还在对学生的耳濡目染中，通过自己的工作态度、与学生的交往方式等对学生产生不同程度的影响。

（四）示范性

美国心理学家班杜拉等认为，儿童的行为方式常常是通过模仿其所相信和崇拜的榜样人物而逐步形成的。不管教师愿不愿意，有无知觉，教师都有成为这种“榜样”的最大可能性。塔里木石油一中的教育理念是：教育无小事，事事是教育，教师无小节，处处是楷模。其核心就是强调隐性课程的影响，把教师在德育中的示范作用置于优先的地位。

二、班主任德育工作的主要途径

（一）通过组织班级活动实施德育

组织班级活动是班主任工作的重要内容，通过活动实施德育也是班主任德育工作的重要形式。在日常管理中，班级活动是多种多样的。按区域来分可以把学校的活动划分为学校内的班级活动和学校外的班级活动；按主题来分可以划分为主题性班级活动和非主题性班级活动；按时间来分可以划分为独立活动和延展性活动；按内容来分还可以划分为单一活动和复合活动。班级活动在内容上也十分广泛。

1. 班务会：引导全班同学对班级实行民主管理的例行班会。
2. 主题班会：围绕一个教育主题而召开的班会。
3. 课外文娱活动。
4. 课外体育活动。
5. 课外兴趣小组活动，包括文艺、科技等方面。
6. 班级劳动活动，包括勤工俭学等。
7. 社会公益活动。
8. 社会调查、参观、访问等。
9. 纪念日、节日文艺晚会，以及学校自己确定的各种节庆活动如校庆、科技节、文艺节等。

10. 暑假夏令营活动：夏令营是活动的组织形式，内容上可以有各种主题。

如何看待这些繁杂的班级活动，是班主任德育工作中一项核心的内容。班主任不能把班级活动仅仅视为增加学生社会阅历的手段，而应该将其视为学校德育最具实效性的课程资源；不能从简单的娱乐功能来评价班级活动，而应该将其作为班级文化培育和班集体建设的基本手段；不能把组织班级活动视为简单的班级常规管理工作，而应该把班级活动的设计与组织能力看成班主任育人理念与实践智慧的集中体现。

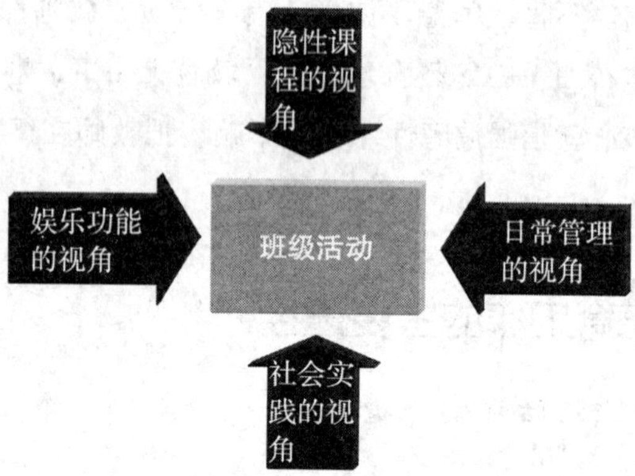

图 6-3　班级活动功能的评价视角

班主任要想有效地设计和开展班级活动，充分发挥班级活动的教育功能，达到活动育人的教育目的，应该优先关注以下几个问题。

1. 用科学的理念统领班级活动

要从观念上彻底摒弃道德“灌输”，真正体现德育过程的主体性。道德的强制与灌输不仅有悖于德育过程的本质，导致学生对学校德育的拒斥与逆反心理，也极易导致学生人格的两面性。德育过程的主体是学生，只有调动学生对德育活动过程的兴趣，激发他们的内在动机，才能使学校的德育过程成为外在价值引领与学生价值自我建构的统一，实现德育过程从他律到自律的实质性转变。

2. 对班级活动进行精心的设计和组织

在德育的实施途径上倡导体验式教育，创建道德体验空间。“教学如果不调动学生的兴趣就是在打冷铁”早已成为人们的共识，这一原理同样也适用于学校的德育过程。德育过程必须调动和激发学生的情感过程，产生情感的共鸣，才能实现道德移情，进而改变道德行为。学校要努力为学生营造道德情感体验的心理空间和物质空间。

专栏 6-3

一杯咖啡和 9000 个螺丝

拧螺丝与喝咖啡似乎没有什么关系！但是，一次特殊的体验活动把它们联系在了一起。扬州某中学校门口有个麦当劳餐厅，学生们经常光顾于此。老师发现，学生们在麦当劳里买咖啡很随意，而且，很多学生买了咖啡并不喝，而是仅仅为了面子，为了表现所谓的潇洒。老师经过了解发现很多学生的家境并不富裕，很多学生的家长都是打工一族，老师决定组织一次体验活动。活动内容是到学校附近地方邮电局进行一次组装硬件的体验劳动。放学后，学生小队一行 13 人来到邮电局，说白了，就是拧螺丝。起初，学生们都觉得让他们拧螺丝是大材小用了。真正轮到他们做的时候，才知道拧螺丝也不简单，得经过制螺母、下垫片、把弹簧拿掉、再把螺母和垫片装到机器上这四道工序。才拧了几个，有的同学手指就红了，皮也磨破了。从工作人员那儿得知，他们每人一天至少要拧 1 万多个，真是太了不起了，孩子们打心眼里佩服他们。更重要的是，孩子们了解到在这儿拧 100 个螺丝才 5 分钱，他们自己在心里粗粗一算，平常在麦当劳喝一杯咖啡就得拧 9000 个螺丝！他们都意识到，平时还埋怨父母给的零花钱太少，现在才理解，父母赚钱实在不容易。有了这次切身体验，老师惊喜地发现，孩子们乱花钱买咖啡的现象少多了。

（来源：佚名，2005）

3. 班主任必须做班级活动的专题研究

团队活动作为进行政治思想教育的主要途径，处置不当也极易导致德育实施中的形式主义，进而使学生产生强烈的逆反心理，影响德育的实效。此前，有的研究者专门针对这一问题进行了系统、深入的调查。调查显示，在教师和学生对学校德育途径所起作用的评价中，思想政治课（思想品德课）被教师排在了末位，学生则把团队会排在了末位，把思想政治课排在第六位。在对学生关于学校德育工作满意度的调查中，研究者列出校园环境、校风、班主任工作、思想政治课（思想品德课）、团支书辅导员工作五项内容，学生相对不太满意的是后两项内容，其中高中生对团支书辅导员工作满意度最低，仅为 36.7%。在关于学生对德育活动形式的喜欢程度的调查中，公益

劳动成为学生最不喜欢的活动形式，喜欢的人数只有 24 人，仅占被调查总人数的 0.87%。（鲍东明，2001）

专栏 6-4

体验活动引发的困惑：体验就是有效的德育？

新疆以盛产棉花著称，这也给当地的一些学校组织各种社会实践活动提供了良好的场所。在棉区，摘棉花是一件非常辛苦的事情。很多学校都把摘棉花作为让学生体验社会生活的主要活动内容。塔里木石油一中的教师向研究人员讲了这样一件发人深省的事情：学校为了培养学生的劳动观念，体会劳动的艰辛，组织了一次为期两天的摘棉花活动。整个活动过程中教师目睹了学生劳动的艰辛，确信学生一定有了切身的体会。但是，在活动总结时，一些学生的发言却让教师大吃一惊。很多学生说："长大以后一定要当地主。"因为当了地主就不用做这样辛苦的工作了。学生的体会和收获与活动的初衷南辕北辙，让活动组织者难以置信。这个活动的结果警醒了我们每一个班主任和学校活动组织者：体验法是科学的方法，但是体验不一定都是有效的德育。班主任教师需要在活动设计之初，对活动的理念作深刻的反思，对活动过程和活动形式作深入的研究。

（二）通过班级文化建设实现隐性德育的功能

班集体是构成学校集体的基本单位，学校集体的特点正是通过各个班集体的特点而表现出来的。马卡连柯认为，集体教育过程应当遵循"在集体中通过集体为集体"的原则。在他看来，集体首先是教育的基础。他说："只有当一个人长时间地参加了有合理组织的、有纪律的、坚忍不拔的和有自豪感的那种集体生活的时候，性格才能培养起来。"其次，集体是教育的手段。他强调："集体是个人的教师。"教师必须通过集体来教育个人。最后，集体是教育的目的和对象。马卡连柯认为，集体与个人两者关系密切，"在苏联不可能有置身集体以外的个人"。因此，教育个人和教育集体既可以同时作为教育目的，又可以同时作为教育对象。他说："每当我们给个人一种影响的时候，这影响必定同时应当是给集体的一种影响。相反地，每当我们涉及集体的时候，同时也应当成为对于组成集体的每一个个人的教育。"马卡连柯后来用"平行教育影响”来概括他的上述思想，强调教育个人与教育集体的活动应同时进行，每一项针对集体开展的教育活动应收到既教育集体又教育个人的效果。

集体道德心理从两个方面影响着集体中每一个体的品德诸因素，即知、情、意、行的发展。一方面，良好的集体的道德品质促使大部分正常儿童与青少年形成良好的品德；另一方面，良好的集体的道德品质能改造品德不良的学生。同时，整个的集体道德心理在学生的不同年龄阶段表现出不同水平的特征。

首先，班集体的信念对集体成员的品德形成具有重要作用。班集体的信念可以成为个体道德行为的准则；形塑个体对前景的向往，提高其形成良好品德的自觉性；使个体增强集体观念，更好地服从集体利益。

其次，班集体的情感在个体品德形成中也具有重要的影响作用。它往往以集体荣誉感、责任心和义务感等形式表现出来，使儿童与青少年以他们的道德行为是否符合社会要求为依据而产生荣誉感或羞耻心、自豪或内疚等情感体验，直接影响个体良好的道德感的形成。

班集体对青少年品德形成的影响还表现为意志行动的作用。班集体的坚定的意志行动不仅能直接增强集体成员形成良好品德的既定决心，而且能提高集体成员为形成良好品德而克服困难的自觉性，并使集体成员统一行动，保持和维护良好的道德风尚，自觉约束自己的行为。

正如杜威所说，如果无视学校是一种社会生活形式的事实，教育就会失败。要想尊爱和责任心方面的教育取得成效，教师必须把课堂道德社区的形成作为教育的中心目标。因为学生在生活中学习道德准则，他们需要一个社区环境去互相影响，去建立互相之间的关系，去解决矛盾。作为团体的成长，他们需要从他们直接的社会经历中学习公平地游戏、合作、谅解以及维护每一个个体的价值和尊严。

班风是指在群体成员中占优势的言行倾向和作风。它以一种潜移默化的影响作用于受教育者。好的班风一经形成，不但能抵制社会上的不良风气，而且反过来要把班级里的新风尚带到社会上，推动整个社会的道德文明建设。班风对学生品德的形成有着更直接的影响。班集体的凝聚力越强，班集体的力量也就越显著。集体舆论会对班集体成员的思想观念和行为方式产生很大的影响。集体舆论对成员品德形成的作用表现在三个方面：一是对个体的道德行为作出权威性的肯定或鼓励，否定或制止，是一种社会强化的“信号”；二是直接影响个体道德认识的提高；三是成为集体荣誉感的源泉。一个团结友爱、互帮互学、奋发向上的班级，是一种放大的教育力量，能增强集体成员克服困难、改掉不良习惯的勇气，促进大家共同提高。此外，学校的校园文化建设，如环境文明优雅，卫生状况良好等，对学生的精神面貌和行为方式也会产生一定的影响。

专栏 6-5

诺尔特的教育诗

如果孩子生活在批评里，他们就学会谴责。
如果孩子生活在敌意里，他们就学会争斗。
如果孩子生活在恐惧里，他们就学会忧虑。
如果孩子生活在可怜里，他们就学会自怜。
如果孩子生活在嘲笑里，他们就学会畏缩。
如果孩子生活在嫉妒里，他们就学会妒忌。
如果孩子生活在羞辱里，他们就学会内疚。
如果孩子生活在鼓励中，他们就学会自信。
如果孩子生活在宽容中，他们就学会忍耐。
如果孩子生活在赞美中，他们就学会欣赏。
如果孩子生活在接纳中，他们就学会爱人。
如果孩子生活在认可中，他们就学会自爱。
如果孩子生活在赏识中，他们就学会立志是好事。
如果孩子生活在分享中，他们就学会慷慨。
如果孩子生活在诚实中，他们就学会真诚。
如果孩子生活在公平中，他们就学会正义。
如果孩子生活在亲善与体谅中，他们就学会尊重。
如果孩子生活在安全中，他们就学会信赖自己和周围的人。
如果孩子生活在友谊中，他们就学会世界是一块生活的乐土。

（来源：诺尔特，2001）

（三）通过家校沟通实现整体育人目标

家庭因素在儿童的成长发展中具有不可替代的作用。家庭环境对儿童与青少年品德发展的影响，是以一种多因素、多侧面的复杂方式来实现的。对于家庭教育在整个教育体系和个体发展中的作用与特殊功能，人们早已达成了共识。无数的教育实践已经向人们昭示：没有家庭教育的配合，单凭学校单打独斗来促进学生的全面发展，培养他们健康的心理和完善的人格将是一个不可能完成的任务。然而，在家校沟通中，我们常常将与“家”对应的一方笼统地理解为学校。其实，如果作精确的区分，与家长直接对应的一方应该是班主任。班主任常常被人们比喻为连接学校和家庭的桥梁。他们是与学生交往频率最高、相处时间最长、对学生了解最全面的教师群体。

与一般家校沟通的意义不同，班主任工作的特殊性决定了其在家校沟通中的德育作用的发挥要体现出如下特征。

第一，及时性：发现品德成长中的问题，赢得家长的配合，及时给予纠正。正如前文所述，班主任是和学生相处时间最长的教师，也是最了解学生思想波动情形、情感变化及行为改变特点的教师，班主任能及时发现学生行为问题的先兆，并能结合学生的特点给家长提出合理的教育建议。

第二，系统性：通过与家长的配合系统地、长期地做好个别学生的教育工作。班主任对学生的思想状况和心理需求有比较全面的了解，和家长的交往频率也远远高出一般科任教师。在个别学生的教育工作中，班主任可以针对学生的特点，和家长共同制订系统全面的教育计划，通过与家长的配合系统地、长期地做好个别学生的教育工作。

第三，针对性：通过与家长的配合做好对问题学生和品德不良学生的个别教育。指导家长做好学生教育的配合工作，给家长以方法和理念上的指导。班主任可以在全面了解学生的基础上，针对品德不良学生的教育给家长提供切实可行的教育策略，在家校沟通和协作方面提出更具操作性与实效性的方式。

（四）通过榜样示范作用实施德育

社会学习理论认为，儿童只需通过观察学习（observational learning）就可以获得大部分的新行为。这一过程实质上是一种“替代强化”（vicarious reinforcement）。儿童可以通过替代强化去习得道德行为。环境、社会文化以及成人榜样直接影响儿童的道德形成和发展。充分利用这样一些条件和方法，鼓励儿童的正确行为，抑制其不良习惯，将有利于学生的道德成长。

班杜拉认为，社会环境对儿童品德形成和发展发挥作用的主要机制是榜样学习。社会学习是通过学习者观察榜样的示范而进行的。榜样应该具备以下五个条件，才能对学习者产生有效的影响。

第一，榜样的示范要特点突出、生动鲜明，这样才能够引起学习者的注意。

第二，榜样本身的特点（如年龄、兴趣爱好、社会背景等方面）与观察者越相似，越容易引起人们的观察学习。如成人榜样对学生的影响就不如年龄相近的同学榜样的影响大。

第三，榜样示范的行为对于学习者来讲要具有可行性，即学习者都能够做得到，这是最基本的条件，如果榜样的行为标准太高，使学习者产生“可望而不可即”之感，那么对学习者的影响会受到限制。

第四，榜样示范的行为要具有可信任性，即学习者相信榜样做出某种行为是出于自然，而不是具有别的目的。

第五，榜样的行为要感人，使学习者产生心理上的共鸣，这样学习者才会表现出相类似的行为。

社会学习理论关于个体学习类型的划分，为我们强调班主任的道德示范作用提供了最有力的理论依据。美国进步主义教育家克伯屈认为：儿童的学习过程可以同时包含三种学习——主学习、副学习和附学习。主学习，是指掌握教学大纲所指定的知识和技能；副学习是指学习者在学习过程中，不经意间获得的知识与技能；附学习是指学习者在学习过程中形成的态度，所收获的一系列感受、体验或经验。对于学生成长而言，这三种学习的重要性是伯仲难分的。然而在传统的课堂教学及教学评价中，后两种学习却始终没有得到应有的重视。注重学生的心理教育和品格培养，创建德育特色的育人理念，在某种程度上说也是这一理论的具体化与实践确证过程。

父母、教师、同伴和其他成人等在儿童生活中无处不在，其表现出的一举一动都可以成为示范动作，对儿童产生直接或间接强化作用，从而影响儿童。鉴于班主任等对学生品德发展的重要作用，教师应严格要求自己，处处为人师表，为儿童树立学习的榜样，同时要积极引导、帮助学生分析各种示范榜样，分清是非，找出差距，付诸行动。

三、班主任角色定位必须实现的四个转向

基于上述分析，我们可以对班主任在学校德育工作中的地位及在学生品德和心理发展中的主导作用形成一个比较全面的体认。但在学校德育实践中，把班主任的育人职责混同于一般教师，仅仅从普通班级组织者和管理者的视角定位班主任教育职能的认识误区还具有一定的普遍性。对班主任而言，也存在一个如何准确进行自我定位的问题：如何正确体认自己的教育职责，如何看待自身在学生品德和心理成长中的作用。

这些问题的解决，不仅影响着班主任教育功能的发挥，同时也决定了学校德育的实践效果。班主任的角色定位必须实现以下四个转向。

第一，班主任不是一般意义上的班级组织者，而是班级文化的建构者。

班主任虽然承担着学生日常管理的职责，但是，其班级管理工作的核心是营造良好的班级文化，组建健全的班集体，形成健康向上的班风和学风，充分发挥班级文化在学生品德形成和心理健康发展中的重要作用。

第二，班主任不是简单的桥梁和纽带，而是学生全面发展的引导者。

“桥梁说”和“纽带说”在班主任教育功能体认与角色定位上由来已久，把班主任仅仅视为一般意义上的“联系人”窄化了其育人职责，同时也忽视了其作为学生品德和心理成长中的“重要他人”的教育使命。班主任不是一般意义上的“联系人”，而是学生发展的引导者。

第三，班主任的工作不是人人可以为之的，而是不可替代的。

在有些学校，是否担任过班主任已成为教师职称评定和晋级的硬性指标。这种制度一方面确保了班主任队伍的规模，但另一方面却减弱了教师担当班主任的积极性和热情。在班主任教师专业化水平上必须突出德育教师专业化的内容和要求。

专栏 6–6

班主任要具备丰厚的条件性知识

从教师专业发展的视角，我们通常把教师的知识分成本体性知识（subject-matter knowledge）、条件性知识（conditional knowledge）和实践性知识（practical knowledge）。本体性知识是教师所具有的特定的学科知识，条件性知识是教师所具有的心理学、教育学知识，而实践性知识则是教师面临实际的课堂情境时所具有的课堂背景知识及与之相关的知识。（夏慧贤，2006）条件性知识在教师专业发展中具有重要作用，对条件性知识的学习有助于教师了解一般性知识的学习与接受过程和基本规律，认识知识传递过程中的心理过程与一般机制，进而提高学习效率，改变知识学习过程。

发展心理学不仅为我们揭示了青少年知识掌握和技能形成的一般过程，同时也从科学的角度向我们展示了青少年价值观、情感、态度形成的心理机制。它既是我们了解教育对象的前提，也是我们确立和形成科学教育理念的基础。实践证明，只有充分了解青少年不同年龄阶段的心理特点，全面把握青少年价值观以及道德认识、道德情感、道德意志和道德行为发展的基本规律，我们才能在德育实践中真正走近他们的内心世界，才能针对不同的学生特点有的放矢地进行个性化教学，真正体现因材施教的原则。只有掌握这些条件性知识，我们的每一个德育工作者在德育实践中才能真正树立科学的育人观念，彻底摒弃强制灌输的德育方法，使德育过程成为学生的个性和主体性都得到充分彰显的过程，成为外在价值引导与学生道德观念自主建构的有机融合的过程。

第四，班主任不是普通的德育工作者，而是拥有实践智慧的德育研究者。

班主任需要更高水平的实践智慧，具有强烈的问题意识和反思精神，具有独立开展德育研究的能力，能够及时发现学生成长和发展的各种问题及可能性，创造性地解决问题。

专栏6-7

中医vs班主任

我们可以作这样一个类比：一个优秀的班主任就好比一个出色的医生。好的医生应该既熟知药理、病理，又具有丰富的临床经验，而不应该是只会背药方的医生。一个医生需要懂得药理和病理，才能在各种疑难杂症面前正确作出诊断并且对症下药。否则，即便他背会了大量的药方，也同样无法应对复杂的临床病症。因为，缺少了药理和病理的知识支撑，患者的病症稍有改变，他们背下来的药方就毫无用处。同理，一个优秀的班主任应该懂得教育规律和学生的身心发展特点，加上丰富的教学经验，他才能够创造性地根据学生的问题类型开出自己的治病良方。不懂得药理、病理，只会背药方的医生是蹩脚的医生，同样，只有零散的教育实践经验而缺少教育理论知识的丰厚积淀，一个教师也不可能成为一个优秀的班主任。

新时期的班主任必须是一个研究者，一个具有强烈问题意识和独立开展教育研究能力的研究型教师。优秀的班主任不应该是只掌握一些抽象的、单一的教学教育技巧的人，不能生吞活剥地、机械地去照搬别人的经验和管理方法。

无论是培养出色的医生还是造就优秀的班主任，都不可能寄希望于速成的秘籍或所谓的高人点化。靠背药方不会培养出真正出色的医生，同样，见木不见林的技艺之学同样难以成就优秀的班主任。

参考文献

鲍东明 . 2002. 德育现状调查结果分析［N］. 中国教育报，2002-02-24.

里克纳 . 2001. 美式课堂：品质教育学校方略［M］. 刘冰，董晓航，邓海平，译 . 海口：海南出版社：65.

诺尔特. 2001. 孩子们从生活中学习［J］. 思维与智慧（4）.

伍德沃克 . 2005. 教育心理学［M］. 第 8 版 . 陈红兵，张春莉，译 . 南京：江苏教育出版社：448-450.

夏慧贤 . 2000. 论教师的专业发展［J］. 外国教育资料（5）：44-48.

佚名. 2005. 扬州市梅岭中学感恩教育纪行［EB/OL］.（2005-06-14）. http：//www. mlzx. com. cn/xxgl/jkc/096170. html.

Berns. 1993. Child，Family，Community［M］.（3rd ed. Harcourt Brace College publishers：15.

问题与反思

1. 古人有“人生四大惜事”的说法：“少无良师，长无益友，壮无善事，老无令名。”结合班主任是学生精神关怀者和人格塑造者的观点，谈谈您对“少无良师”列为“四大惜事”之首的看法。

2. 一个学生的基本情况是：学习一般，作业不整齐，爱好体育活动。有一位班主任教师根据学生的实际情况写出如下操作评语：

“六一”运动会上，你得了双项第一，厉害；旗级少先队员的评比，你仅差一票，厉害；同学之间的小事，你常忍让，厉害；你发现没有，只要努力一下，把字写得漂亮，让脑子多思考一下问题，你就会更厉害。

请您结合本章节所学习的内容，对班主任的评语写作方式和艺术作出简要评析。

3. 班主任的德育工作与普通科任教师的教育工作有哪些显著的区别？班主任应该怎样客观看待这些差异？班主任应该注意提高自己哪些方面的教育素养？

相关链接

1. 万纬. 2009. 班主任兵法［M］. 上海：华东师范大学出版社.

这本书是一位优秀班主任的教育手记，充满了爱心、耐心和教育智慧。作者将“兵法”概念运用于班主任工作和学生管理中，收到了良好的效果。该书所收录的文章最初发表在国内最有影响力的教育论坛——K12 教育论坛和白鹿洞教育论坛上，引起了极大反响，随即又在《教师博览》、《新教育》等杂志上连载。网友评论：“篇篇是美文，招招是良方。”该书反映了作者在班主任工作的理论和实践上独到的做法和思考。

2. 李镇西. 2010. 做最好的班主任［M］. 修订本. 北京：文化艺术出版社.

李镇西老师是学生信赖、家长信任、教师信服的班主任。20 多年前创建“未来班”，今天身为校长兼副班主任，李镇西以他的爱心、民主和尊重，让他的所有学生都感觉到度过了一段最幸福的学习时光，他与他的学生那些感人肺腑的故事，以及他的班级管理模式，演绎着教师的理想主义。

3. 魏书生. 2005. 班主任工作漫谈［M］. 桂林：漓江出版社.

魏书生的教育理念极具前瞻性，十几年前他的互动教学、以学生为学习主体的教育方式，民主、科学的管理指导思想，已成为新一轮教育改革的重要内容。

这本书涵盖了以班主任为主体的全方位教育、教学、管理的策略和实施方法。从班主任自身定位、以学生为主体，到发展综合素质、科学民主的管理措施，从指导思想到工作细节，全面、科学、实在又实用。

教师德育专业化读本

德育观念模块	做一个配享幸福的教育家 ——教师德性生活关键词：幸福、公正与仁慈 中国传统德育与德育现代化 制度情境与道德教育 当代青少年文化与学校德育
德育实务模块	德育与课程实施 ▶ 班主任的德育工作：角色定位与功能实现 社会变迁过程中的学校师生关系 主题班会的设计与开展 ——班主任德育工作的视角
德育理论流派模块	苏霍姆林斯基的德育思想 科尔伯格与品德发展理论 关怀教育学与关怀关系的建立 价值澄清与多元文化的应对

教师德育专业化读本

社会变迁过程中的学校师生关系

7

魏曼华

阅读导航

教师和学生是教育活动的两个基本要素，师生关系影响着教育的一切方面，大到教育目的的实现，小到学生一个知识点的掌握。因此，师生关系的状况需要教师与学校领导予以重视和关注。

师生关系和生生（同学）关系是学校中的两个基本社会（人际）关系。学习处理人际关系，是学生学校生活中最重要的内容之一。在这两个社会关系中，师生关系具有更为重要的教育意义。因此，本章将重点分析学校的一种社会关系——师生关系。

一、学校师生关系的基本问题

（一）师生关系的概念

师生关系是教师和学生在教育过程中结成的相互关系。它是社会人际关系的一种特殊形式，是为教育制度所规限并在教育活动中形成的一种成年人和未成年人的代际关系，其核心是年长一代对于年轻一代进行社会化，师生关系的本质是教育关系。

师生关系不同于一般的人际关系，在学校，师生之间有制度性关系，又有非制度性关系，同时还存在两代人之间的代际关系，教师代表成人社会对未成年人进行社会化。

1. 制度性关系

制度是社会互动的规范化形式，具有强制性。制度规定了人与人互动的基本形式。所谓制度，一是指各种具体的社会制度，如政治制度、经济制度、就业制度、家庭制度等，二是指各种社会组织的具体的规章制度，如学校的学籍管理制度、奖惩制度、考试制度等。制度性关系是学校师生关系的特征之一。

学校是一种社会制度，从制度分析的角度说，学校师生关系更多的是因教育制度的规定性而产生。所谓制度性，典型地体现在义务教育阶段。例如，学生进入哪一所学校，进入哪个班级，由哪些老师教，一般情况下不能选择。此外，教师的制度权威也是社会预先确定的。因此，制度性关系就是教育制度的规定，其中包含着师生之间的教育、教学、管理、伦理、道德等多种关系。种种关系都在教育活动中展开和表现，诸如教学关系，这是师生之间的基本关系之一。教师是先知，学生是后知。在这个关系中，学生的首要任务是学，教师的首要任务是教。其次是教学相长，正如中国古代的教育经典文献《学记》指出的："学然后知不足，教然后知困。知不足，然后能自反也；知困，然后能自强也。"再如管理关系，教师在教育教学的过程中要对学生进行管理，其管理的依据是学校的一系列规章制度。如对学生考试作弊问题的管理，就是学校的制度性规定使然。

总之，学校是按照社会制度的要求建立起来的教育机构，教育活动是一种制度性活动。因此，师生关系是有社会规定的制度性关系。

2. 非制度性关系

学校中的师生互动并非全都是制度性的，学校中的非制度性关系主要表现为学校气氛。非制度性关系是学校社会关系的另一个特征。

非制度性关系是因制度性关系而产生的。鉴于师生关系也是一种人与人的关系，由于教师和学生在人格、兴趣、需要等方面的多样性，在师生互动中有着大量的非制度性的师生关系，例如情感关系。也就是说，情感因素、私人因素等所有人际关系中的要素必然反映在师生关系中。尤其是基础教育中的儿童，其对于情感性的需求更为强烈。师生在学校中朝夕相处，两者之间的情感关系包括同情的关系、喜爱的关系等，这些关系必然存在于师生关系的始终。需要指出，非制度性关系是因制度性关系而产生的连带关系，没有前者，就没有后者，或者可以说，首先是前者，其次才是后者。师生之间的关系是一种因为教育制度规定而形成的特殊的人际关系。

3. 代际关系

师生关系是一种由教育制度规定的成年人与未成年人的关系，因此，师生关系是一种代际关系。这种代际关系的核心与本质是教育，即使年轻的一代社会化，也就是知识、技能、品德、价值观等方面的社会化，使年轻的一代更好地适应现存的社会，这是成年人对下一代的教育责任与伦理责任。因此，师生关系与一般人际关系的根本不同之处就是其中所蕴涵的教育意义，这是师生关系的本质所在。更重要的是，这是年长一代的历史、伦理、社会责任。教师是整个成人社会的代表，因此，社会将教育这一责任赋予教师。师生之间的代际关系就是教师作为成人社会的代表对年轻的一代进行社会化。

同时，我们必须看到，由于师生之间存在着代际的差别，因此，两代人在知识、技能、价值观、阅历等方面的代际差异是一种客观性存在，师生关系也势必具有代间关系的诸多特征，尤其是存在着代际之间所谓的“代差”或“代沟”，这是观察和分析师生关系必须要注意的。

总之，基础教育中的师生关系既有教育制度规定的制度性关系，也有因之产生的非制度性关系，以及两代人之间的代际关系，它们均是因为制度原因而集结在学校中，形成彼此的关系。师生关系从本质上来说是一种人与人的关系，在基础教育阶段，则是在教育制度框架内形成的代际关系，其核心是成年人对未成年人的教育关系。

（二）师生关系的特点

师生关系具有目的性、示范性、制度性、教育性、情感性、代际性等特点。

1. 目的性

师生关系具有明确的教育目的。师生之间的互动往往经过了教师的教育设计，即使在师生随意的交往中，教师也有自觉的教育意识。

2. 示范性

师生之间关系状况对学生学习处理人际关系有示范作用，如果师生关系是融洽、和谐的，它会对涉世未深、不谙世事的学生学习处理人际关系起到榜样和示范作用。

3. 强制性

教育活动是在学校教育制度中展开的，师生关系的形成和持续具有制度所规定的强制性，并不能随意解除。

4. 教育性

师生关系不仅是教育活动发生的背景，它本身就是有意义的教育活动。无论师生关系处于哪种状态，都会对学生社会性发展具有重要影响，因此，师生关系具有教育意义。

5. 情感性

师生关系有大量的情感投入，比如教师对学生的爱、学生对教师的依恋等。

6. 代际性

基础教育中的师生关系是一种代际关系，是两代人之间的关系。由于师生之间存在年龄、阅历、知识、技能、价值观等多方面的差异，因此，师生关系中的代际差异是客观存在的，师生之间存在着所谓的“代差”或者“代沟”。

除了以上师生关系的一般性特点之外，从学生的角度看，在中学阶段，师生关系还有以下具体特点。

1. 师生关系中学生对教师的依赖性逐渐减少

中学生的自我意识逐渐发展，自主性逐渐增强。这时，学生不再毫无保留地向教师说心里话，师生距离开始拉大。

2. 在师生关系中学生的情感因素开始减少，理性因素逐渐增多

在中学阶段，学生对教师的能力、学识和个性的认可，在师生关系中占有重要的地位。学生尊敬那些学识渊博、品德高尚、富有个人魅力的教师。随着学生认识能力的提高，他们对教师的评价也不断变化，师生关系的理性因素增多了，情感色彩减少了。

3. 师生关系由简单到复杂

刚进入中学的学生，在师生关系方面比较单纯，但很快变得复杂起来。学生之间的关系、学生中群体之间的关系以及学生的家庭背景，都影响着个体学生与教师的关系。因此，师生关系趋向于复杂。

（三）对师生关系类型的讨论

对于这个问题，到目前为止学界仍是争论不休，有各种各样的概括。例如，早期的美国学者沃勒认为，师生关系是制度化的支配与服从的关系。教师代表了成人世界，处于支配地位，占有地位上的优势，学生则处于从属地位，不得不服从教师。之后，关于师生关系的类型有许多的讨论，例如南京师范大学教育系将师生关系概括为工作关系、交往关系、组织关系、心理关系四种关系。还有人将师生关系概括为教学关系、心理关系、个人关系、伦理关系，认为教学关系是核心。也有人将其概括为道德关系、教育关系、心理关系、私人关系，认为教育关系是核心。

上述分类标准比较含糊，缺乏逻辑线索，若按照这种方式逐一列举，一则可以列举很多，二则各类别之间必将存在明显的交叉或重叠。其实，师生关系是一个复杂的关系体系：既有正式的关系，又有非正式的关系；既有特殊的教育关系，又有一般的人际关系。因此，要按照一定的逻辑线索来进行归纳。师生关系从本质上说是一种人与人的关系，在基础教育阶段则是成年人与未成年人的关系。

除了理论层面对师生关系类型的讨论之外，还有一些研究是从实践层面描述师生关系的具体状态，即对师生关系模式的研究。例如：心理学视角下的师生关系模式有紧张型、冷漠型和亲密型等类型；管理学研究把教师的管理方式和师生关系分为专制模式、民主模式和放任模式。这些对于师生关系模式的描述，有助于我们理解和把握复杂多变的师生关系，在实践中具有一定的可操作性。

（四）师生关系的理论

鉴于师生关系是一种重要而又独特的人际关系，所以，中外教育历史上对师生关系有过诸多讨论。

1. 中国古代教育思想中关于师生关系的讨论

对于师生关系，中国古代教育家以及思想家、哲学家有过非常丰富的论述，作出了重要的理论建构，具有鲜明的中国特色。大致有以下几种观点。

（1）师爱说

这是中国古代著名教育家、哲学家孔子对于师生关系的看法，这一观点在教育史上具有重要影响。孔子思想的核心是“仁”，即仁爱，所谓仁者爱人，“仁”是孔子对于一切人际关系的准则。作为教师，孔子提出“学而不厌、诲人不倦”、“己所不欲，勿施于人”、“己欲立而立人，己欲达而达人”等仁爱思想。在某种意义上，师生关系中的师爱是一个很高的境界，这也是后来师生关系的“教育爱”、“母爱教育”等教育观点的思想来源。

（2）师君说

这种观点以中国古代思想家荀子为代表。在师生关系上，他把教师类比为君主，认为师生之间类似于君主与臣下的关系，所谓天地君亲师。“天地者，生之本也；先祖者，类之本也；君师者，治之本也。”也就是说，一个人与他的老师的关系，既包含了对天地的神圣敬仰，也包括了君主的权威、父母的亲情，但又与天、地、君、亲的关系有所区别。

（3）师父说

师父说与师君说有一定的联系，又与之有所区别。从中国古代社会至今，把师生关系类比为父子关系的观念非常久远，尤其是在一对一的师徒关系中，师傅与徒弟往往被类比为父与子，所谓师徒如父子，一日为师，终身为父。即使在当代，仍有大量演艺界、体育界、教育界的师生以父子关系、母子关系自居。

（4）师道说

唐代文人韩愈提出了师道合一的观点。所谓师即道，道即师；道之所存，师之所存。“师严然后道尊，道尊然后民知敬学。”（《学记》）这种看法与古代文化和知识资源稀缺，人们对文化以及掌握和传播文化的人有崇拜心理有关。

（5）师友说

李贽提出师即友，“师友原是一样”，其原因是“学同术、业同方，忧乐同事”。师生之间同术同业，按照现在的话来说，就是学一个专业，从事同一类事业。因此，师生之间亦师亦友，既是师又是友。当然，这并不是指蒙学阶段的师生关系。蒙学是一种启蒙和入门的教育，是对儿童的教育。师友说主要指向古代学校教育的一个类型——书院中的师生关系，书院多为成人学生，学习方式为研究性学习，因此，师生之间可以达成亦师亦友的境界。

2. 西方教育思想中关于师生关系的讨论

亚里士多德在师生关系上的名言是“吾爱吾师，吾更爱真理”。即无论是师还是生，在真理面前都具有同等的地位，具有同样的话语权，他注重的是师生之间在真理面前的平等关系。此外，在西方基督教思想中亦有“上帝面前人人平等”的观念，后来演变成“真理面前人人平等”的思想。“吾爱吾师，吾更爱真理”作为一句教育箴言，凸显了师生在真理面前具有平等关系的理念。当然，从某种意义上来说，无论在西方还是在东方，这句话更多的是一种理念，一种信仰，在很大程度上，历史的实践并非如此。

近现代著名的德国教育家赫尔巴特在师生关系上提出了教育教学中的“教师中心还是学生中心”的问题。按照赫尔巴特的理解，教师处于制度规定的教育者的地位，而学生处于被管理、被教育的位置，因此，他在师生关系上强调以教师为中心。后来的一些教育家包括苏联教育家凯洛夫在师生关系上都持有同样的看法。例如 20 世纪 30 年代的美国教育家沃勒，他提出教师处于制度上的高位，学生处于低位，学生必须听从与服从教师，师生之间的关系就是统治与服从的关系。

在西方教育史上，赫尔巴特及其一脉相承的教育思想被称为传统教育思想。需要说明的是，在某种意义上，赫尔巴特的传统教育思想与中国古代教育思想中关于师生关系的主导思想非常一致，即更强调师生之间的上与下、指导与服从的关系。

到了 20 世纪，赫尔巴特的教育思想遭到了以美国教育家杜威为代表的进步教育派的批判。杜威认为，在教育过程中，学生以及学生的学习是一切教育活动的关键与核心。因此，在师生关系上，杜威强调儿童为中心，学生为中心。

与杜威教育思想一脉相承的是当代人本主义教育理论，该理论注重师生关系作为一种特殊人际关系中的情感，在师生关系上强调学生的需要、兴趣和个性发展，强调师生间和谐的人际关系，主张采用情感教育。该理论在当代教育中被极大弘扬，成为师生关系以及教育思想中占据主导地位的教育思想。

二、和谐师生关系的建构

如何构建和谐的师生关系，这是教育理论与实践中的关键问题。因为只有师生关系和谐了，才能有好的教育效果。很多教师都从经验中体会到，学生只有“亲其师”才能“信其道”，学生对教师有信赖、喜爱的情感，不仅会令师生关系和谐，而且会延伸到教师所教的学科。笔者几年前所作的一项调查显示，由于喜爱任课教师，所以学生喜欢该教师所教的课程。但是，换了教师之后，学生对该课的喜欢程度立即下降，不少学生还表现出厌学情绪。这充分说明了师生关系和谐对教学的重要意义。

现代社会是民主的社会，平等、尊重是现代人际关系的核心。这不仅表现在同龄人之间、上下级之间的关系中，也表现在两代人的代间关系中。在父母与子女的亲情关系上如此，在师生关系上也是如此。因此，师生之间的坦诚相对、彼此关怀、互相尊重、平等相处，是师生和谐、融洽、愉快的关键。

鉴于在师生关系中，尤其是基础教育阶段，教师是和谐师生关系的首要方面和主导因素，因此，本章对于如何构建和谐师生关系的讨论也是从教师角度来展开，即从教师角色要求方面进行讨论，而对于学生角色要求等则不作讨论。

角色是社会结构的最小单位，社会的每一种角色都关乎社会结构的稳定。因此，承担角色责任，履行角色要求，是稳定现有社会结构的需要。每一种职业都有特定的角色要求和职业道德，教师职业亦如此。那么，对教师角色有哪些要求？我们先看下面的案例（专栏 7-1）。

专栏 7-1

课堂血案：高中生持刀杀死老师

2008 年 10 月，山西朔州市第二中学发生血案，高一学生李明（化名，16 岁）入学不足一月，在没有任何仇怨的情况下，连捅班主任老师四刀，致其死亡。事情经过如下。

2008 年 10 月 4 日，朔州市第二中学（民办学校）晚自习时，高一 0816 班的班主任郝旭东（23 岁）早早就来到了教室。这是他参加工作的第一个月。晚 7 时 30 分左右，他轻轻地走到班长跟前，询问班费的收缴情况。当被告知有两名同学还没有缴，其中包括李明时，他抬起目光望向李明。

李明正在座位上抽着烟，烟盒放在桌子上。于是，郝走到李明面前，从他的手中拿走了烟蒂，把烟盒交给班长保管。然后继续走动巡视。7 时 44 分，郝旭东走到了李明的座位旁，李明突然站了起来，手中拿着一把弹簧刀，猛地刺向郝旭东的腹部。郝旭东忍着剧痛，捂着流血的肚子向讲台方向退去，但李明并没有就此罢手，他追上前去，一把搂住正向前门挣扎的郝旭东的脖子，右手持刀再次向郝旭东刺去，直到郝旭东倒在血泊中。约 10 分钟后，救护车赶到，但因失血过多，郝旭东在送往医院途中死去。

李明在 2008 年 9 月 18 日的日记中发泄了对初中时教他的两位老师的不满，声称“做鬼”也要杀他们。“不光是老师，父母也不尊重我，同学也是，他们歧视我……（因为我是）倒数第一、差生、坏学生，一块臭肉坏了一锅汤。我采用这种最极（端）的方法。我不会去后悔，从我这个想法一出，我就知道了我选择了一条不归路，一条通向死亡的道路，我希望我用这种方式可以唤醒人们对学生的态度，认识社会，认识国家，认识到老师的混蛋，让教育也可以改变。”“我就是个坏学生，还坏到家了……我的人生毁在了老师手上，我恨老师，更恨学校、国家、社会……我要发泄，我要复仇，我要杀老师。”

据李明的同学说，从入学起，李明就说过用刀砍老师的话，当日晚自习前，他和同班要好的同学说，不管当天晚上发生什么，他们都别动。还说，当天哪个老师来了他就捅哪个。大家都以为他是在开玩笑，也没有向老师反映。

（来源：山西新闻网，2008）

在这个案例中，16岁的高中生李明为何对教师有如此之大的仇恨？为什么用如此极端的方式杀死一个无辜的教师？在他和教师的关系中，究竟发生了什么问题？我们看到，初中时期两位教师对他的歧视是最根本和最深层的原因，而且这种歧视引发了非常可怕、极其严重的后果。

笔者认为，对教师来说，履行下面的角色要求，能够有助于和谐师生关系的建立和维持，从而产生教师所期待的教育效果。

（一）有爱心，爱学生

在孔子看来，仁爱是教师为师的根本所在。对于以教师为职业的人来说，同医生、牧师一样，仁心或者说仁爱之心是职业道德之基本。同时，作为以人际沟通交流为日常工作的教师，尤其是与儿童朝夕相处的人，同情、理解、共情的能力对他们而言比对其他职业的人更为重要。这是教师职业的特殊性使然。在美国的一项民意测验——盖洛普民意测验中，家长和学生最喜欢的教师品质是：具有理解人、与人相处的能力；有激励儿童，使他们产生动力的能力；高尚的道德品质；热爱儿童，关心儿童；献身教育事业，热情；态度友好，个性善良；仪容端庄，整洁。从中可以看到，这些品质主要是一种人际共处能力和共情能力以及对学生的爱心。

热爱学生就要对学生一视同仁。学生之间有许多差异，有的学生容易引发教师的好感、喜爱，有的学生则会使教师感到厌烦。教师应该控制这种情感，不偏爱某一个学生。

笔者参与的一项调查①显示，教师对于学习一般的学生比较冷漠，爱不起来，经

① 2009年12月笔者在江西某中学进行的关于师生关系的调查，本章所引用的调查数据及文字资料，如无特殊说明，均来自此次调查。

常忽视他们的存在，对学习困难生有时心存歧视，以至于连表扬都十分吝啬。有48.2%的学生表示自己“很少得到老师的表扬”，61.8%的学生认为“老师都喜欢学习好的学生”。下面是这次调查中学生写下的话：

——××老师，上课为什么总是骂我们？还说我们成绩差的没资格笑。

——××老师，不是只有成绩好的学生，才是诚实的。

——每个人都是好孩子，老师把我们分为“优生”和“差生”，看的都是成绩，从不看做人，这让“差生”很受歧视。

——你应该关心除了好学生以外的每个人，公平公正，而不能对差生置之不理。

——××老师，不要太偏心了，成绩不好也需要关心，你好像只看重学习，总是一副很难亲近、高高在上的样子。

——××老师，希望您多关心学习成绩不是非常好的同学。

考虑到在新课程改革过程中表扬常常被滥用的情况，这部分学生的境遇就更是令人同情。他们有时竟然连一个“廉价”的表扬都听不到！而且还时有挖苦和讽刺。下面是一段课堂观察实录。

（教师在课堂讲解卷子，学生们边听边改自己做过的卷子）

师：×××，你怎么不动笔？

生：（怯生生地）老师，我答对了。

师：（脱口而出）你还有答对的时候啊!?

生：……

师：（猛然意识到教室后面有听课的教师，忙补充说）答对好，越多越好。

可见，在某种意义上，爱“好学生”容易，爱“差生”难。事实上，所谓的差生更渴望教师的爱。那么，怎样对差生给予同样的教育爱？如孔子所说的“有教无类”？这或许是教师在教育实践中要认真面对的真实问题。从和谐师生关系的角度看，教师对学生的爱应是“博爱”和“普遍之爱”，而不应是偏爱和有选择之爱。

（二）尊重、信任学生

1994年在日内瓦召开的第44届国际教育大会重申：“尊重生命、尊重人的尊严和权利。”尊重学生不仅是和谐师生关系的核心，也是当代教育的基础。尊重学生的独立人格就是尊重学生的价值和个性，不仅包括学生的优点长处，而且包括学生的缺点短处。教师不可能喜欢学生的一切，但要认识到学生是一个有尊严的人。尊重学生表现为对学生的一种善意的、肯定的态度。

在现代社会中，尊重学生不仅仅是一种教育理念，而且应当成为日常的教育实践。遗憾的是，一些教师对于“尊重”仅仅停留在口号和理念的层面，而缺乏发自内心的教育实践。

在前面提到的那次调查中笔者发现，该校不少学生认为老师冷漠、呆板、严肃、不幽默、不亲切等，最关键的是教师对学生的尊重不够。下面是两个学生的话：

——请不要伤害我们的自尊心，让我们难堪。

——你讲题很快，而且不重复，总是把我们骂得狗血喷头，总是把我们和某班比较、骂我们，很伤我们的自尊。

信任学生同样是融洽师生关系的关键所在。信任学生，就是相信每个学生都是可教的、向善的、能教育好的，包括犯过错误的学生，这一信念来自对教育的信心。在这方面，苏联教育家马卡连柯对工读学生的教育案例给人们以极大的启发。在马卡连柯的工读学校——高尔基工学团——就读的学生，基本上是流浪儿童，每个学生都可以说是问题儿童，对这样的学生，马卡连柯的教育方式就是信任。一次，马卡连柯让一个有过偷窃行为的学生独自为学校取回一笔钱。该生感受到马卡连柯的高度信任，很好地完成了任务，后来在苏联卫国战争中成为英雄。

（三）了解学生、理解学生

毋庸置疑，了解学生是教师进行有效教育教学的基本前提。

师生之间存在着年龄、知识、思想、阅历等方面的差别，这些差别不利于师生之间的互相了解。了解学生本身就是一件费心的事，但必须要做，因为它很重要。对学生的认识不全面、不准确，就不能因材施教，就不能保证对学生作出公正恰当的评价，而这往往会导致学生产生一些消极和抱怨情绪。

一方面，现在的中学生出生在1990年后或2000年后，他们思维活跃、独立性强、见多识广、求新求变，尤其是网络的出现，极大地开阔了他们的视野，激发了他们的思维和想象力。另一方面，他们正值青春期，具有不成熟性与幼稚性。在这种情况下，了解学生，了解自己教育的对象，既是教师职业的要求，也是教师专业发展的关键内容。

笔者对某中学的调查表明，将近一半（46.6%）的学生认为教师不了解自己，既不了解他们的心理，也不了解他们的思想，师生之间存在着明显的隔膜。

对此，教师又是如何认定的？仅以教师对学生心理特征的了解为例。调查发现，教师对学生心理特征的了解比较有限。对于“我很了解当前学生的心理特征”的说法，认为“非常符合”和“比较符合”的教师比例仅为38.8%，而回答“不太符合”和“很不符合”的则高达61.1%。

也就是说，五分之三被调查的教师认为自己不了解现在学生的心理特征。这是一个相当高的比例。在这种情况下，学校的教育教学工作很难做到有的放矢。

被调查的教师不仅对学生的心理特征不够了解，而且普遍感到现在的学生“很难理解”。“现在的学生很难理解”的说法，认为“非常符合”（30.6%）和“比较符合”（48.6%）的教师比例高达79.2%。

将近五分之四的教师认为学生“很难理解”，这个比例实在是太高了。在这种情况下，教师当然也很难进行有针对性的教育，很难开展有效的教学和管理。以上调查反映出的问题，说明了师生两代人之间的确存在着代差和代沟，需要相互了解、理解与沟通。

教师对学生的理解在很大程度上决定了师生关系的好坏。在学校实践中，越是了解学生的教师，与学生的关系往往也越融洽。这类教师了解学生的年龄特征和个性差异，这使他们能理解学生的思想、情感和行为，接纳学生。而与学生关系不良、敌对甚至矛盾冲突不断的教师，一个主要问题就是对学生缺乏了解，不了解他们的年龄特征和个性差异，因此对学生的情感和行为不理解，对学生的总体评价偏低，容易产生不喜欢的感受。对学生的不理解导致教师经常误解学生的言行，学生感到老师对自己不理解，甚至歪曲自己的思想和动机，使自己蒙受冤屈，于是对教师产生不满、怨恨、敌对等情绪，导致师生矛盾。

教师对中学生心理特征的了解以及对学生的理解是和谐师生关系的前提，也是搞好学校一切教育教学工作的前提。如果师生双方隔膜、陌生、疏远，那么师生关系是很难融洽的。

教师可以通过多种渠道和方法了解学生，例如，书面档案、活动、调查、日常生活等。此外，还可以通过社会关系测量法来了解学生。

社会关系测量法是一种在小团体内测量人际关系状况的方法，用以了解小团体内部彼此的趋避。具体做法是：教师或者调查者随意提出一个问题让班级内的学生回答，用以了解学生人际关系的状况。比如："我们班要去春游（调查主题可以根据需要换为学习、做实验、社区服务、劳动……），要分几个小组，你最想和谁在一起？最不想和谁在一起？"然后把学生的回答收集起来进行统计，从中可以看出班级内学生的人际关系状况。

需要说明的是，运用社会关系测量法，需要一个班级内的学生互相有了一定的了解之后才能进行，一般适合成立半年以上的班级。

（四）实行民主的领导方式，创设和谐的人际关系氛围

研究表明，在民主的领导方式下，师生关系友好融洽，相处愉快；在专制的领导方式下，气氛严肃，学生对教师抱有敌对和反抗情绪；在放任式的领导方式下，师生关系松散，学生过分自由，不接受教师指导，也不尊敬教师。

创设和谐的人际关系氛围的主导者在于教师。教师的公正、正义与否是关键。从操作层面来说，教师可以从以下方面着手。

1. 关怀、接纳每一个学生。
2. 鼓励学生更多地参与教与学的活动。
3. 鼓励学生在课堂上主动发言。
4. 客观地听取学生的各种建议和意见。
5. 公平、公正地对待每一个学生。
6. 鼓励学生关心集体、关心同学，互相帮助。
7. 用肯定、赞扬或鼓励的方式对学生谈话。

……

需要强调的是，教师的人际沟通能力很重要。教师要善用沟通技巧，尤其是在批评学生的时候，态度要诚恳，口气要平静，善于自我克制，不含讽刺的味道，使学生体会到批评背后的善意。批评不是挑剔，挑剔是有意地暴露他人的弱点和短处，是要打击对方，伤害对方。善意的批评是帮助对方。

必须指出，和谐的师生关系是在活动和交往中建立起来的，因此，学校要从制度上保证师生有一定的交往频度，使师生的思想在交往中交流、碰撞和整合，改变师生仅仅在课上互动的局面，创造更多的互动机会，扩展交往的渠道，促进师生的互相沟

通和认同。

从教师方面来看，影响师生关系的教师行为有：对学生持过于否定的态度；管理和教育方法上过于专制；处理班级和学生问题小题大做；因个别学生犯错而惩罚全班，集体受罚；批评学生涉及人身攻击；为少数学生置全班而不顾。这些都会严重地影响师生关系，并导致教师在学生心目中的形象受损，威信降低。

三、师生冲突

师生冲突是指师生之间的言语冲突和肢体冲突等，它是一种公开冲突，可分为一般冲突和严重冲突。

教育社会学的互动论者倾向于把师生关系看成是一种冲突的情境，在此情境里，师生都有他们所要达成的不同目标，每一个当事人都企图发展出各种策略以迫使其他人接受当事人对情境的特殊定义。（杭特，1987）[304] 在互动论者看来，师生关系本身即是一种具有潜在冲突的情境。从中学的情况看，师生冲突是一种客观存在的事实，这种冲突既有一般冲突，也有严重冲突。发生师生冲突并不可怕，关键在于如何化解冲突。在某种意义上可以说，化解冲突的能力集中体现了教育者的教育经验和教育智慧。

（一）一般冲突

在教育实践中，中学师生之间的一般性冲突主要表现为言语冲突。从教师方面看，某些教师不能冷静地处理师生间的问题，致使师生矛盾、师生冲突时有发生。从学生方面看，由于学生的思想道德发展水平各异，并受到不同的社会影响，因此，个别学生也有对教师的不敬与挑衅，从而导致师生冲突。师生之间的言语冲突主要有：教师挖苦、讽刺、谩骂学生，学生谩骂、攻击、污损老师，以及师生之间互相谩骂、恶语相向等。

除此之外，体罚也是师生间一般性冲突的表现。尽管我国《义务教育法》和《教师法》都明文规定不许体罚学生并指明了体罚的后果，但是，在中小学尤其是农村中小学中，体罚仍时有发生。笔者对某中学师生关系的调查发现，体罚在该校并非个案，某些教师经常体罚学生，如罚站、把违纪的学生赶出教室、赶回家中不让上学等。这使得原本比较疏远、淡漠的师生关系变得更加紧张，也往往成为师生严重冲突的导火线。

（二）严重冲突

严重冲突是指师生之间的肢体冲突，既包括教师打学生，也包括学生打教师，以及师生对打。就中小学尤其是义务教育阶段的一般情况而言，学生往往处于弱势地位，因此，师生之间的肢体冲突绝大多数是教师打学生，一般多是打耳光。个别的也有学生打教师，极端的甚至使用刀子等凶器，但原因往往是学生屡遭讽刺、挖苦和冷遇，对教师积怨日深。

师生冲突尤其是肢体冲突是校园内的重大事件，若处理不当，易形成师生对立的僵局，对双方当事人都造成伤害，且对于以后的师生互动产生更多负面影响。

（三）师生冲突的原因

师生冲突的起因是多方面的，原因也很复杂，有时不仅涉及师生双方，还可能涉及家长、学校领导以及学校所在社区，其中哪一个方面存在问题，都有可能引发师生之间的冲突。以下仅从教师和学生角度对引发师生冲突的原因作简要分析。

从教师方面来看，引发师生冲突的原因大致有如下几种。

1. 教师行为失当

教师处理问题时，由于掌握的信息不全等原因，往往导致处理不当或失误，或者虽发现错误，却因顾及面子而没有进行纠正，这些通常会引起学生的不满，导致师生冲突。还有的教师处理学生问题简单化，向家长“告状”，从而引发师生之间的冲突。

2. 教师行为过错

教师对学生过于冷漠，缺乏爱心，处理学生问题不公正，或者动辄教训、讽刺挖苦、体罚学生等。

3. 教师心理失衡

教师的个人需要得不到满足或人际关系处理不当，有时也会引发师生冲突。如教师有时会将生活中的烦恼和不满发泄到学生身上。

从学生方面来看，引发师生冲突的原因主要有如下几种。

1. 学习成绩问题

在应试教育的环境下，学生成绩不好往往成为师生冲突的导火线。还有一些学校把学生成绩和教师的奖金或晋升挂钩，导致教师对于学生成绩问题过于敏感，引发师生冲突。

2. 纪律问题

诸多师生冲突的第一起因往往是学生违反了纪律，比如课堂纪律，教师在维持纪律过程中情绪失控或做法失当，导致学生不满，进而引发冲突。

3. 青春期逆反心理

不论是在生理上还是心理上，中学生都处于从半成熟期向成熟期过渡的时期，青春期的逆反心理是引发师生冲突的重要原因之一。

总之，引发师生冲突的原因很多，比如学校管理的问题、社区不良因素的影响等，难以一一罗列。更重要的是，师生冲突有很强的情境性，也就是任何师生冲突都发生在特定的时空情境下，必须具体问题具体分析。

（四）师生冲突的化解

在某种意义上可以说，有人际互动，就有冲突存在，师生冲突亦不可避免。其实，师生日常的教育生活就是一个冲突的情境。师生冲突并不可怕，关键是如何化解冲突。如果冲突不能很好地化解，往往会导致更大、更严重的冲突。

下面是一个师生冲突的案例（专栏 7-2），我们将通过这一案例来分析学校师生冲突的化解之道。

专栏 7-2

女教师被逼给学生下跪后进精神病院

王×系攀枝花市仁和区新华中学初三（1）班学生。2008 年 9 月 27 日晚第一节晚自习，该班班主任李老师（女，28 岁）征求走读生上早晚自习的意见时，王×说：“可不可以早晚自习都不上？”李老师没有回答，接着用擦手的卫生纸向王×扔了过去，卫生纸打在王×脸上后掉到地上。接着李老师说：“你给我把卫生纸捡起来。”王×未捡，李老师把王×喊进了教师办公室，叫王×站着，用书本去打王×的肩膀。王×不服就还了手，于是双方发生了冲突。

校长巡视教室发现李老师在办公室骂王×，了解事情经过后校长批评了王×，并通知了家长。其父母等到校后，校长对双方进行调解。王×说：“李老师，今晚的事是我不对，请李老师原谅。”李老师说：“今晚的事，要么王×转学，要么我报警，反正我不能再管你了，三年级一班本来就不好管，你叫我今后怎么管……。”家长说：“李老师，孩子不对，就原谅他这一次，还是继续让他在三年级一班读书。”李老师不同意。校长说：“王×动手打人肯定不对，要么这样，给王×一个处分，给他一个改正错误的机会。”王×的家长也表示同意，但李老师仍不同意此方案，转身出了校长办公室，调解未果。

事发后11月10日，王×父母和亲戚两次到学校找校长，要求王×仍在该校读书。由于李老师不在，学校未调解成，后商定11月16日下午到一农家乐饭馆协调此事。11月16日下午三点左右，学校校长陈××、德育主任唐××、李老师和王×的三位亲戚均到场，双方开始协商。王×承认了错误，向老师道了歉。李老师同意其回校读书，并要求该生写个保证书，王×答应了。接着，学校领导也都表了态，要求王×回校后好好改正以前的缺点，遵守纪律。于是大家一边喝酒一边说些闲话，因喝酒说话就有一些情绪，桌上的气氛开始有些紧张。这时，李老师出到门外接了一个电话后，回到餐桌旁说：“我给你们跪下了，我求你们了。”说着一边跪下，一边就拿瓶子倒酒喝。此次调解就这样不欢而散。校长安排唐××把李老师送回学校。

第二天，李老师住进了精神病医院。新华中学为李老师垫支生活费、住院费共5000元。

据另文介绍（讲述者为李老师丈夫），事情发生后，王×的家属多次到学校大吵大闹，还曾经带了十多个人，在办公室围着李老师威胁谩骂。吃饭时王×的姨爹说，他曾经在修建成都市政府大楼时认识了很多高官，另一个亲戚用威胁的口吻对李老师说他曾经坐过牢。这时，李同意王×回自己班就读。吃饭时李打电话对其夫哭诉：“他们太欺负人了，我已经道了无数次歉了，他们还不原谅我。我不知道怎么办了，他们的意思是想让我给学生下跪，我想死……”

攀枝花市精神病医院诊断李老师为“急性应激障碍”。

（来源：四川攀枝花市仁和区教育局，2008；李鸿睿，2008）

这是一个师生冲突的典型案例，非常具有时代特征。

这个案例具有师生冲突的多个要件。例如：教师不尊重学生（用纸团掷学生、骂学生、用书本打学生），因一点矛盾令学生转学；学生提出无理要求、学生打教师，学生家长以势压教师等。在这个案例里我们看到，校方也力图化解师生冲突，并采取了一定的办法，遗憾的是不仅没有解决问题，反而引发更大的冲突，致使三败俱伤：当事学生无法复学，当事教师住进精神病院，学校声誉受损，“臭名”远播。

从学校领导来说，作为第三方，对于师生之间的重大冲突，宜采取更为智慧的处理办法。下面结合该案例，讨论处理师生之间重大冲突的几个基本原则。

分析一：在该案例中，当师生发生严重冲突时，校领导首先应该将冲突的双方隔离，以避免事件升级，但是案例中学校校长没有这样做，而是急于解决问题，使事态扩大化。

原则一：师生发生严重冲突时，要迅速隔离冲突双方，避免事态扩大，更要防止聚众起哄。

分析二：在该案例中，校领导处理的不当之处是，在师生双方没有澄清事实、化解争议之前，就急于安排双方见面解决问题。不仅如此，还把学生家长及家族成员也卷了进来，导致事态迅速扩大，更加严重，从师生冲突演变为当事教师和学生家长、家族成员的冲突。

原则二：在冲突双方澄清事实、化解争议之前，应当尽量避免双方会面，以免造成情绪激化，扩大冲突。

分析三：在该案例中，学校领导的另一不妥之处是没有分别对当事教师、学生进行情绪安抚，致使师生双方的情绪没有得到及时化解，而是更加对立。

原则三：师生冲突后，校领导应分别并及时安抚教师、学生的情绪，了解事情发生的原因与经过，并适时接纳其情绪感受。

分析四：案例中学校领导的工作作风粗糙、简单，没有最大限度地在师生之间寻求共识，在促使学生真诚道歉与教师宽容接纳方面也做得非常不够，致使双方的分歧难以修补和弥合。

原则四：师生发生冲突后，校领导应仔细了解真相，从而化解争议，弥合分歧，寻求共识。

分析五：案例中的师生矛盾冲突完全可以在学校内师生当事人之间解决，不论是学生，还是教师，都是通情达理的，只要做好化解工作，根本不会出现后来的严重局面。校方未能制止家长方面的过激做法，也是其教育无能的表现。

原则五：发生师生冲突后，除非特殊情况，不要将矛盾扩展到当事人之外。

此外，从这个案例中也可以看到，在我国社会变迁过程中，由于各阶层之间的利益不同，学校中的师生冲突有了更复杂的经济社会背景，需要我们用更多的教育智慧去分析和化解。

四、社会变迁过程中学校师生关系的变化、问题与建设

从全世界范围来看，当代社会最大的变化就是知识社会、信息社会的来临以及全球化的挑战。

从中国的情况看，目前正在经历着巨大、剧烈的社会变迁，这就是从传统社会向现代社会转型，从农业社会向工业社会、后工业社会转型，包括近改革开放以来从计划经济向市场经济转型。

（一）社会变迁过程中人际关系的变化与教育改革

在社会变迁过程中，我国原有的社会结构、社会制度、社会关系都发生了重大的变化，如同社会政治关系、经济关系等的变化一样，社会人际关系也发生了巨大的变化，其实质是人际关系从传统社会的特殊性关系变为现代社会的普遍性关系。例如，中国古代人际关系的准则是父慈子孝、夫唱妇随、兄友弟恭、君义臣忠，人际关系因人而异，具有特殊性和相对性。由于现代社会是个陌生人的社会，并且人口快速流动，因此，这种特殊主义的行为准则就失去了存在的土壤。现在人际交往中遵循的是礼貌、相互尊重、公平、守信用这种普遍适用的行为准则，也即遵循普遍准则，这就是现代社会的人际关系的准则。

与此同时，在社会变迁过程中，两代人之间的代际关系也发生了重大变化。代际关系变化的核心是几千年来几乎一成不变的文化传递模式的变化。在人类历史上，第一次出现了文化的反向传递，即年轻一代向年老一代传递知识和技能，如电子计算机和网络知识都是青年人首先掌握并传给年长一代的。时至今日，年轻一代对网络的熟悉程度要远远高于年长一代。在某种意义上，文化传递模式的变化颠覆了长期以来年长一代的话语霸权。两代人的代间关系从尊卑上下模式走向民主平等。在社会变迁中，最重要的人际关系变化就是代际关系的变化，家庭、学校中的代际关系也都发生了前

所未有的重大变化。

在社会变迁过程中，教育改革也是题中应有之义。

20 世纪末以来，各国都在进行新的教育改革，其目的是使学校适应社会的发展，为不断变化的社会培养新人。

现代教育越来越重视师生关系，重视师生交往中的情感因素，认为教育必须从建立教育关系入手。20 世纪中期开始出现了人本主义教育改革思潮，其核心就是改善师生关系。

我国目前正在进行的课程改革的目标是“一切为了学生的发展，为了学生发展的一切”，关键词是学生。这就是新课程改革所倡导的教育关系的理念，也是当代教育改革中师生关系的指向。因此，当代师生关系实际上是学校共同体中的合作伙伴关系。正如联合国教科文组织的文件《从现在到 2000 年教育内容发展的全球展望》所指出的，“指令性和专断性的师生关系将难以维持，一个有创造性的教师……更多的是一名向导和顾问。”（拉塞克，1996）[105]

另外，在知识和信息社会，知识更新的速度极大加快，出现了所谓的知识爆炸。对于以知识传播为志业的教师而言，在信息社会中，在某种意义上，教师对知识信息的垄断地位正在丧失或者已经丧失，因此，在师生关系上的教师专业权威受到前所未有的挑战。在这种情况下，教师权威的获得应来自教师的专业知识、专业精神与专业方法，高尚的道德人格以及敬业精神和责任感。教师应以人格和精神的感召来赢得学生的信赖，非此则会遭到学生的轻视与不屑。

专栏 7-3

教我们班的英语老师……我们班起码三分之二的同学都讨厌她，不想让她教，因为基本上每堂课都会出错，我们提的问题她有时候就答不出来，还说回去跟其他老师商量一下，而那些问题让我们原来的英语老师讲，肯定能讲得很迅速而且特别清楚，她自己的知识库里的东西特别少，还敢给我们讲课，我要是她我都觉得丢脸。于是我们想把她换掉，但一直找不到好的办法，如果我们大家每人签个名把她换掉，但很多人不想签名，有人说是怕伤了那个老师的心。所以我们又想了第二种方案，让家长跟班主任说，但我们觉得大多数家长肯定会说是我们自己的问题，不应该赖人家老师。所以，我希望诸位帮帮忙，给个好方案，感激不尽!!!

（来源：佚名，2008）

（二）学校师生关系的变化与问题

现在，中国社会正在经历前所未有的社会变迁，各个阶层的利益都在改革中重新调整，出现了一些新的社会矛盾和社会问题。例如腐败问题、贫困问题、失业问题、社会治安问题、环境污染问题、卖淫嫖娼问题、色情与艾滋病问题等。这些社会问题从各个方面构成了教育发展的社会背景，成为青少年成长的社会环境的一部分。这一教育的外部环境的变化对学校教育产生了重大影响，师生关系日渐冷漠就是这种影响的表现之一。师生关系淡漠化、表面化、功利化，师生关系紧张，师生冲突越来越多，甚至出现了学生杀老师、老师打死学生的恶性事件。

1. 教师形象变化，师生伦理关系淡化，师德滑坡

学为人师，行为世范。中西方古代的教师都承载着行为楷模的责任，即作为儿童的榜样出现在儿童中，引领学生的人格成长。教师对于学生，不仅教授学业，也进行人生的指导。因此，教师对自身的道德应有较高的要求，给学生做榜样和楷模。故培养教师的学校被命名为师范学堂、师范学校、师范大学。

在现代化的背景下，教师的伦理形象发生了变化，在某种意义上，与其他的职业一样，教师是一种职业。20 世纪 60 年代以来，教师职业向专业化转变，教师的伦理形象开始淡化，而专业形象尚未完全建立起来。在这种情况下，当教师职业被自命为养家糊口的岗位时，教师对自身的伦理责任不甚关注。与此同时，教师的专业权威又没有完全建立，屡屡受到学生与家长的挑战。

另外，在我国社会转型时期，社会整体道德水平下降了。从教师群体看，现阶段出现了师德滑坡甚至师德沦丧。一些教师个人中心主义至上，缺乏敬业精神，更多关注个人利益，工作得过且过，不负责任，师生间感情生疏、关系平淡，教书育人的价值取向淡漠。与此同时，社会对教师在道德上为人楷模的要求没有降低，反而更高，这一社会期待与师德滑坡现象形成了鲜明对照。

专栏 7-4

女教师课堂上遭学生扇耳光

王老师是北京某重点中学的化学老师，2008 年 9 月开始利用周末时间到十一培训学校辅导高一年级化学课。11月16日，她到十一培训学校上课，课堂上有两个女生没有认真听讲，一边玩手机一边讲话。课后，王老师让两名女生到班主任办公室，不料同校一男生跟着一起走出教室。在走廊里，这名男生与王老师发生口角，并骂了脏话。后王老师返回教室上课，三名学生当天没有回到教室。

11月30日，王老师到培训学校上课。课上，王老师依次给学生发讲义，未发给那三个学生。三个学生跟王老师要讲义，王老师说："你们先给老师道歉。"结果男生冲上讲台抢了王老师手中的讲义，撕碎后摔在了老师脸上。王老师说，"没见过你这么混的学生。""你骂谁混蛋呢?"该男生问。"就是你。"王老师说。随后这名男生就扇了王老师一巴掌。之后，两人开始扭打，被同学制止。经鉴定王老师属轻微伤。事后，男生家长向王老师表示道歉，并给了3000元赔偿。后该学生被学校劝退。

（来源：郝涛，2008）

在专栏7-4的案例中，王老师到培训学校教书只是为了多赚些钱，师生之间教书育人的伦理关系非常淡化。在这种情况下，王老师处理学生问题失常、失态，不仅和学生对骂，而且发展为对打。可以看到，作为教师，王老师在专业态度、专业精神和专业伦理方面非常缺失。在学生面前，教师的伦理形象与专业形象都荡然无存。

另外，在这个案例中，导致师生发生冲突，教师要负一定责任甚至主要责任，但是学校为了顾及教师的面子，仅仅处分学生，王老师未受批评，也未道歉。这样就会使学生感到很不公平。应该说，这在某种程度上会加剧师生之间的紧张关系，更无助于师生关系的改善。因此，尽管学校的处理维护了教师的面子，但是，在更大范围内却损害了教师整体的社会形象。

2. 师生代际文化差异与代际文化冲突

师生文化是一种代际文化，既有成年文化，也有青年文化，也就是教师文化和学生文化，师生关系也是一种学校文化关系。因此，师生关系中的问题有些实际上是文化分歧和文化冲突问题。下面是笔者在某中学进行师生关系调查时，学生就政教处写下的感受。

"一想到政教处，我就……"

——有点害怕，因为一到政教处就不会有好事情发生。

——会想到一些犯错的学生。

——害怕，紧张。

——有点害怕，那里是处置不听话的坏学生的地方。

——想到自己会不会犯错。

——怕犯错误。

——有一些紧张和害怕。

——很害怕，怕某一天我进去了。

——觉得那是坏学生才去的地方。

——非常害怕，不敢进去。

——觉得心理压力大。

——有点害怕，总担心自己是不是不小心犯了错误。

——生气，因为一点小事情找你，搞得事情好像很严重似的，每次训人都要30—60分钟。

在上面的资料中，由于该校政教处处理问题失于简单等原因，政教处在学生的心目中成了令他们“害怕”的地方。从中我们可以看到两代人之间在认识与判断方面的错位和冲突。

另外，对于成人社会来说，青少年是所谓的边际人，也就是说，他们在社会生活中处于边际地位。他们是理想主义的，对社会问题具有批判态度，有时也可能是偏激的。那么，教师应当如何对待有独立思维的学生？如何对待所谓的异端？在师生之间思想观念、价值观发生冲突时应当怎样处理？

华中师范大学第一附属中学高二学生李红豪在期中语文考试中写了一篇作文，题为“草菅人命”。文中批判了学校、教育制度和专制主义，因此被老师批为“自毁前程”。班主任要求他：“不改变思想，就不要再进教室。”于是他在家停学14个月。（李宏宇，赵大伟，2010）此事引起了社会的极大关注。

该班主任的做法是非常错误的，师生之间的思想观念、价值观等文化冲突不能用这种简单的方式加以解决，而应该采用价值澄清的方式进行分析和讨论。其实，教师和学校应从文化多元、文化分歧和文化冲突的角度，思考学生“不听话”、“不好管”的问题乃至所谓的异端，这实际上有利于从深层次去改善师生关系。

3. 师生关系渗透了利益关系与金钱关系

在市场经济的条件下，尤其是教育产业化的误导，教育成为一些人赚钱的机器，教育的性质发生变化，如义务教育阶段的高额择校费、赞助费，使师生关系变成了赤裸裸的利益与金钱关系。在学校内部，有的学校把学生考试成绩与教师工资奖金挂钩，教师和学生之间因为学习成绩的问题关系紧张，矛盾冲突不断。一些学校乱收费，教师处于收费一线，充当了收钱者的角色，教师形象极大受损，并引发了诸多师生冲突。

专栏 7-5

初中女生偷家里钱交学校遭家长责骂后自杀①

2008 年 10 月 25 日早晨，安徽灵璧县第四中学一女生在家中喝农药自杀。原因是偷拿家中钱交学校的餐费、校服费等费被其父责骂。

张××是灵璧县灵城镇高许村村民。家里有四口人，其女美美在第四中学上初一，生活艰难，农闲时要出去打短工。

10 月 22 日，张××出门前，留下约 500 元，作为两个孩子和老人的生活费（其妻早已去世）。10 月 24 日，张××有事回家，发现生活费少了 380 元，美美告诉他，自己拿去交给学校了。“我问她为什么要偷拿家里的钱，她说，这钱是学校的早晚餐费和校服费，如果不交的话，就不能上早晚自习。”张用严厉的语言“说”了女儿。第二天早上发现，美美喝农药自杀死亡。

家长认为，灵璧县第四中学乱收费致其女死亡，因为不交“不能到校上早晚自习”。校方表示，收取餐费和校服费是学生自愿的，学校没有强迫。出事后，校方找到张××，签下了一份协议。协议主要内容为：“美美在没有经其父亲同意的情况下，从家拿了 380 元交生活费，父亲知道后，一时气愤说了美美，致使其一时想不开而在家服毒自杀，与学校无任何关系……鉴于美美死亡一事与学校没有任何关系，学校出于对本校学生的关爱和对死亡学生家长的安慰，经双方协商同意：学校一次性付给张××7000 元……相关事宜到此全部结束。”

张××坚持认为，是学校乱收费导致其女自杀。其他家长说：这笔钱说是自愿，其实是有条件的“自愿”。因为“不交钱就不能上早晚自习，得不到老师辅导”。

（来源：武长鹏，2008）

① 引用时隐去当事人的真实姓名。

在专栏 7-5 的案例中，初中学生美美因为偷拿家里的钱交学校的餐费和校服费而自杀，这是一个悲剧。在某些农村地区尤其是贫困地区的学校中，因学校收费——不管是合理收费还是乱收费，类似悲剧并非鲜见。

尽管 2008 年秋季之后，中国城乡义务教育实现了全面免费，但是，在贫困地区和部分贫困人群中，因收费而导致的师生关系紧张、矛盾和冲突时有发生。如案例中不交钱就“不能到校上早晚自习”。师生关系被蒙上了阴影甚至演变为金钱关系，导致师生之间的紧张和对立，这不能不说是对师生关系的极大损害。

4. 师生关系中的法律规限与法律关系

在现代社会，师生之间还有法律关系，义务教育阶段尤其如此。师生关系要在法律规定的范围内展开。例如，2008 年 5 月 12 日汶川发生强烈地震，在地动山摇的时刻，高中教师范美忠丢下全班学生，第一个跑出教室，他本人也因此被网民称为“范跑跑”。在这一事件中，折射出的教师所具有的法律责任是什么？在万分危急的情况下，教师舍身救学生（未成年人），是教师职业的“必须”还是“应当”？也就是说，舍身救学生是教师的伦理责任还是法律责任？这些都值得人们深入思考，更需要教育法律研究给予界定与澄清。

再如，教育法严禁体罚和变相体罚学生，但是，在教育实践中体罚事件屡有发生。下面是笔者在一次调查中对一位初中一年级学生的访谈片段。

访谈者：你和主任关系挺好的？
学生：现在还好，（反问）你们对老师体罚学生有什么看法？
访谈者：当然是不应该的，学校里有这样的事情吗？
学生：我每星期都能看到一两次，就我们班。
访谈者：体罚都什么形式呢？
学生：打手可以打，但是打脸！

下面是体罚学生引发悲剧的案例（专栏 7-6）。

专栏 7-6

不堪教师体罚，学生服毒自杀

2003 年 11 月 19 日，安徽泗县小骆中学学生陈贤告诉爷爷，老师最近几天总打他耳光。于是爷爷带着孙子到学校了解情况，班主任卞老师告诉他，打陈贤是因为他在自习课上打扑克牌、上数学课说话等违纪行为，而且还顶撞地理老师。了解情况后，爷爷连忙对卞老师赔不是，告诉他小孩子“该管还要管”。看到爷爷不仅没有帮自己说话，反而向班主任道歉，陈贤扭头跑回家。陈贤一句话也不说，只在埋头写字。不识字的老两口以为在学习，于是放下心，就到东院邻居家去看电视。当天中午 12 点左右，陈贤因喝农药自杀，抢救无效死亡。

陈贤自杀前一周内发生的事情：

11 月 14 日晚自习时，是高老师的地理辅导课，陈贤离开座位去捡东西，被高老师看到，要求他到前面来，因为当时旁边还有别人，陈贤没明白老师究竟是让谁去前面，高老师认为他不听话，就打了陈贤两个耳光。陈贤情绪激动，问：“你为什么打我？打人是犯法的。”

11 月 17 日下午第三节自习课，班主任卞老师发现陈贤等三名同学打扑克，每人打了一个耳光。

11 月 18 日上午第二节数学课，陈贤等三名同学在课堂上讲话，被班主任每人打了一个耳光。

（来源：佚名，2004）

体罚虽然已为《义务教育法》所明确禁止，但是它在实践中却屡见不鲜。在这个案例中，几位教师先后对学生陈贤进行了体罚。该校两位教师说，教师“教学的压力”是“体罚的主要原因”。因为，安徽泗县比较贫困，教师短缺，而小骆中学每个班级人数达 80 多人，而且还有“各种教学测验和评比”。这种解释说明了什么？教师体罚要承担哪些法律责任？体罚禁而不止的原因究竟在哪里？教师行为的法律底线在哪里？对于这些，我们应作更深入的社会、文化、经济、心理等分析，从而真正杜绝产生体罚的土壤。

5. 师生关系中教师专业权力的扭曲

教师拿手中的专业权力交换利益的情况屡见不鲜，如利用手中的权力向家长索贿。例如，某中学某班，凡家长给教师送重礼的，孩子就被排在前面的好座位，否则，就被排在差的座位。一位学生家长因为教师节没有给教师送礼，孩子突然从前面被调到了后面，直到家长给该教师送了礼之后，孩子才被调回到原座位。这种教师的行为已经到了毫无羞耻、无所顾忌的程度。

下面是一位记者眼中教师节家长竞相给教师手机充值的片段：

> 在移动营业厅，一个小学生家长语无伦次地打电话，4个电话说辞都一样，寒暄一通后都是在结尾说："马上教师节，那个，老师你挺辛苦的，我们不知道买啥，马上给你手机充点值，我们家长的一点心意……"

其实，给教师充话费已经不稀奇，家长行贿教师的方式五花八门。从请吃请喝到送商场超市购物券、景区门票、家电、红包、健身卡、保健品、化妆品、购物卡、现金等，一应俱全。

教师以自己的专业权力交换各种利益，这是教师专业权力的滥用，也是教师专业权力的腐败利用。那么，在基础教育阶段的中小学，教师的专业权力应当怎样行使？尤其是在社会风气不好、腐败问题严重的现阶段，教师要怎样运用自己的专业权力？这些问题值得深思。

（三）现阶段师生关系问题的社会原因简析

1. 教师和学校对我国社会变迁过程中学校教育环境的变化及其复杂性认识不够

我国实行改革开放已经30多年了，社会处在巨大而剧烈的变迁之中。在这种情况下，学校教育的现实环境发生了巨大的变化。学校教育要面对诸多新问题、新挑战。例如：现代化和城市化进程中经济关系、社会关系、家庭关系、人际关系的巨大变化，环境污染、贫困、失业、离婚、单亲家庭、色情、暴力、吸毒等社会问题，独生子女问题，农民工问题，留守儿童、流动儿童问题等。这些是教育的既存、现存的社会环境，是当代学校教育所面对的真实环境，也是青少年的成长环境。这些都是客观存在的，并且不可能在很短的时间内得到解决，或者说只能在社会变迁过程中逐步加以解决。这就是当代学校教育、学校德育必须面对的社会环境与社会事实。我们的教育、德育只能在这样的背景和环境中展开。

因此，教育工作者尤其是教师必须面对这一事实，认识学校教育环境的巨大变化及其复杂性，去掉不切实际的学校、家庭、社会高度一致的幻想，立足于这样的现实环境开展学校教育工作。

2. 教师和学生之间存在代差、代沟与代际文化冲突

学校文化是两代人的文化，有教师文化和学生文化，教师和学生各自成长于不同的年代。更重要的是，改革开放三十多年来，我国的社会变革极为迅速，新思想、新观念不断涌现，出现了新的价值观、道德观、世界观。从观念上说，代际时间段越来越短，以致时隔几年就能感到明显的区别。例如，大学三四年级的学生到高中实习时就感到对高中生不了解了，其实他们也就年长高中生四五岁而已。更何况是中学的师生之间？因此，在中学客观上存在着代差和代沟。

另外，学校文化是一种代间文化，因此存在两代人的文化冲突，这种矛盾冲突实际上是代际文化冲突。浅层次的文化冲突，主要表现在学生的服饰、发型等表征性符号方面，深层次的冲突更多地表现在价值观方面，如对于权利、公平、正义、民主、平等、自尊、自由等的认识与理解。

解决师生文化冲突的方式是进行文化重构。重构学校文化是改善师生关系的基础。重构学校文化即进行学校文化创新，主要是制度和精神文明建设，使师生有共同信仰、追求和价值观。同时，加强教帅对青年文化的理解，以及对文化冲突的理解和调适能力，教师要理解和包容学生。

3. 教师的专业态度、专业精神、专业道德等方面的欠缺

教师的专业态度、专业精神、专业道德是教师个体专业发展的重要方面。目前师生关系的不和谐，主要不是教师专业能力的问题，而是教师专业态度、专业责任感、专业精神、专业道德的问题。例如有的学校青年教师前进的动力不足，中年教师安于现状，老年教师则是职业倦怠，教师没有或者说失去了专业发展的动力。在这种情况下，教师怎么会主动去建构和谐的师生关系？

因此，要解决师生关系中的问题，首先要解决教师方面的问题，核心是教师在专业态度、专业道德、专业精神、专业能力等方面的提升。

（四）和谐师生关系的构建

现在，学校的教育环境的复杂性超过了新中国成立以来的任何一个时期，需要用更高的教育智慧去分析处理一切学校教育问题。既要认识、分析各种社会问题对学生的影响，也要认识、分析家庭社会经济背景对学生的影响。在和谐师生关系方面要有创新性思维，不能用老一套来解决今天师生关系遇到的新问题。从教师和学校方面来说，建构和谐师生关系可以有如下思路。

1. 树立新的学生观，了解和理解学生文化

（1）新的学生观是一种全面的学生观。所谓全面的学生观，首先指面向所有的学生，其次指面向学生的所有方面。这就要求教师在教育教学中做到一视同仁、公平公正，同时要求教师不仅看到学生的缺点，更要看到学生的优点。

（2）新的学生观是一种平等的学生观。所谓平等的学生观，是指教师与学生互动时要有一种平等而不是居高临下的姿态。同时，教师要多从学生的角度出发来审视问题，做到换位思考。

（3）新的学生观是一种积极的学生观。所谓积极的学生观，就是教师要摒弃对学生的成见和偏见，改变对学生的刻板印象。

新的学生观是师生有效互动、相互了解、相互理解的前提。除了观念的变化之外，学校要努力创设师生有效互动的各种具体途径，创造机会增加师生之间的相互了解与相互理解。

同时，教师和学校要从积极方面看待和理解当代中小学生和学生文化，教师要主动向学生学习，真正做到教学相长，在相互学习的过程中增进两代人之间的互相理解，逐步缩小代际文化差异和代沟，使两代人共同成长。

2. 改变刻板的学生评价观念，丰富评价指标

引发师生矛盾、师生冲突的主要原因是教师基于学业成绩对学生的负面评价，这种评价使师生双方都产生了很强的挫败感和无意义感。因此，改变学校刻板的学生评价观念和评价体系显得尤为重要。

评价观念和评价指标的改变与丰富，涉及的因素很多，大到社会结构、社会观念、教育制度的变化，小到每一所学校、每一位教师的观念改变，是一个全局性的问题和系统工程，也绝非一朝一夕之功。但是，在这种情况下，学校仍然可以有所作为。具体而言，学校的学生评价体系可作以下调整。

首先，优化现有的学业评价指标，教师要真正认识到：

（1）学业评价不能简单等同于考试成绩；

（2）学业评价不能仅仅局限在中考、高考的科目上；

（3）学业评价不能一刀切，应该体现因材施教的原则，让每个学生都体会到学习的成功和乐趣；

（4）学业评价是变化性的，要用一种发展的视角去看待学生的点滴进步。

其次，丰富现有的学生评价体系。“多一把尺子就多一个好学生。” 在对学生进行评价时，要摒弃单一的学业标准，以一种欣赏的眼光看待学生成长的方方面面，尽量挖掘学生身上的闪光点。

在这方面，一些学校的做法值得参考和借鉴。有的学校除了设置传统的“三好学生”之外，还设置了众多的“明星”。如进步之星、体育之星、音乐之星、助人为乐之星、绘画之星、创造之星、孝顺之星，等等。这些“明星”主要是由学生评比认定的。还有一些学校模仿中央电视台的“星光大道”栏目在全校范围内选拔各类“明星”。这些做法有利于学生更好地认识自我、悦纳自我，也有利于教师和学生之间的相互理解。每个学校都可以参照这些经验，完善和丰富现有的学生评价体系。

3. 形成教师的专业态度，提升教师的专业道德

教师的工作是教书育人，中小学教师的工作对象是未成年人。师生关系的问题其实主要是教师问题（尤其是在义务教育阶段）。也就是说，如果师生关系发生了问题，原因多在教师方面，因为教师是成年人，是教育者，在师生关系中起主导作用，在某种意义上可以说决定了师生关系的方方面面。

从学生方面看，中小学生作为成长中的人，由于其身心发展尚不成熟，难免会犯错误。教师对于学生成长中的错误，应该给予宽容与理解，不要简单采取惩罚的手段去解决问题。当教师与学生发生冲突时，一定要学会“冷处理”，真正的教育艺术往往产生于冷静思考之后。如果教师正确运用“冷处理”艺术，不仅能解决问题，同时也维护了自身的形象，更重要的是尊重了学生，避免了对学生感情的伤害。

在上述基础上认识和理解学生，才是教师应有的专业态度和专业精神。教师只有具备这样的专业态度和专业精神，才能够产生“一切为了学生的发展”的专业伦理与专业道德。

毫无疑问，教师专业态度的形成，专业能力的提高，专业精神和专业道德的提升，对师生关系具有根本性的积极影响，对于师生关系的和谐具有重要意义。

4. 丰富教师的专业方法

要建构和谐的师生关系，从操作性角度看，教师还应具有丰富的专业方法。

每个教师都在日常教育生活中形成和积累了自己的经验与教训，教师要善于总结和反思，从而提高自己的专业实践能力。

同时，学校也要搭建促进教师进行专业反思和专业互助的平台。充分利用校内资源，采用同伴互导的方式，以老带新，以新促老，互相交流，互帮互学，讨论和分析如何处理师生关系，如何解决师生冲突。这些都是提升和增进教师处理师生关系的实践智慧的有效方式。

参考文献

杭特. 1987. 教育社会学理论［M］. 李锦旭，译. 台北：桂冠图书股份有限公司.

郝涛. 2008. 北京一重点中学女教师课堂上遭学生掌掴殴打［EB/OL］.（12-08）. http：//news. 163. com/08/1208/01/4SJRKIIR00011229. html.

金阳. 2007. 教师节　小学生贿赂老师的日子［EB/OL］.（09-08）. http：//bjyouth. ynet. com/article. jsp? oid-23613552.

拉塞克. 1996. 从现在到2000年教育内容发展的全球展望［M］. 马胜利，等，译. 北京：教育科学出版社.

李鸿睿. 2008. 女教师被逼向学生下跪道歉后进精神病院［EB/OL］.（12-08）. http：//news. sina. com. cn/s/2008-12-08/074016803285. shtml.

李宏宇，赵大伟. 2010. "韩寒是主动不念了，我是被和谐了"——被自毁前程的中学生［N/OL］. 南方周末，07-15. http：//www. infzm. com/content/47608.

攀枝花市仁和区教育局. 2008. 攀枝花市仁和区新华中学师生冲突的真实情况介绍［EB/OL］.（12-02）. http：//www. pzh. gov. cn/Article/g/200812/46222. html.

山西新闻网. 2008. 山西朔州：高中生课堂上持刀杀死老师［EB/OL］.（10-21）. http：//news. xinhuanet. com/legal/2008-10/21/content_ 10226819_ 3. htm.

武长鹏. 2008. 安徽一学校乱收费　穷女生偷钱交费遭责骂后自杀［EB/OL］.（11-14）. http：//news. 163. com/08/1114/06/4QMK318R00011229. html.

佚名. 2004. 共同关注：农村校教学手段粗暴　耳光要了孩子命［EB/OL］.（03-17）. http：//news. sohu. com/2004/03/17/34/news219473426. shtml.

佚名. 2008. 师生关系的问题，求助！急!!［EB/OL］.（11-15）. http：//zhidao. baidu. com/question/75656259. html.

问题与反思

1. 社会变迁过程中人际关系与代际关系发生了哪些变化？

2. 分析我国社会变迁过程中师生关系的问题与原因。

3. 影响师生关系和谐的教师因素有哪些？

4. 中学生文化的特点是什么？

5. 分析自己教育实践中遇到的师生关系紧张、冲突的一个案例。

相关链接

1. 吴康宁.1998. 教育社会学［M］. 北京：人民教育出版社.

这本书用专章分别讨论了学校中的两种基本社会角色——学生和教师，讨论了教师的地位、角色、教育权威和教师职业社会化，讨论了学生的社会位置、同辈群体、家庭背景与重要他人，并对这两种社会角色的特点进行了分析。同时，在其他章节中，作者对学校不同情境中的师生互动进行了深入的分析。该书对师生社会角色和师生互动的分析，对理解学校教育情境中师生关系的基本问题非常有帮助。

2. 谢维和.2007. 教育活动的社会学分析［M］. 修订版. 北京：教育科学出版社.

这本书用专章分析了教师与学生，提出了对青少年社会地位的新预设——“年轻的成人”。这一预设对于教师构建和谐的师生关系提供了一个新思路。同时，该书对于教师与学生之间社会关系的分析也具有启发性。

3. 魏曼华，等.2005. 当代社会问题与青少年成长［M］. 福州：福建教育出版社.

这本书描述和分析了中国社会变迁过程中的社会问题以及社会问题对于学校教育与青少年成长的影响。这些社会问题包括人口问题、腐败问题、贫困问题、失业问题、环境问题、犯罪问题、色情艾滋病问题、赌博问题、毒品问题等。在对社会问题进行描述分析的基础上，讨论了社会问题与青少年成长的关系，重点分析了在社会问题背景下学校教育环境的变化、青少年成长环境的变化、社会代际关系包括师生关系的变化；分析了学校教育、家庭教育和社会教育面对的新现象与新问题。这本书为教师思考、把握、处理社会转型时期学校的师生关系提供了新思维与新视野。

4. 吉登斯. 2003. 社会学［M］. 第4版. 赵旭东，齐心，马戎，阎书昌，等，译. 北京：北京大学出版社.

这是一本社会学经典教材。其中的“文化与社会”、“变化中的世界”、“社会互动与日常生活”、“教育”、“家庭”、“大众传媒与传播”等专题，为我们分析和思考人与社会的关系、人与人的关系（包括代际关系和师生关系）提供了社会学的广阔视野。

教师德育专业化读本

德育观念模块	做一个配享幸福的教育家 ——教师德性生活关键词： 幸福、公正与仁慈 中国传统德育与德育现代化 制度情境与道德教育 当代青少年文化与学校德育
德育实务模块	德育与课程实施 班主任的德育工作： 角色定位与功能实现 ▶ 社会变迁过程中的学校师生关系 主题班会的设计与开展 ——班主任德育工作的视角
德育理论流派模块	苏霍姆林斯基的德育思想 科尔伯格与品德发展理论 关怀教育学与关怀关系的建立 价值澄清与多元文化的应对

教师德育专业化读本

主题班会的设计与开展

——班主任德育工作的视角

迟希新

8

阅读导航

主题班会是班主任工作的重要内容，是指围绕某个主题对学生开展思想教育的班会。主题班会不同于常规班会，其主要功能不是常规教育及一般的班级工作部署、安排和总结，而是通过主题班会对学生进行思想品德的教育。本章将主要围绕以下几个方面的问题对如何设计和实施主题班会作一详尽解读：

1. 主题班会的常见类型与功能；
2. 主题班会的影响因素；
3. 主题班会的一般过程与设计实施的基本要求；
4. 主题班会设计与实施中必须关注的三个核心问题。

引言

在与班主任工作相关的各种活动中，主题班会是最重要的形式之一。从理论上说，班级活动的形式和内容是多种多样的，在“班主任的德育工作”一章中，已结合班主任的工作内容介绍了各种丰富多彩的班级活动。但从实践操作的层面看，班主任在真正实施班级活动时也面临着很多难以解决的矛盾。首先就是班级活动与学校教学在时间上的冲突，班级活动常常因时间问题被教学活动挤占。其次，班级活动在组织实施过程中有相当大的难度。一方面，学校出于安全的考虑会尽量减少和限制学校以外的班级活动；另一方面，班级活动的开展常常需要校外教育资源的支持，涉及交通、社会活动场所等复杂的活动条件。所以，班级活动的设计与实施还必须充分考虑现实条件的保证和可操作性。便于组织，在学校的范围内就可以实施和完成，并具有较好教育效果的主题活动，无疑更具有可行性。班主任要了解主题班会的基本常识，加强对主题班会的个案研究，不断探索新的主题班会的内容和模式，以主题班会为切入点，提高班主任德育工作的实效性。

一、主题班会的常见类型与功能

（一）主题班会的常见类型

通常我们把班会分为三种主要类型：固定班会、临时班会和主题班会（图 8-1）。

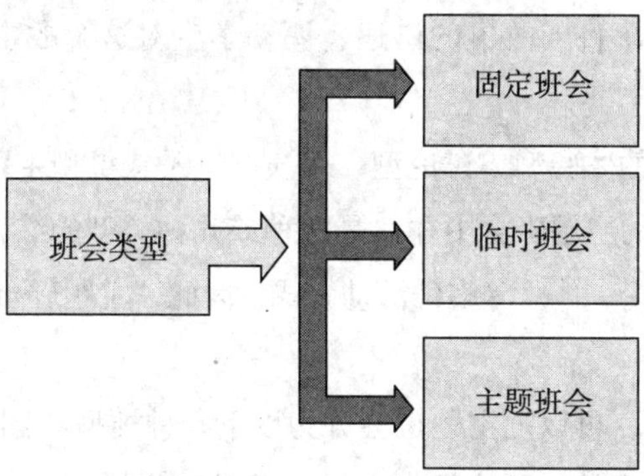

图 8-1　班会类型

一般来讲，主题班会是与固定班会和临时班会相对应的班会类型，是指围绕某个主题对学生开展思想教育的班会。主题班会不同于常规班会，其主要功能不是常规教育和一般的班级工作部署、安排与总结，而是通过主题班会对学生进行思想品德的教育。

从活动类型看，主题班会可以分为以下几种类型（图 8-2）。

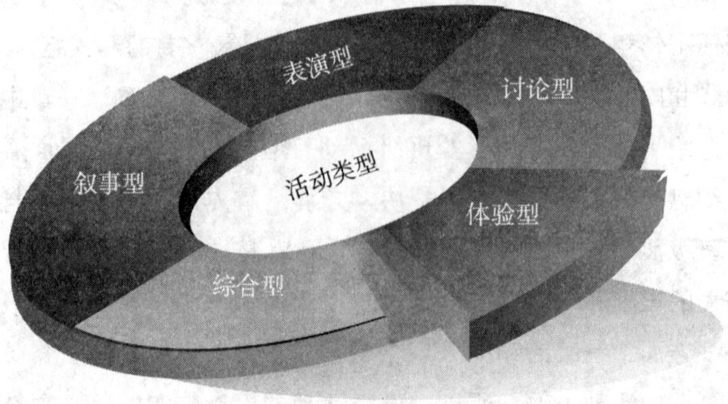

图 8-2　主题班会的活动类型

体验型：在主题班会中给学生提供相应的体验空间，使他们获得对一个主题内容的比较深入的体验，从而加深学生对相关教育内容的深入理解。这是主题班会最常见的一种类型。

讨论型：学生在教师的正确引领下，在班会上围绕某个主题对一个问题进行深入的探讨或争论，从而获得对某一问题的深入理解和清晰的认识。

表演型：通过让学生模拟一定的生活场景，扮演某一生活场景中的角色，来使学生获得关于某一问题的深刻体验。比如，心理剧和道德情景剧就是班主任在班级活动中经常使用的体验方式。

叙事型：通过一个事件或故事的讲述，调动学生对这个故事的体验，唤起学生的情感共鸣。

综合型：以上介绍的体验型、讨论型、表演型以及叙事型主题班会，实质上是一种理论上的划分，在真正的主题班会中往往是两种或几种类型的综合。比如感恩主题的班会，就会用到叙事、讨论、体验等多种活动方式。因此，主题班会往往是综合型的。

从主题类型来划分，可以把主题班会分为以下几种类型（图 8-3）。

日常主题：主题班会的主题选择来自学生日常的生活经历，从与学生们日常生活直接相关的活动中提炼主题。例如“我们班里的故事”、“同桌的你”等。

政治主题：以思想政治教育为主要目的的主题班会。这些主题内容可以国内的重要政治活动为背景。例如“我们身边的八荣八耻”、“畅谈科学发展观”、“祖国发展 60 年”等。

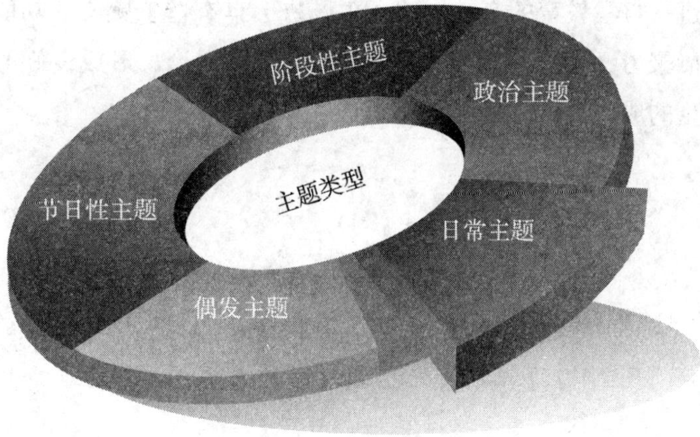

图 8-3 主题班会的主题类型

阶段性主题：依据学生的年龄特点和学习阶段的不同，帮助学生解决阶段性的发展问题的主题班会。例如，在初中阶段，学生在面临中考的时候会有很大的心理压力，有经验的教师会在考前组织一次“以怎样的心态去应对中考”的班会，这就是一个比较典型的阶段性主题班会。

节日性主题：选择在重要的，有教育意义的节日或纪念日开展的与该纪念日主题内容相关的班会。在现实生活中，有很多节日适合作为主题班会的主题日，如我们熟悉的 3 月 12 日中国植树节、3 月 5 日中国青年志愿者服务日、6 月 26 日国际禁毒日（国际反毒品日）、12 月 13 日南京大屠杀纪念日等。如果条件允许，可以把相关主题的班会放在这一天，通过节日的相关背景知识的介绍，深化学生对相关主题内容的理解和认识。同时，节日或纪念日的特殊氛围也会进一步突出班会的主题性。

偶发主题：由突然出现的一些具有教育意义的偶发事件所引发的主题班会。如“5·12”汶川大地震，这个偶发事件成为很多学校开展主题班会的一个典型的偶发主题。大地震给我们带来了空前的灾难，但灾难中也出现了无数感天动地的故事，让我们见证了道德的力量和人性的光辉。很多学校抓住这个偶发事件作为教育契机，开展了形式多样的主题班会，收到了较好的教育效果。

（二）主题班会的主要功能

从功能上看，主题班会不同于一般的固定班会和临时班会，它最重要的目的在于对学生进行思想品德的教育，主题班会要实现的是德育功能。与一般的教育方式不同，主题班会的德育功能可以进一步分解为以下几个方面：主题班会具有导向作用；主题班会是对学生进行自我教育的有效方式；主题班会具有情感感染的功能；主题班会可以增强班级的凝聚力；主题班会可以引领班级的集体舆论，形成良好的班风；主题班会可以激励学生的成就动机，促进学生全面发展（图 8-4）。

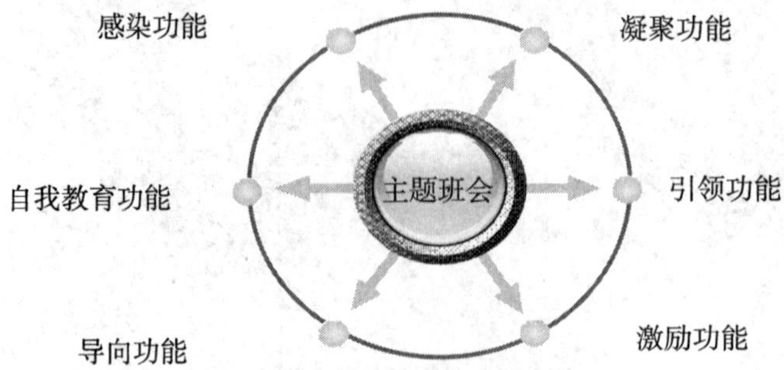

图 8-4　主题班会的德育功能

主题班会是学校开展德育工作的重要形式，是班主任对学生进行思想教育的重要途径，也是培养学生能力、增强学生团结协作意识的重要阵地。一次卓有成效的主题班会，会让学生在心灵上受到很大震动，对学生的行为产生深远的影响，从而推动良好班风的形成，使班级成为一个优秀、文明、集体荣誉感极强的班集体。

主题班会是一种有效的自我教育方式，这种教育的功能不是以灌输的方式来告诉学生"必须怎么做"，而是给学生体验的空间和自主选择的机会，让学生去体会"为什么要这样做"。它是一种潜移默化的影响。另外，主题班会通常采用体验的或讨论的活动形式，在这个过程当中，学生们通过切身的体验，常常能产生强烈的情感共鸣，从而激发道德动机，实现道德移情。

主题班会还有强烈的导向性，能对学生起到激励和鞭策的作用。例如，以"我的青春我做主"为主题的班会，通过让学生主动了解青春期个体生理和心理发展的特点，可以在一定程度上帮助青少年学生正确地认识青春期自己所面临的人生发展课题，同时也可以激励青春期的学生珍惜时光努力学习，顽强拼搏，正确处理男女生关系，自主解决青春期的烦恼。

从宏观的视角分析，主题班会更是建设班级文化的有效途径，内容新颖、形式活泼、为学生所喜爱的主题班会本身就是班级文化的一部分。

二、主题班会的影响因素

一节好的主题班会究竟取决于哪些因素？换言之，班主任在主题班会的设计与实施中应该着重作好哪些方面的准备？这是我们在研究和开展主题班会中要特别关注的问题。主题班会通常被认为是班主任综合素质和教育实践智慧的集中体现。从一位班主任提供的主题班会设计方案中，我们可以更具体地洞悉该班主任的教育理念和对班主任工作的理解。因此，主题班会也成为各种形式的班主任风采展示和技能大赛的必赛内容。从总体上，我们可以把主题班会的影响因素归结为以下三个主要方面：班主任关于主题班会的设计和实施的教育理念；班主任平日相关知识和素材的积累；班主任在主题班会的组织实施中的实践智慧。

首先，科学的教育理念是决定主题班会质量高低的最重要因素。班主任的教育理念决定着班主任怎样理解德育的本质，决定着班主任如何看待班会中的师生主客体关系。科学的理念在主题班会设计和实施中的作用可以概括为以下三点：避免方法上的强制与灌输；保证切实发挥学生的主体作用；最大限度地杜绝主题班会组织中的“新形式主义”。

用科学的理念指导班会的设计与实施过程，必须研究学生态度改变和行为发生的内在机制。在主题班会的设计和实施中，如何激发学生的道德动机、唤起学生的情感共鸣是班主任需要优先关注的问题。在班级教育实践中，班主任逐渐达成了这样的共识：通过主题班会对学生进行的思想品德教育，如果不能够充分激发学生的道德动机，使其通过亲身的体会产生强烈的情感共鸣，一切教育尝试都将是徒劳，都是在“打冷铁”。主题班会如果不能切实改变学生的态度，就很难让学生心悦诚服地从内心去接受其所要传达的观念（专栏 8-1 和专栏 8-2）。

专栏 8-1

态度转变何其难

美国心理学家韦恩·W·戴埃在《你的误区》一书中讲了这样一个故事。一个健康专家给一群酒鬼作讲座，为了让下面这些听众（一群酒鬼）能够充分认识到酗酒对健康的危害，这个健康专家作了一个非常直观的展示。他摆出两个相同的玻璃容器，一个里面装的是水，另一个是酒精，他拿了一个小爬虫扔到盛水的容器里面，这个爬虫是不怕水的，它挣扎了一会儿从瓶壁上爬了上来。健康专家当着酒鬼们的面又把它扔到装酒精的容器里面，这个爬虫在酒精里面挣扎了一会儿就死了。健康专家告诉酗酒者们，杀死爬虫的就是他们每天喝的酒精。健康专家想听听他们的感受。一个酒鬼的回答让健康专家大吃一惊。酒鬼的回答是："我听了你的讲座、看了你的演示以后，我更决定以后继续喝酒了，因为我发现，喝酒的人肚子里绝对不会生虫子。"

为什么酒鬼会有这样一种感觉呢？原因在于他们的态度。酒鬼们对酒的态度是肯定的，体验是积极的。所以他们看到这样的演示就会倾向于作肯定的判断。在主题班会中，要转变学生的态度，道理是一样的。学生态度的转变也是一个艰难的过程，不可能一蹴而就，更不能寄希望于通过一两次主题班会就能达到预期的目标。必须从情感体验入手，做细致的工作，逐步改变学生的态度。

（来源：戴尔，2007）

专栏 8-2

《感动中国》给主题班会的启示

《感动中国》是近年来中央电视台推出的一个备受观众好评的社会公益性节目。一年一度的《感动中国》颁奖晚会，也成为一个特殊的社会道德教育的大舞台。其成功的秘诀之一就在于营造了一个强大的情感感染的氛围，它不是在生硬地向观众讲述抽象的道德故事，而是以普通人的真实的道德故事和道德情怀去打动观众，唤起观众强烈的情感共鸣，让故事中的人物真正走近观众的内心世界，并被他们接受和认同。《感动中国》栏目的成功是情感教育的成功，该节目是主题班会在设计理念上值得去认真研究和借鉴的成功范例。

《感动中国》人物评选晚会现场

另外一个影响主题班会的因素是班主任的知识结构及班主任与主题班会相关的知识储备（图8-5）。

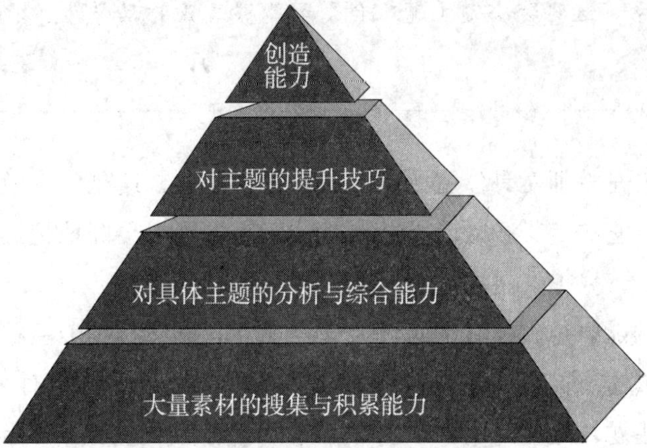

图8-5　主题班会设计对教师的能力要求

大量素材的搜集与积累能力，是一个教师开好主题班会必须具备的能力，大量素材的积累也是开好一个主题班会不可逾越的准备阶段。很多教师召开主题班会或者设计主题班会的时候，常常觉得自己脑子里很空，没有什么东西。其实这些现象的出现，往往和教师素材的积累的不足有很大的关系。可以这样断言，一个教师如果平时没有任何的积累，只是在主题班会的头一天才想到去搜集素材、整理资料，他是没有办法呈现一个充实、生动的主题班会的（专栏8-3）。

专栏8-3

马友友的告诫

著名华裔音乐家马友友以高超的大提琴演奏技艺蜚声海内外。他的大提琴演奏达到了炉火纯青、出神入化的地步。是什么让他能够对音乐有如此之强的驾驭能力呢？按他自己的体会来说，就是他广博的知识。马友友是美国哈佛大学的人类学博士，他对音乐的理解源于他深厚的文化基础。马友友在接受中央电视台记者采访的时候说："你所学习的一切对你的音乐都有用，不管那是哲学、数学、还是心理学。如果你想成为一个音乐家，你必须把你所学习的一切都融会贯通，并通过你最熟悉的音乐表现出来。"

一位教师设计和实施主题班会的实践智慧，与其知识储备、知识面、文化修养有很大的关系。这些会决定主题班会是否能够真正打动学生，收到良好的教育效果。

第二个方面就是教师对具体主题的分析与综合能力，这是一个教师开好主题班会必须具备的能力。它决定了教师能不能在具体实施过程中很好地把握主题，引领学生深刻地体验主题，最终提升主题。

第三个层面的能力是教师对主题班会进行提升的技巧。一个主题班会不管采取什么样的活动类型或主题类型，最终都有一个最重要的环节，就是对主题班会的提升。经过提升以后，主题才能更鲜明，学生才能更清楚班会要达成的目标。主题班会的提升是一个主题班会的点睛之笔。

教师组织主题班会的核心能力是创造能力。不论是分析综合能力还是提升的技巧，最终都是班主任创造能力的具体体现。

三、主题班会的一般过程和设计实施原则

（一）主题班会的一般过程

主题班会的设计和实施过程可以划分为三个阶段：主题酝酿、组织实施、总结提升。

主题酝酿是根据学生的心理特点和班会的目标、任务来选择实际的主题的阶段，主题的选择要以学生的心理特点和班级中存在的具体教育问题为依据。主题班会的设计、召开要充分发挥每个学生的主观能动性和创造性，要让所有学生在班会运作、召开过程中都有责可负，有事可做，才能达到其预定目的。

组织实施是在主题确定以后，以班级为单位，由教师和学生共同参与、共同实施班会计划的阶段。班主任要完成这样几个工作，第一是合理安排时间，考虑角色的分工，准备媒体介质，协调各方面的力量。一次主题班会只有 45 分钟的时间，必须有一个准确的时间规划。另外，如果主题班会要使用多媒体手段，应注意准备好所需的媒体介质和硬件设施。有的时候还要邀请家长或者其他年级的学生代表参加。因此，班主任在主题班会的具体实施阶段要做好协调各方面人员的工作。

最后一个阶段就是**总结提升**。总结提升阶段是在班会的结尾由老师和同学共同总

结班会的体悟，进行主题的深化和提升。总结提升是一个主题班会必不可少的环节，没有这个点睛之笔，主题就很难突出。适宜、恰到好处的主题提升有助于帮助学生获得关于班会主题的清晰印象。在主题班会的实施过程中，有些老师会忽略这个重要的环节。我们常看到这样一些班会，班会刚一开始，老师把主动权交给了学生，老师就退到了幕后，最终班会结束时，老师站在台上只是仪式性地宣布“我们的班会很成功。”完全就没有提升的设计。事实上，主题班会的提升环节不仅是决定主题班会实践效果的最重要的环节，而且也是检验一个主题班会中教师是否充分发挥主导作用的重要参考指标。

专栏8-4

主题班会总结提升的三个策略

凸显主题：解决活动淹没主题的问题。在班会上，活动除了能够增强主题班会的吸引力，调动学生的参与兴趣以外，也会带来“负效应”，就是活动有时会淹没主题。活动结束前班主任对活动进行全面概括总结，重申主题内涵，结合班会中的活动，进一步阐释主题的内涵。这会使学生的注意力重新回到主题上来，更好地凸显主题教育的意义。

深化体验：在主题班会中，通过体验活动、讨论活动，或者通过观看相关的视频资料提升学生的情感层次。

定向引领：使学生对主题教育内容的理解朝向教师所期望的方向，为下一次班会的主题打下基础，作好主题系列设计的预设和过渡。

以中学班会中常见的感恩主题为例。在学生对父母的养育之恩有了深切的体会，并有了回报父母的行动意向后，教师可以通过《增广贤集》中“堂上二老是活佛，何用灵山朝士尊”的古训启发学生，让他们今后注意关爱父母，从身边的小事开始，在生活细节中做个有关爱情怀的人。

教师也可以作进一步的启发引领，借助“孝道无穷，及时为贵”和“树欲静而风不止，子欲养而亲不待”的尽孝之道，让学生明白现有的条件足以让我们及时回报父母。让学生明白，尽孝就在当下，不要在父母离开我们以后再抱憾终生。

（二）主题班会的设计和实施应遵循的基本原则

班主任在设计和实施主题班会时必须坚持以下几个基本原则。

1. 计划性原则

计划性是主题班会的首要原则。坚持计划性原则要求班主任从课程计划的认识高度来设计和安排主题班会。要把主题班会设计过程纳入学校和班主任的全部日常工作中。一方面，要注意时间安排的计划性，主题班会不是可有可无的点缀品，也不是一个查缺补漏的附属物。它一定是我们整个学生教育管理当中的重要组成部分，是我们班级学期计划和学年计划当中的重要组成部分。正因为内容的丰富，我们同时要注意班会主题的计划性和系统性，班主任在做学期和学年工作计划时，必须把主题班会的具体计划和安排写入其中，防止随意性和零散性。另一方面，要注意主题内容的系统性设计。主题班会的主题设计要打破单一主题和一次性的主题设计模式，要根据学生发展的某一时期，从系统课程的角度设计一个学年段或年龄段的主题班会的系列主题。要使这些主题不仅切合学生的年龄特征和阶段性心理需求，同时，主题本身也构成了一个层层推进、螺旋上升的课程体系。

2. 针对性原则

针对性原则要求班主任在主题班会的设计和实施过程中必须关照教育对象和现实问题，做到有的放矢。主题班会的针对性主要指两个方面。其一，主题班会的主题确定必须针对班级中现实的教育问题，以解决具体问题为出发点。其二，主题班会的主题确定和具体实施方式的选择必须关注学生特定年龄的阶段性特征，以学生的认知发展和社会性发展的一般规律为依据设计主题班会的主题内容，选择适宜的实施方式。个体的心理发展在每一个阶段都会表现出不同的阶段性特征。以少年期为例，少年期是一个充满矛盾的发展阶段，处于这一阶段的学生具有反抗性和依赖性、闭锁性和开放性，以及勇敢和懦弱、自卑和高傲、否定童年和眷恋童年等矛盾心态。主题班会必须关注这些矛盾，依据学生的心理特点来进行设计。

3. 整合性原则

所谓整合性原则，就是在班会设计和实施过程中，对所涉及的主客体关系与各种活动要素进行综合考量和协同运筹，做到发挥一方作用的同时，不偏废另一方的作用。在主题班会实施中，整合的内容主要包括两个方面：一是教师的主导作用和学生主体作用的整合；二是媒体演示和语言解说的整合。在主题班会的设计和实施过程中，最重要、起到核心作用的是教师和学生，其中教师是起主导作用的。在主题班会设计和实施过程中，教师永远都不要忘记自己的主导者角色。虽然我们要调动学生的兴趣，把班会的主动权交给学生，但是教师绝对不可以放任不管。

班主任在主题班会的设计与实施中的主导作用，主要体现在以下几个环节上。(1) 在主题的选择与确定过程中充分发挥主导作用。教师可以在主题酝酿阶段充分调动学生的兴趣，发挥学生的主体作用，甚至可以让学生来共同确定主题内容，但教师必须清楚主题的针对性，把握主题的方向。(2) 通过班会实施过程的动态掌控实现主导作用。教师要善于在班会实施的过程中寻求最佳的教育契机。班主任在班会设计中通常都有一个具体的内容计划和大致的时间表。有经验的班主任常常会根据班会实施过程中的具体情况大胆打破原来的计划，主动改变班会的时间进程。抓住教育契机，因势利导，放大教育影响，寻求最佳的教育效果。(3) 教师的主导作用还体现在重要环节的适时介入上。在学生做主持人主持班会的模式中，很多教师在班会开始以后就完全躲进了“幕后”，在班会结束的总结环节以前教师完全游离于班会以外，这种做法是不可取的。班主任要有意识地在重要的环节上回到班会的现场。尤其是小学低年级段的主题班会，学生对主题班会的掌控能力是有限的，教师要在必要的时候适时介入班会现场。

主题班会在实施过程中常常会因活动过多而将主题淹没，因此，在主题班会临近尾声时，需要教师对班会进行必要的总结提升。主题班会的提升不是一般意义上的班主任讲话，而是在原有基础之上对主题的进一步提炼和升华。主题班会的提升环节直接决定着主题班会的效果，也是对班主任教育素养和实践智慧的最集中的考验。

二是媒体演示和语言解说的整合。这一问题的提出主要是针对主题班会形式上的新变化，当前，多数教师都借助多媒体手段完成主题班会。多媒体手段的介入让班主任在班会中大量使用图片和视频资料成为可能。但是，实践中发现，很多教师在给学生呈现图片资料时，并没有进行积极的言语解说，而只是简单地呈现。这种简单化的处理方式严重影响了学生对图片内容的理解。事实证明，教师对图片内容的适时、恰当的解说不仅可以调动学生关于图片的直接经验，同时也决定着学生对图片内容的理解方向和理解深度（专栏 8-5）。

专栏 8-5

颁奖词的魅力

看过中央电视台《感动中国》节目的人一定都清楚地记得，除了它动人的道德故事以外，这个栏目还有一个很重要的组成部分，就是与道德故事相得益彰的颁奖词。颁奖词是对人物道德故事的高度凝练和概括。颁奖词使我们对人物的道德故事的理解得到了进一步的引领和提升。其中 2006 年《感动中国》人物林秀珍的颁奖词是这样的："用三十载爱心，让一村之中，老有所终，幼有所长，鳏寡孤独废疾者，皆有所养；富人做这等事是慈善；穷人做这等事是圣贤；官员做这等事是本分；农民做这等事是伟人；这位农夫让九州动容。"正是这样的颁奖词，突出了人物的道德人格特点，也深深地打动了每一个观众，可以说这是图片和解说相互为用的最好例证。

4. 创新性原则

所谓创新性原则就是指教师在设计和实施主题班会的过程中，根据时下学校德育外部环境的变化和学生的需求与兴趣，在主题类型的确定、内容选择和形式设计等方面进行大胆的创新，摒弃主题班会的老面孔和一成不变的模式。主题确立之后，应着手设计方案。主题班会的构思要新颖，有艺术性、创造性。创造的本质就是出新，巧妙的构思能令活动焕发出新意，激发学生的兴趣，从而把枯燥无味的说教课变为生动活泼的思想课。只有在形式和内容上不断创新、不断与时俱进，主题班会才能对学生形成足够的吸引力，才能充分调动学生的兴趣，进而真正发挥学生的主体作用，达到预期的教育效果。

专栏 8-6

内容选择创新——公益广告在主题班会中的使用

公益广告是当前借助媒体传播形式进行道德教化的一种重要的社会教育形式，早期多见于平面媒体，现在随着网络的普及，视频媒体已成为公益广告的重要载体。公益广告的道德教化是指借助文字、声音、图像等广告艺术表现形式，传播社会道德文化信息，使青少年在社会化过程中，自觉或不自觉地接受其所要传达的伦理观念、道德信息，形成道德认识、道德情感，培养道德信念、道德意志，养成道德习惯、道德行为。公益广告具有很强的道德教化作用。公益广告之所以能成为主题班会中的重要素材，是由其公益性所决定的。广告具有很强的新颖性、思想性、隐含性和教育性。公益广告形式独特、立意新颖，有强烈的吸引功能。另外，它也有很强的导向功能。虽然它没有直接说出来应该怎么做，但是它通过艺术手段很含蓄地传达了所倡导的思想和坚持的主张。同时，传媒介质和艺术手段的使用使得公益广告具有很强的感染力。通过情感氛围的营造，公益广告往往能触动受众情感层面，引起观众强烈的情感共鸣，引发人们对某些社会现象的深刻反思和道德思考，进而达到道德教化的目的。我们可以看几个公益广告的实例图片。

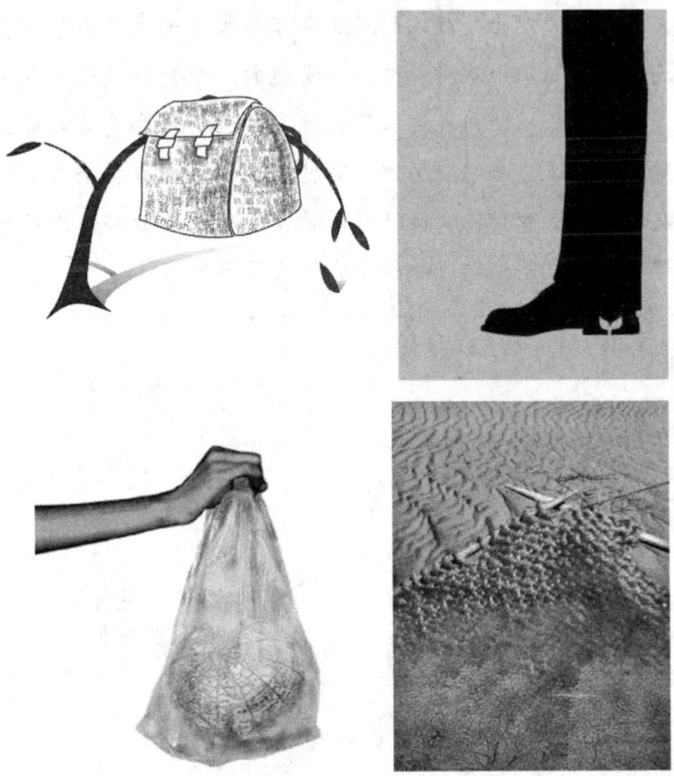

（来源：http：//pics. skyhits. com；http：//imgae. baidu. com）

“听听孩子的心声”这幅公益广告图片（左上），没有过多的语言描述，但我们会感觉到它扑面而来的视觉冲击力。通过这个图片，大家马上会强烈地感受到“减负”这个社会问题和教育问题的急迫性。

另外三幅公益广告图片，从不同的角度向我们传递了深刻的社会道德教育意蕴。像“禁止踩踏草坪”（右上）、“倡导禁止使用一次性塑料袋”（左下）、“为绿化尽你的一份力”（右下）这些我们耳熟能详的公益环保的口号，当以艺术图片的形式呈现在我们面前时，我们会感受到不曾有过的强烈的视觉冲击和心灵震撼，它们唤起的不仅仅是对社会问题、环境问题的关注，还有我们每个人深刻的反思，从而强化我们对自身社会责任感的体认。

从教育目标上看，公益广告和主题班会尽管所设定的教育对象不同，但是社会道德教育、思想教育的总体目标是一致的、相契合的。这也是我们可以在主题班会的素材选择上借鉴和使用社会公益广告的一个基本前提。公益广告的新颖性和隐含性，又在一定程度上使我们的教育内容与教育形式具有了审美特征和可欣赏性，使我们通过主题班会这种教育活动实施的思想教育淡化了说教的、灌输的色彩。另外，公益广告的使用也可以强化德育过程的情感感染功能，激发受教育者的道德情感。在公益广告的使用中，通过调动学生的直接兴趣，培养学生的道德情感，激发学生的道德动机，最终有助于我们通过道德移情促成学生完成道德选择和道德行动，这也是主题班会所要达到的最终目标。

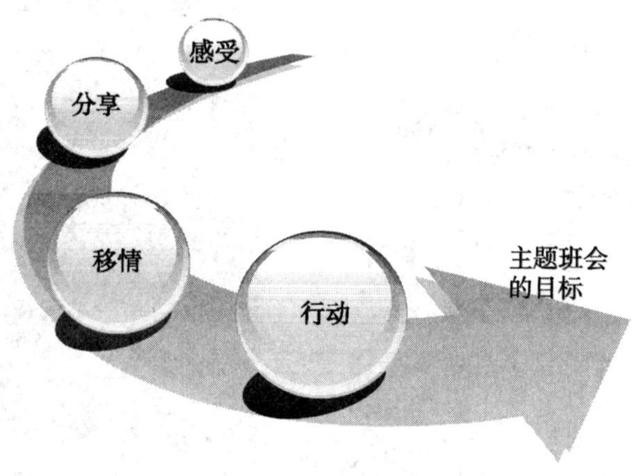

图 8-6　主题班会的目标

专栏 8-7

实施形式的创新——一节特殊的歌曲赏析课

笔者曾帮助一位老师设计了一次“如何正确地面对早恋”的主题班会，这位老师是一名初二班主任。据他描述，他们班是被学生们私下里公认的帅哥、美女最多的班级。这样也就带来一个男女生交往的问题，老师发现班上彼此有好感的同学特别多，他已经明确察觉到有两对学生在谈恋爱。他因此想开一次班会，主题就是“如何面对早恋”。但是他也意识到，不能直接把这个主题讲出来，初中学生强烈的逆反心理很难让他们心平气和地接受对这个教育主题的直接阐明，这样做很容易把学生推到对立面去。基于此，我给他提了一个建议：不妨以一个歌曲赏析的班级活动开始。

我们选定的歌曲是在青少年中也有一定影响力的李琛的歌《窗外》，很多初中生也很喜欢这首歌。这首歌不仅旋律优美，而且歌词也具有很强的教育意义。虽然只是一首通俗歌曲，但歌词对爱情真正意义的诠释却颇引人深思。

今夜我又来到你窗外
窗帘上你的影子多么可爱
悄悄地爱过你这么多年
明天我就要离开
多少回我来到你的窗外
也曾想敲敲门叫你出来
想一想你的美丽我的平凡
一次次默默走开
再见了心爱的梦中女孩
我将要去远方寻找未来
假如我有一天荣归故里
再到你窗外诉说情怀
再见了心爱的梦中女孩

对着你的影子说声珍重
假如我永远不再回来
就让月亮守在你窗外

在这个班会设计中，首先是欣赏这首歌曲，先让大家感受这首歌优美的旋律，然后再过渡到赏析歌词。班会由老师来主导，而不是由学生来主持。在歌词的赏析和讨论中，以小组为单位，把全班同学分为四组，要求每个小组老师和同学们一起来分析和讨论每一段歌词。讨论到第一段歌词的时候，同学们都感到很兴奋，“悄悄地爱过你这么多年”、“窗帘上你的影子多么可爱”，这些歌词唤起了许多学生的共鸣。大家一致认为男女青年在一起产生爱慕之情是很自然的事情。

欣赏到第二段时，老师提出了一个问题，为什么“想一想你的美丽我的平凡”，主人公就会默默走开呢？很多男孩回答说，因为觉得自己不够帅，因为这个女孩太漂亮了，自己就走开了。老师接着半开玩笑地给大家提出一个问题。进一步启发大家：为什么男孩有了这种意识以后，就能主动走开呢？通过讨论，最终大家达成共识：爱情是美好的，但是更需要理智，理智才能让爱情更美好。所以，爱情是自然的、美好的，但爱情一定是需要理智的。

在赏析第三段歌词时，还未等老师提出问题，同学之间就形成了强烈的矛盾交锋：因为歌曲里面唱出的内容一部分同学赞同，一部分同学强烈反对。就是这句：“假如我有一天荣归故里，再到你窗前诉说情怀。”在这个问题上大家产生了分歧：爱情究竟需不需要“荣归故里”？每个人都有自己的见解：有的同学认为，爱情是神圣的，不需要附加任何世俗的东西；也有同学认为，爱情是美好的，但也是现实的，就如歌中唱的，男孩必须先“去远方寻找未来”。此时，老师也以提问的方式介入同学们的讨论中。老师说：爱情的现实性可以有多种理解，钱、房子、礼物都可以看成爱情现实性的体现。但我自己把责任理解为这种现实性的核心。爱情是现实的就在于相爱的双方都必须承担爱情中的责任。对责任的承担不仅需要勇气和义务感，还需要承担责任的能力。接下来，老师提出了一个很尖锐的问题，事实上，这个问题也是针对两个正在早恋的男生提出来的。老师说：“假如你现在就在恋爱（事实是他们就在恋爱），你是否想过，仅凭一个初二学生的经济能力和社会阅历，你能给你爱的女孩负什么样的责任？”老师的问题是面向早恋的男生提出的，但我们发现，此情此景，让每一个同学都受到了强烈的内心震动。很多男孩都深有感触地说，虽然经常唱这个歌，但没有注意去体会歌词的内涵，歌词让他们认识到，爱情是美好的，又是现实的，爱情的美离不开责任的支撑。

对最后一段歌词的赏析是主题班会的高潮和提升，在老师的引导下，同学们进一步认识到：爱情是美好的，爱情是现实的，爱情是需要责任的，但爱情同样需要审美的情怀，又可以用审美的眼光去看待它；当你没有办法和你暗恋过的人在一起的时候，再回想这段时间的经历，也是一件很美好的事情。就像歌词里面唱到的，当你没有办法和你喜欢的女孩在一起的时候，有月亮陪伴着她，可能是一件很空灵、很美好的事情。

经过对这首歌词的赏析，虽然没有直接涉及早恋这个话题，但是我们讨论的话题都是和早恋有关的。最后，老师又将这首歌曲播放了一遍，全体同学一起再次体味和欣赏了这首歌曲。因为有了对歌词比较深刻的理解，我发现第二遍再听这首歌的时候，很多男孩都特别激动，都不由自主地跟着唱这首歌。我发现站在我旁边的两个男孩，当他们动情地唱歌的时候眼睛真的闪动着泪光。

评析：

从整体上看班会的效果是很不错的。首先主题的选择体现了针对性原则，充分考虑了青春期学生的心理特点和生理特点，同时以班级中亟待解决的问题作为主题内容。

在实施过程中，很好地坚持了教师的主导作用和学生主体作用的整合。班会一改学生做主持人的模式，由老师来主导整个班会，同时，由于讨论法的使用，充分调动了学生的积极性，他们在自由的讨论中发挥了主体性。

尤其值得肯定的是主题班会最后的提升环节，老师在最后一段歌词赏析中，正式介入讨论，并以一个经历过爱情的“过来人”的身份和学生们恳谈自己对爱情的理解，不仅给学生看待爱情提供了一个新的视角，给学生的爱情观提供了正确的引导，同时以审美的眼光看待爱情也使得本次班会的主题得到了充分的提升。

本次班会的另一个亮点是音乐手段的使用。音乐手段使教育内容实现了审美化的改造，也加强了班会的情感感染功能，音乐触动和升华了学生的情感，唤起了他们的情感共鸣。

四、主题班会设计与实施中必须关注的三个核心问题

以上我们从影响因素、一般过程和设计实施原则等几个方面对主题班会进行了较为详尽的阐述和说明，但是掌握了这些相关知识并不能彻底解决班主任在主题班会实施中的具体问题。长期以来笔者通过走近课堂、观摩和评析主题班会，发现很多主题班会都存在一些共性的问题。要解决这些实践层面的问题，班主任必须优先关注以下三个方面的问题。

第一，边界和通识性的问题。

主题班会不同于一般的班会、不同于固定时间和临时随机召开的常规班会，它的功能是有边界的。我们不可能把所有的班级管理和学生教育工作都分解成为数众多的主题，这不仅在时间上无法做到，而且从教育实效性上看也有悖教育规律。所以，我们一定要把握好主题班会的边界和通识性问题。必须认识到，主题班会是必不可少的，但它不能取代其他教育形式。

第二，表演成分和真实性的问题。

很多教师为了让主题班会更加成功，往往会在彩排方面花费很多时间，这些表演成分过多的班会，损害了主题班会的真实性，更重要的是对学生的感觉也造成了伤害。本来是一个很严肃的、很感人的主题，一遍一遍地表演，会使大家对它产生另外一种情感体验，甚至会产生抵触情绪。因此，在主题班会实施过程中，教师要尽量淡化表演色彩，坚持班会的原生态和生成性。

第三，承载力和系列化的问题。

在主题班会中很多班主任经常犯的一个错误就是安排的内容过多，致使很多想要表达的东西没有充分展开。很多环节，不管是讨论、体验还是最后的提升，都因为时间不够而变得蜻蜓点水。解决这个现实问题主要是采取主题系列化的方式，一个大的主题一次班会不能完成，可以分解为两次甚至三次班会把它完成。这样，可以增强主题班会的系统性和计划性，同时也最大限度地保证了主题班会的实效性。

总之，主题班会是培养学生自我教育、自我管理意识和能力的重要教育形式，是学校德育的一种有效途径。班主任应从课程的高度和德育功能的视角，去体认主题班会在促进学生全面发展中的重要作用。班主任不仅要具备成功地开展班会的知识与技能，而且要认真地作主题班会的研究，不断提升主题班会的设计理念，创新主题班会

的实施途径和具体模式，在不断反思与创新的行动研究中提升和完善自己的实践智慧。

参考文献

戴尔. 2007. 你的误区［M］. 崔京瑞，王南，译. 北京：群言出版社：3.

问题与反思

1. 主题班会要不要把主导权全部交给学生？

把班会的主导权完全交给学生，是主题班会实施中一个比较常见的误区。很多教师把学生主持人主持班会作为主题班会的唯一形式，教师几乎完全引退到了“幕后”。这在某种程度上是推卸责任。班主任在主题确定、总结提升等环节必须充分发挥主导作用。

2. 为什么在主题班会实施过程中，总有很多学生是“看客”？怎么调动学生的积极性和参与热情，让学生积极主动地参与到主题班会中来？

主题班会必须整合教师的主导作用和学生的主体作用，学生主体作用发挥的程度是评价一堂主题班会课的重要参照依据。学生必须成为主题班会的主体，教师要尽量淡化表演色彩，坚持班会的原生态和生成性。

3. 主题班会在时间安排上比较灵活，是不是可以随机地插入到班级教育过程中？

主题班会在安排上有灵活特性，但这并不代表班主任可以随意安排主题班会，主题班会必须写进班级年度工作计划。班主任还应该作主题班会的深入研究，尝试建构某一年龄段或年级段的系列主题班会，使主题班会更具有针对性和计划性。

4. 为什么主题班会的时间总是不够用？

这个现象的背后反映出一些教师在开展主题班会时没有合理安排主题班会的内容，设计内容超出了45分钟的承载能力。解决这个现实问题主要是采取主题系列化的方式，一个大的主题一次班会不能完成，可以分解为两次甚至三次班会把它完成。这样，可以增强主题班会的系统性和计划性，同时也最大限度地保证了主题班会的实效性。

5. 结合本章所学习的内容和自己做班主任工作的实践经验，谈谈您对下述两个问题的看法。

（1）班主任应该如何提升自己主题班会的设计理念？

（2）主题班会的主题设计与班主任的教育敏感性有何关系，班主任应该如何提升自己设计偶发主题班会的能力？

相关链接

1. 中国教师研修网班主任频道（网站：http：//myclass. teacherclub. com. cn）

这是中国教师研修网的重点建设频道，目前已经拥有全国各地注册中小学班主任近 10 万人，其中的很多资源与主题班会相关。教师可利用此平台就本主题及相关难点问题进行讨论，集思广益。

2. 《班主任》（期刊）

《班主任》杂志创刊于1985 年，是班主任工作的最好助手。它反映班主任的心声，传播班主任工作理论和经验，已成为全国广大班主任的心灵家园、专业读本和培训教材。其中的“班队活动”、“工作艺术”等栏目提供了很多优秀的主题班会设计个案。

3. 任小艾，丁榕，迟希新. 2007. 班级活动设计与组织［M］. 北京：北京师范大学出版社.

该书分为三部分：第一部分为专家专题讲座，第二部分为优秀作业及案例分析，第三部分为拓展阅读。全书简要介绍了班级活动设计与组织的有关知识，能够为广大中小学班主任的工作和学习提供有益的借鉴与帮助。

4. 丁如许. 2009. 魅力班会课［M］. 上海：华东师范大学出版社.

《魅力班会课》从全国范围内数千个班会课例中精选出最有代表性的案例近百篇，分为小学卷、初中卷、高中卷。每篇案例均由全国著名德育专家、学者、优秀班主任点评。

教师德育专业化读本

德育观念模块	做一个配享幸福的教育家 ——教师德性生活关键词： 幸福、公正与仁慈 中国传统德育与德育现代化 制度情境与道德教育 当代青少年文化与学校德育
德育实务模块	德育与课程实施 班主任的德育工作： 角色定位与功能实现 社会变迁过程中的学校师生关系 ▶ 主题班会的设计与开展 ——班主任德育工作的视角
德育理论流派模块	苏霍姆林斯基的德育思想 科尔伯格与品德发展理论 关怀教育学与关怀关系的建立 价值澄清与多元文化的应对

教师德育专业化读本

苏霍姆林斯基的德育思想

9

王丽娟

阅读导航

苏霍姆林斯基是苏联最伟大的教育家之一。在一所普通的农村学校里，他以人道主义价值为基础，开展教育教学过程人道化的试验，创造了独树一帜的人道主义教育教学体系。“全部的学校生活都应当渗透人道主义精神”——这不仅是苏霍姆林斯基对自己教育工作经验的总结，也是他通过其教育著作建构起来的教育思想体系的核心。

在苏霍姆林斯基看来，所有的道德智慧都建立在对“人性”的理解和对“人”的关怀的基础之上。本章将介绍苏霍姆林斯基以人道主义为核心价值的道德教育理论和实践，以期为我们今天的道德教育带来一些启示。

其中特别需要注意的是以下几项内容：

1. 理解苏霍姆林斯基的核心教育理念——人道主义，包括其基本界定和内容要点；

2. 在经济、科技飞速发展的今天，体会苏霍姆林斯基阐明的自我教育对道德教育的启示；

3. 在强调个性自由发展的今天，体会苏霍姆林斯基对集体的道德教育力量的阐述；

4. 体会苏霍姆林斯基对劳动等德育途径和方法的阐述。

一、苏霍姆林斯基其人其事

瓦·阿·苏霍姆林斯基是苏联最伟大的教育家之一。人们说起他的时候，总会提起他有这些称号：苏联教育科学院通讯院士，教育学博士；苏联劳动英雄，列宁勋章、红旗勋章获得者；苏联功勋教师等。

纵观他的一生，苏霍姆林斯基完美地做到了这样三个角色：他是一名苏联共产党员，并曾经以政治指导员的身份参加卫国战争；他担任一所乡村学校的校长长达24年；他是乌克兰及俄罗斯语言文学教师。

作为一名共产党员，他坚定地信仰共产主义，并结合自己的教师职业将毕生的热情投入到建设伟大的社会主义国家中。苏霍姆林斯基加入苏联共产党之后，响应党的号召，到边远的乡村学校担任一名普通教师；在国家需要的时候，他亲身投入到卫国战斗中，并几乎为此献出了生命和家庭；当不能投入战斗时，他将余生的生命和热情投入了培养共产主义接班人的教育事业中。他拥有理想和坚定的信念，并为此奋斗终生，堪称一名优秀的共产党员。

作为一位校长，苏霍姆林斯基培养了一批优秀的教师，并把帕夫雷什学校建设为全苏联学习的榜样。他善用管理的艺术，帮助每一位教师成长，并独具慧眼地发掘有潜力成为优秀教师的青年。在他任校长期间，帕夫雷什中学被人们誉为“教师进修学院”。他擅长发现、选择教师，鼓励教师博览群书，对青年教师进行个别培养，听全体教师的课，抓科学研究工作，并注意培养教师集体。

作为一名教师，苏霍姆林斯基真正做到了“把整个心灵献给孩子”。为了将更多的学生培养为品德高尚的人、优秀的公民，他每天勤奋地将教学和研究结合到自己的生活之中。对于孩子，他了如指掌。经他长时间观察过的孩子共有3700多人，每个孩子都有专属的记录。

在平凡的岗位上，苏霍姆林斯基反思、总结着自己的教育实践经验，写下了40多部专著、600多篇文章、1000多篇童话故事。这些著作是教育家思想的结晶，是他对孩子理智、深切而执著的爱。

苏霍姆林斯基在继承前人教育成果的基础上，紧密结合现代生产和社会实践的需要，把学校教育与家庭教育、社会教育紧密结合起来，成立家长委员会和家长学校；把课堂教学与丰富多彩的课外活动结合起来，鼓励孩子们的课外生活；在传授知识的同时，培养学生的动手能力，培养学生的兴趣和特长；把教书与育人结合起来，把学生德智体美和谐发展与培养学生的个性结合起来……这一切都是建立在“全部的爱献给孩子”的基础之上的，构建了一个内容广泛的人道主义教育思想体系。

二、核心的教育理念

苏霍姆林斯基一生的工作证明他是一个勤奋、善于反思、善于创新的教育家。在马卡连柯、克鲁普斯卡娅等苏联著名教育家的重要思想的影响下，经过亲身的实践和深思熟虑的反思，苏霍姆林斯基构建了具有强烈人道主义色彩的教育思想体系。苏霍姆林斯基怀着人道主义的情怀设计了教育的目标，同时围绕这一教育目标，经过长期的教学经验，对教育内容、教育方法、评价方法等进行了系统的总结。在这些系统的总结中，其核心的教育理念包含以下三个最重要的方面。

（一）人道主义情怀

苏霍姆林斯基强调每一个孩子都是具体的人，他相信每一个孩子都有自己的独特潜力，相信每一个孩子都能够接受教育，成长为高尚的人、优秀的公民。这种对教育的理解是建立在苏霍姆林斯基对“人”的强调基础之上的。他的众多琐碎细致的描述都是他所持有的人道主义情怀的表现。

> 每一个儿童身上都蕴藏着某些尚未萌芽的素质。这些素质就像火花，要点燃它，就需要火星……教育最最重要的任务之一，就是不要让任何一颗心灵里的火药未被点燃，而要使一切天赋和才能都最充分地发挥出来。（苏霍姆林斯基，1984）[491]

人道主义原则贯穿于苏霍姆林斯基的整个教育思想中。他说：“在我们的教育工作实践中，占首位的是培养学生对人的人道主义的态度。个人的精神生活丰富与否，主要看他对高尚的人道主义思想的理解和感受的深刻程度。”（苏霍姆林斯基，2001）[298]培养学生的人道主义情感，是造就人的人格和尊严的极为重要的条件之一。

因此，教师必须在教育工作中发扬教育道德，在教育工作中确立人道主义原则。培养学生的人道主义思想首先要用人道的精神对待学生。正如苏霍姆林斯基所言：“对待学习，对待成绩，对待学生的会与不会，对待这一切，都应当从人道的观点采取人道的态度。”

苏霍姆林斯基的人道主义思想，建立在他对善良人性的认识和坚持基础之上。出于培养“大写的人”的教育目标，苏霍姆林斯基认为教师在教学中应该表现出尊重人的尊严等人道的行为和崇高的品德。这主要表现在以下几方面。

1. 重视保护孩子的自尊心

> 孩子的心灵里有一个最隐蔽的角落，这就是人的自尊心。这个角落里的组织是娇嫩的微妙的，脆弱而又敏感的，很容易受到损伤，更容易变得粗糙起来。教师的最细致、最艰巨的任务之一，就是爱护并发展孩子的自尊感。
>
> 真正的教育智慧在于教师从来不给学生打分，而是经常激发他要做一个好学生的愿望。有经验的教师就是这样做的：当一个学生还做不好作业时，教师就不给他打任何分数，永远不堵塞他争取好成绩的道路。（苏霍姆林斯基，2001b）[658]

“自尊心”在苏霍姆林斯基看来是成为一个“好人”的最重要的出发点。他认为，只有在自尊的基础之上，才能发展善恶、美丑等道德认知和道德判断能力。

2. 公正地对待“后进生”（“难教的”儿童）

所谓“难教”儿童，是由于种种原因“在智力发展上有困难的学生”，他们的理解力很差，头脑迟钝，往往表现为缺乏求知欲和钻研精神。

苏霍姆林斯基指出，所谓的难教儿童是无能的教师臆想出来而为自己的教育无能找借口。为此，没有难教儿童，只有加引号的“难教的”儿童。每一个“难教的”儿童都具有自己特殊的、跟其他儿童不一样的个性，他们都有各自的特点，有各自偏离常规的情况和原因以及各自受教育的经历。但是，他们有共同的主要原因：

> 在绝大多数情况下，其原因都在于他们在童年早期受到的教育和所处的环境……如果一个孩子成了难教儿童，别人能做到的，他都做不到，这就意味着他在童年时期没有从周围人那里得到对他的发展来说是应当得到的东西。（苏霍姆林斯基，2001b）[732]

苏霍姆林斯基对“难教的”儿童的论述，充分体现出他对每一位儿童作为“独立个体”的认同。他建议从家庭背景、生活环境和成长经历等角度全面理解儿童，如此一来，每一个儿童就都成为了鲜活的个体，成为了具有喜怒哀乐情感的具体的人。

3. 没有惩罚的教育

正常的，绝对正常的教育，是与惩罚学生不相容的。（苏霍姆林斯基，2001b）[227]

惩罚并不是一种不可避免的东西，如果惩罚含有哪怕一点点对人格的贬损，它就不会具有正面的教育力量。对惩罚的惧怕，会从心理上压抑学生，会使教育者远离受教育者。在多数场合中用惩罚所教育出来的，是不诚实、凶狠、冷酷、残忍甚至是“道德上的厚脸皮”。

体罚不仅是对人的肉体的暴行，而且是对人的精神的摧残；皮带不仅会使脊背失去知觉，而且会使心灵和情感麻木不仁。（苏霍姆林斯基，2001b）[235]

儿童的自尊心受到挫伤之后可能造成“道德上的厚脸皮”，这正是苏霍姆林斯基最担心的。也因此，苏霍姆林斯基非常反对惩罚。

4. 教会学生不要冷漠

孩子的心不应是真理的冷库。我竭力要防止的最大恶习就是冷漠、缺乏热情。

明智而有远见的教育者经常关心的是，要使学生的心灵里有一种为他人着想的愿望，有一种乐于助人的意志，使他们对虚伪和冷漠采取不能容忍的态度。

我认为自己教育工作的最主要的成绩在于，孩子们上过培养人道主义精神的学校，他们学会了体察人，会把他人的快乐与痛苦放在心上，学会生活在人们中间，学会热爱自己的祖国和仇恨祖国的敌人。（苏霍姆林斯基，2001c）[308]

冷漠或者说同情心在苏霍姆林斯基看来，是道德情感中最重要的要素，在此基础之上，才有可能发展出其他的道德情感。由此，道德情感与德性的养成建立了直接的联系。

上面所引用的文字中，处处显现出苏霍姆林斯基的人道主义情怀，他对人道主义教育的强调是与他对人性的认识和理解紧密联系在一起的。基于人道主义的教育思想是苏霍姆林斯基教育思想的重要特点。

（二）教育培养的目标——全面和谐发展的人

培养个性和谐全面发展的人是苏霍姆林斯基教育思想的重要核心。

苏霍姆林斯基认为，教育的理想和培养目标应当是：造就全面和谐发展的、富于创造和精神充实的合格公民与幸福个人。这一教育目标中包含了几个重要的关键词：全面、和谐、发展。

所谓全面，指的是学校教育所关心的“个人发展”涉及“全体人”。苏霍姆林斯基认为“受教育权”是人的天赋权利之一，教育者有责任为所有儿童提供不同时期符合不同需求的多样化教育。苏霍姆林斯基甚至使用“一个人最低的生命存在条件”来比喻教育。他同时也认为每个人受教育的过程应该是一个人最高的生活历程意蕴，应该直接关涉人的尊严和人的价值。在这里，可以看到其中揭示的现代教育的基本命题和理念——受教育是人的权利、人是教育的主体。

所谓和谐，意味着德育与智育、美育、体育之间是相互支持和一体的关系，教育者应该把学生的德、智、美等诸多发展要素统一在一起，构成一个相互渗透、彼此促进的系统施教工程。同时，苏霍姆林斯基认为德育在这一和谐的全面发展体系中应占首位。他宣称“道德是照亮全面发展一切方面的光源”。

所谓发展，指的是面向具体个人的具体发展。苏霍姆林斯基强调教师要认识到每一位学生都是具体的人，都有着客观存在的能力和智力上的差异。因此，教师所要实现的发展目标应该是因人而异的。当然，苏霍姆林斯基并不认为在道德教育的目标中存在差异。他说：“通往道德发展顶点的道路对任何人都开放着，这里有毫无限制的平等，这里每个人都可以成为大写的‘我’，成为独一无二的人。”

苏霍姆林斯基关于全面和谐发展的思想，融合了“学会求知、学会做事、学会共处、学会生存”这些现代的教育理念，直到今天对我们仍然具有借鉴意义。

（三）自我教育的关键性作用

苏霍姆林斯基在其著作中常常谈到自我教育在学生接受教育过程中所起到的关键性作用。在他看来，没有自我教育就没有真正的教育。苏霍姆林斯基认为教育的任务就在于把社会意识转化为自我意识。而这个社会化的过程必须有学生的自觉态度才能实现。所以苏霍姆林斯基一再强调“教育者的使命在于启迪学生有接受教育的能力”，只有激发学生进行自我教育，才称得上是真正的教育。

对内在的自我的充分认识，反映出苏霍姆林斯基对学生作为独立自主的个体的充分尊重。他所强调的自我教育实质上就是对学生的积极性和主动性的强调；实质上就是强调教育过程中学生主体性的参与。

苏霍姆林斯基所强调的学生自我教育，其核心是自我要求和自我强制。现代社会要求其成员具备自我管理的能力，这种自我管理的能力对于学校教育来说正是学生的自我教育，其实质就是对学生自主性的充分发扬。

苏霍姆林斯基认为每一名学生应该对自己的学习和生活有较好的监督与管理，也就是生活中我们经常说的“自觉”性。为了培养这种自觉，帕夫雷什中学把劳动纪律、作息制度、身体锻炼都作为培养学生进行自我教育和自我约束的手段。比如，学生天天坚持做早操、淋浴，冬季还坚持用雪拭身。苏霍姆林斯基认为最有效的自我教育就是学生的独立阅读。学生读好书时，可以从书中找到自己的理想和榜样，以此来衡量自己，进而自觉地选择生活道路。

正是因为坚信学生自我教育的重要作用，苏霍姆林斯基把教师的作用界定为启迪学生的“可接受教育的能力”。而如何启迪学生可接受教育的能力？那就是要坚持和谐教育。在学生们接受学校教育、认识世界的同时，需要积极地劳动和创造以及参加集体活动，在成员的相互关系中发现自己、表现自己（包括世界观、信念、意志、性格等）。

这样，苏霍姆林斯基的教育思想就形成了一个完整的体系：为了实现其教育目的——培养全面和谐发展的人，教育者的责任是去挖掘、发现学生身上美好的东西，无一例外地尊重每一位学生的个性，使他们体会到自己不只是一个受教育者，而且是国家的公民、未来的父母、未来的能工巧匠、未来的诗人——一个有权自豪的人。

同时，我们可以发现在苏霍姆林斯基的教育思想体系中，德育占有重要地位，在他的著作中占有较大的篇幅。以下将围绕苏霍姆林斯基教育思想的基本核心，详细介绍他关于道德教育的论述。

三、道德教育体系

（一）基本道德素养

苏霍姆林斯基指出，道德是照亮全面发展一切方面的光源，同时又是人的个性的一个个别的、特殊的方面。现代人的劳动素养、生活以及全部活动都越来越多地依赖于智力、依赖于思想创造。智慧赋予人支配自然力的偌大的权力，一个人甚至可以决定成千上万人的命运。而且这并不是在某个重大事件之中，而是在日常的劳动中，例如在水电站、矿井、原子能发电站和铁路枢纽调度室的劳动中，都是如此。一个人在平凡的岗位上，就能够牵制千万人的命运。所以，即便是一个普通的劳动者，也要具有精神集中、沉着冷静的品质，要有高度的义务感和责任心。苏霍姆林斯基反复强调，需要作为起码的道德素养、作为基本的公民精神传授给孩子们的人类道德准则包括以下几项内容。

1. 不能损人利己

你是生活在人群中，不要忘记，你的每一个行为，每一个愿望都会影响周围的人。你要知道，在你想要做的和可以做的事之间是有界线的。要检查自己的行为，问问自己所做的事是不是在损害别人和不利于别人？做什么事都要有益于你周围的人。(苏霍姆林斯基，2001d)[183]

譬如，在林荫道旁盛开着玫瑰花，你想去摘一朵花。你要想一想，如果每个同学都满足这种愿望的话，将会是什么样子。盛开鲜花的玫瑰丛将会变成一簇秃枝。(苏霍姆林斯基，2001d)[184]

在苏霍姆林斯基看来，能够对自己的意愿有所限制、考虑集体利益是非常重要的道德品质，是学校德育中非常需要重视养成的道德素养。当然，他也强调对儿童来说，这一道德素养更多需要从行为磨炼出发，以养成道德行为习惯。

能支配个人欲望这一条基本准则，乃是道德行为这个识字课本的第一页第一行。谈论道德的响亮辞藻，儿童是难以理解的。要少使用这种辞藻，多关心人的行为的磨炼和优良习惯的培养。(苏霍姆林斯基，2001d)[184]

2. 以德报德的感恩

你在享受到别人创造的财富。人们给了你幸福的童年，你要以德报德。(苏霍姆林斯基，2001d)[184]

在苏霍姆林斯基看来，一名合格的公民应该懂得如何成为集体中的一员、成为社会中的一员，“成为一员”需要的重要道德素养就是拥有以德报德的感恩之心。在孩子们没有理解作为社会中的公民角色时，在理解承担义务这些概念之前，应当学会以德报德。要使他们的良心不允许他们只做物质财富和快乐的享受者，这样他们就有内在的驱动力促使自己同样成为一名“责任人”，感觉到创造物质财富、创造快乐的社会责任感。因此，苏霍姆林斯基建议教育者这样对孩子说：

> 在宁静的黎明前的时刻，当你还在酣睡的时候，挤奶员早已工作在畜牧场了，为你们准备新鲜的、营养丰富的牛奶。炊事员已点燃了学校厨房的炉灶，为你们准备美味的早餐。矿工们下到矿井，在坑道中挖掘煤炭，为的是让你们待在教室里暖和。……你们的父母上班去工作，为的是你们有衣服鞋袜穿，为的是你们能够欣赏到明媚的阳光和蔚蓝的晴空。他们把一切财富毫不吝啬地供你们享受，也期望从你们这里得到善报。(苏霍姆林斯基，2001d)[185]

苏霍姆林斯基认为，教孩子们怎样为人们做好事，还能够让孩子们因为能为人们做好事而感受到由衷的喜悦。多次体验这种情感之后，道德情感才能在心里扎下根来。

3. 劳动创造幸福（劳动是道德之源）

> 生活中的一切幸福和欢乐都由劳动创造。不劳动，就不能正直地生活。人民教导说：不劳动者，不得食。要牢记这一格言。懒汉、寄生虫——犹如吞噬勤劳的工蜂所造的蜂蜜的雄蜂。学习是你的首要劳动，去学习，就是去上工。(苏霍姆林斯基，2001d)[185]

劳动教育是苏霍姆林斯基教育思想体系中非常有特点的一个部分。他对劳动的重视（头条公民义务）、对劳动功能的充分挖掘都体现在他的教育实践之中。在帕夫雷什中学，学校创造了劳动环境和绝不容忍懒惰、懈怠、闲散、做事马虎等恶习的氛围。

4. 善良、富有同情心

> 要做一个善良的、富有同情心的人。要帮助弱者和无自卫能力者。要帮助患难的同志。不损害人。要尊敬、爱戴父母——是他们给了你生命，又在抚育你，希望你成为一个诚实的公民，成为心地善良、心灵纯洁的人。（苏霍姆林斯基，2001d)[186]

苏霍姆林斯基认为：“薄情会产生冷漠，冷漠会产生自私自利，而自私自利则是残酷无情之源。”为了防止薄情的滋生，应该培养孩子们学会真诚地关怀、惦念、怜惜一切有生命之物和美好的东西——树木、花草、禽鸟、动物。这种关心能够磨炼孩子们真诚的同情心，激发他们做好事的愿望。

5. 与坏人坏事作斗争

> 对坏人坏事不能置之不理，要同坏事、欺骗和不正义现象作斗争。决不同那种企图靠别人去生活、损害别人、危害社会的人妥协。
>
> 对于不良行为的斗争不能只是说说而已。……尽量让犯了错的人，由舆论强迫他付出劳动来，以补偿损失。当孩子们看到正义终于胜利了的时候，就会以更大的热情积极地为社会而劳动。……（苏霍姆林斯基，2001d）[188]

以上是苏霍姆林斯基提出的道德的初步素养，在这些素养基础之上孩子们能够确切理解善与恶、荣与辱、正义与非正义的实质。以这些道德素养的培养为起点，苏霍姆林斯基构建了其德育思想。他相信，德育在形成全面发展的个性中起主导作用，作为全面发展教育的一个方面，德育应该有自己的蓝图，但是不可能单独进行，必须始终贯穿于学校教学与教育工作的各个方面。

（二）道德教育的过程

在苏霍姆林斯基看来，道德教育的最终结果是个人道德信念。在通往这一最终结果的道路上，道德教育需要经历道德概念、道德习惯、道德情感、道德信念四个层面。苏霍姆林斯基对这四个层面之间的相互关系作了深入的阐述。

苏霍姆林斯基认为，道德信念是说明一个人的精神面貌及其品性中思想和行为一致、言论和行动一致的主要标志。只有当对真理的认识和对概念的认识能深深反映在一个人的精神世界里，成为他个人的观念，能激发出深沉的情感，同他的意志融合起来，并能在他的活动行为方式、行为举止，以及待人、对己的态度中表现出来时，才能谈得上道德信念。道德信念是个人的能动力量，是对坚持真理、证明自己观点的正确性并为此随时准备作出任何牺牲的一种热诚企望。

道德教育过程中，行为习惯、道德情感、道德信念、道德行为是统一的，是相互依存、相互渗透、相互制约的，不能分裂开来培养。

综上，道德教育的过程是在道德概念的认识基础上，使学生逐渐养成良好的道德习惯；在习惯养成的过程中，由于体验的增多，道德情感逐渐得到丰富；这些知识和情感等逐渐融为一体，沉淀在个人身上，凝练为个人的道德信念。

（三）道德教育的途径和方法

苏霍姆林斯基认为道德的教育不能仅仅通过理论知识学习来实现，道德教育离不开实践活动。同时，他也不同意“生活能教育人”的说法，认为这一观念忽视了道德理论教育的必要性。苏霍姆林斯基认为真正的道德教育应该坚持理论与实践的统一，即坚持知识学习与道德实践相结合的道德教育。本着这一基本思想，苏霍姆林斯基为道德教育设计了以下几种途径和方法。

1. 知识对于道德形成具有重要作用

苏霍姆林斯基反复强调，道德教育不能孤立进行，需要将课堂教学中传授知识与培养学生的道德信念相联系。各科教师都应当充分利用本学科的内容对学生进行道德教育和世界观教育，将知识教学和道德教育有机结合在一起。

在这个问题上，苏霍姆林斯基坚决反对两种观点，指出这两种观点都是片面的。一种观点认为，知识贫乏与道德品质之间没有联系。另一种观点认为，知识中就包含着道德因素，学生只要学了知识就受到了道德教育，掌握知识的过程就是道德成长的过程。苏霍姆林斯基认为，学生在学校中学习的知识，是有关自然界、社会和人的思维规律的基础知识，是形成人的世界观的基础。如果缺少这个基础，没有智力素养和多方面的智力兴趣，要把一个人提高到道德尊严的高度是很困难的。但是，授予学生知识还不等于进行道德教育。只有当知识转变并发展为学生的信念的时候，才谈得上道德教育。

怎样促使儿童将知识转变为信念呢？知识只有通过生动的语言，触及学生的灵魂，促使他们用行动去捍卫认识的真理，才谈得上转变为学生的信念。因此，各科教师在教学中都不应只是冷冰冰地阐述客观材料，而应设法触动儿童的心灵。课堂教学应成为点燃学生求知欲和道德信念的第一朵火花。

> 学生们通过学习历史、社会学和文学而认识过去、现在和将来的社会发展规律，认识和爱护人类创造的精神财富。在这个学习过程中，学生既认识影响过人类发展的伟大事件，同时也体验事件、参与心灵、思想和感情。（苏霍姆林斯基，2001d）[272]
>
> 教师上历史课讲解历史过程时，不应当只是把它当作历史的必然，而应当把它当作善和恶的斗争，当作人们在其中充满爱憎喜忧的斗争来阐发。学生在历史课上能感受到活生生的人的形象，并为他们为真理和正义而战斗所感动的话，他就不会成为知识的冷漠的接受者，就不会对历史事件的结局无动于衷，他将产生同情、善良、憎恨邪恶的感情。（苏霍姆林斯基，2001d）[273]

自然科学课程是否可以脱离育人的任务呢？苏霍姆林斯基认为就是在讲授自然科学时，也不应使教育与教育任务脱节。为了揭示自然科学真理，人们付出了很高的代价，经历过艰苦曲折的道路，许多杰出的思想家甚至为此献出了生命。教师在讲解每一条真理时，都应满怀激情。

> 例如，讲太阳系的知识时，教师在语言中反映出对那些反宗教势力的思想家的无限崇敬之情，要使那些为真理而献身的思想家的形象给学生留下鲜明的印象，以激发他们对科学真理的珍视与追求。(苏霍姆林斯基，2001d)[280]

苏霍姆林斯基认为，要达到教养和教育的有机统一，教师必须做到以下两点。第一，讲课前要了解每个学生在想什么，这样才能有针对性地备课，讲课时才能针对学生的精神世界、针对他们的思想情感，唤起他们对自己遇到的问题的思考。第二，“要像防火一样防止学生死记硬背”。苏霍姆林斯基反复强调，防止死记硬背、防止不假思索地生吞现成的大道理是使知识转化为信念的保证。教师不仅要注意课的思想性，而且要关注学生的精神状态，关心每个人的感情，还要能预见和估计到每一条道理将引起学生怎样的思想反应，会出现什么问题，要善于点燃学生的信念之火，以达到教书育人的目的。

> 人们不知何故忽略了教育过程中的一个重要特点，这就是不论课堂上所学的教材包含着多么丰富的政治思想和道德思想，学生在掌握知识的过程中，都常常把人是目的放在首位，这就是学会、记熟和弄懂教材。教师全力以赴地也是这一目标。这一目标（就是……）越是居于首位，它占去学生的精力就越多，它的思想性就越是退居次要地位，知识转化为信念的效率就越低。（苏霍姆林斯基，2001d)[302]

2. 道德标准应当“物化”出来

把道德概念、道德标准“物化”出来，指的是不说空话、套话。我们的很多德育内容和形式比较空洞、单调，单纯思想说教的教学模式并不少见，不少课堂教学脱离了学生的生活实际。受此影响，教师们仿佛以为，道德信念能灌输给孩子们，成为他们的“知识”，而忘了怎样使孩子们通过周围的“物”来领会，再把道德信念体现到自我的活动中去。这样的教育形式是为苏霍姆林斯基所强烈批判的。相比之下，苏霍姆林斯基更强调教育者能够针对所面对的学生，分析其所处的生活环境，创造性地采取各种手段来进行道德教育。道德教育的各种标准在不同的学生身上，体现的方式应该是不一样的。(专栏 9-1)

专栏 9-1

罗曼是一个任性、胡闹，一点也管不住自己的男孩。他常常无缘无故打别的同学，弄坏女孩子的皮筋、跳绳。苏霍姆林斯基决定对他进行惩罚。他对罗曼说："你的自由是一种野蛮的行为，它会使你在生活中跌跤，要是成年人做出这种事，人们就会剥夺他的自由，把他关进牢房。我们对你采取另一种方法，把你的右手伸出来。"罗曼伸出了右手，苏霍姆林斯基从口袋里掏出一根绷带，把他的手掌和手腕缠住，再把他的手牢牢地捆在衣袋里，使他不能使用这只右手。然后又用同样的方法让同学们缠住右手，说："罗曼，今天我们就这样生活，不使用右手，让我们试一试，这样是不是轻松。"就这样，一整天罗曼尝够了这种失去自由的生活。后来，苏霍姆林斯基又给他上了几节品德课，他终于学会了约束自己。

(来源：苏霍姆林斯基，1984)[357-358]

3. 集体是教育的工具

苏霍姆林斯基非常重视集体在形成道德品质中的作用，在他的教育工作中，正确地组织儿童集体占有很重要的地位。

苏霍姆林斯基相信"集体是教育的工具"，"集体的道德品质是个人道德品质的源泉"。为了论证这一点，苏霍姆林斯基对集体和个人的辩证关系进行了深刻的阐述。他认为，没有鲜明的个性就谈不上集体。集体并不是没有个性的人群，而是指许多有个性的人集中在一起，是由需要、兴趣、智力、思想、道德、社交、劳动能力和审美观点各不相同的处于不同年龄阶段的人组成的复杂的精神上的统一体。形成学校集体的力量是关心人、对人负责，对集体和社会富有责任感。没有人所需要的感情、没有对人的热诚是不可能建立起能教育人的集体的。

要关心集体所产生的教育力量，就要关心集体中每个成员精神的不断丰富、不断充实，就要关心人们之间关系的发展。苏霍姆林斯基说，如果一个集体找不到思想丰富、有各种爱好的不同类型的人，这个集体就没有吸引力。因此，他总是努力使每个学生都能在不同集体中为同学提供些什么，为丰富集体生活作出自己的贡献。有的学生热爱生物，有的热爱数学、物理，有的热爱文学、历史……学习中他们会在自己所热爱的领域超出教学大纲，对这门学科充满了激情和信心，渴望把自己的知识和爱好传授给别人。这就是集体生活的伟大动力。

苏霍姆林斯基所论述的集体概念，要远远大于所谓“班集体”的概念。从广义上讲，它指的是学校范围内（有时是超出学校范围）的人与人的接触和交往。他认为要使学校里人与人的接触成为对个人成长最有利的条件，同时又可以培养每个人对集体和社会负责的能力——这就是个人和集体的和谐统一。在学校集体中，不同年龄的学生之间存在着各种各样的关系。

苏霍姆林斯基在集体教育体系中，把友谊、友爱精神提高到相当重要的地位。他说：“没有忠实可靠的、有责任感的友爱，就谈不上有什么集体。”苏霍姆林斯基理解的友爱“首先是指相信人，对他有要求，向他负责”。将这三个原则结合起来，与志同道合的人交往时就会产生幸福。

总的来说，集体中的友爱精神再加上所包含的理想因素，能使集体成为一种道德力量。友爱又与羞耻相连。人懂得了友爱，就不只是用自己的眼光，同时也用朋友的眼光来审视自己的言行。有了这种自我审视、自我教育的感情，集体教育的作用就能充分发挥。

4. 用美来唤醒心灵

“美好比一面镜子，可以照出人身上不良和丑陋的东西，经过美的长期陶冶，人会不知不觉地感到不能容忍丑恶的东西，这样，美就把恶排挤出去了。”这是苏霍姆林斯基描述美的育人作用时所使用的比喻。在他看来，可以用来唤醒心灵、培养美好的人的美到处都有：大自然的美、音乐的美、文学作品的美、绘画的美、环境的美等。要使儿童在学校里所能接触的一切都是美的，这一方面可以使学生感到心旷神怡，积累更多的审美印象，另一方面也可以使他们受到美的陶冶，产生美的感应。

苏霍姆林斯基不仅主张要教会孩子们欣赏美，而且还主张孩子们要学会创造美，并在创造美的过程中进一步提高审美修养，形成美好的内心世界。他坚信，学校美育的任务不是把每个学生都培养为艺术家，而在于把美感和许多世纪以来创造的美变为每个学生的心灵财富，使学生们善于赞叹美，更善于在言行方面体现美，为人们创造美，成为一个真正美好的、高尚的人。

苏霍姆林斯基认为进行道德教育的一切手段，都必须与学生的思想、情感和行为联合起来。学校所做的一切都应该包含深刻的教育意义，学校生活和师生关系的每一个方面也都应充满深刻的教育意义。他强调，贯彻道德教育大纲必须注意把输入儿童心灵的东西同儿童本人的实际情况结合起来，使每个孩子在生活的每一瞬间，都处在真理的光辉照耀之下，能自觉地去追求真理，为真理而奋斗。

四、总结和评价

苏霍姆林斯基的教育思想以人道主义价值理念为核心，同时将人道主义与共产主义道德价值联系在一起，其教育思想被称为社会主义教育思想的典型代表。苏霍姆林斯基是这样将人的基本道德素养与共产主义道德联系在一起的："诚然，我们最重要的教育任务，是要在我们的公民的心灵中树立对祖国的敌人毫不留情的感情，使他们准备好同一切敢于侵犯我国独立与自由的敌人作殊死的斗争。没有受过善良、诚恳、体贴的教育的人，是领会不了高度的憎恨感情的，因为，勇敢——这是人类高度的善良，而对敌人的憎恨，则是一种真正的人性。童年和少年时代理应成为培养善良、人性和体贴的学校。只有在这种条件下，在人的心灵里才会奏出人的高尚感情的一首乐曲——从对母亲满怀深情的体贴、关怀，到对敌人的憎恨和对敌对思想的毫不妥协的态度。"（苏霍姆林斯基，1983）[8-9]

总的来看，我们可以这样总结苏霍姆林斯基德育思想的特点。

1. 苏霍姆林斯基明确承认和主张教育的社会政治目的，公开主张政治信仰与道德教育的统一。这使得他的德育思想显得更加真诚。（檀传宝，2007）[24]

> 忠于崇高的理想，是个人道德发展的顶峰。
>
> 我们号召自己的学生们，要为共产主义思想而生活、学习、奋斗。（苏霍姆林斯基，1992）[15]

2. 注意营造德育环境，注意实现校园与社会生活的沟通，辩证处理学校德育与社会环境之间的关系。

"把整个心灵献给孩子。"苏霍姆林斯基这样号召教师，也是这样做的。用心体会孩子、用爱作为教育的力量也许是我们从苏霍姆林斯基身上学到的最重要的教育信念。围绕这一信念，我们至少可以从下面几点做起，向苏霍姆林斯基致敬。

第一，相信并尊重孩子。

第二，引导孩子自我教育。

第三，鼓励孩子参与社会生活，丰富精神世界。

参考文献

苏霍姆林斯基．1983. 青少年心灵美的培养［M］. 肖辉，陈楠，译．长沙：湖南教育出版社.

苏霍姆林斯基．1984. 给教师的建议［M］. 杜殿坤，译．北京：教育科学出版社.

苏霍姆林斯基．1992. 怎样培养真正的人［M］. 蔡汀，译．北京：教育科学出版社.

苏霍姆林斯基．2001a. 苏霍姆林斯基选集：第1卷［M］. 蔡汀，等，译．北京：教育科学出版社.

苏霍姆林斯基．2001b. 苏霍姆林斯基选集：第4卷［M］. 蔡汀，等，译．北京：教育科学出版社.

苏霍姆林斯基．2001c. 苏霍姆林斯基选集：第3卷［M］. 蔡汀，等，译．北京：教育科学出版社.

苏霍姆林斯基．2001d. 帕夫雷什中学［M］. 赵玮，王义高，蔡兴文，译．北京：教育科学出版社.

檀传宝．2007. 德育原理［M］. 北京：北京师范大学出版社.

问题与反思

1. 通过阅读苏霍姆林斯基的相关著作，请您谈谈在苏霍姆林斯基看来，什么样的人是真正的“人”，什么样的大写的“人”是教育应该培养的人?

2. 苏霍姆林斯基特别重视保护儿童的自尊心，他认为儿童的自尊心受到挫伤之后可能造成“道德上的厚脸皮”，请您结合自己的教学经验，谈谈对这一点的体会。

3. 在苏霍姆林斯基看来，儿童的作文语言之所以平淡乏味，是因为缺少丰富的生活体验。请您谈谈对于这一论断的理解。

相关链接

1. 苏霍姆林斯基．1983. 帕夫雷什中学［M］. 赵玮，等，译．北京：教育科学出版社．

苏霍姆林斯基生命的最后22年是在帕夫雷什中学度过的，他对学生的热爱和他的教育思想都集中表达在《帕夫雷什中学》一书中。在书中，他强调学生作为个人的整体和谐发展，关心儿童的幸福和自我表现。

2. 苏霍姆林斯基 . 1984. 给教师的建议［M］. 杜殿坤，译 . 北京：教育科学出版社 .

苏霍姆林斯基任校长期间，特别注意教师团队的建设，尤其是培养了一大批青年教师。在《给教师的建议》一书中，苏霍姆林斯基建议教师注意培养整体和谐发展的学生——大写的“人”的教学策略和方法。同时，他也将自己发现优秀教师、培养青年教师的经验进行了总结和梳理。

3. 闫学 . 2010. 跟苏霍姆林斯基学当班主任［M］. 北京：教育科学出版社 .

《跟苏霍姆林斯基学当班主任》重点梳理、提炼了苏霍姆林斯基在班主任工作方面的种种做法，研究分析了他在班级管理、道德建设、师生交往、习惯养成、家校沟通、组织活动等方面的经验与价值，并结合当下中国教师尤其是班主任工作中遇到的种种困难进行了系统反思。

4. 蔡汀 . 2007. 走进教育家苏霍姆林斯基：妙语箴言、教育佳篇、系列教诲［M］. 北京：教育科学出版社 .

该书精选了苏霍姆林斯基的一些脍炙人口的妙语箴言、教育佳篇、系列教诲。作者试图使读者在全面而集中地了解苏霍姆林斯基教育思想的同时，在探讨做人道理、生活目标、人生真谛等大主题时，也能从中领悟到一些如何做人的哲理。

教师德育专业化读本

德育观念模块	做一个配享幸福的教育家 ——教师德性生活关键词： 幸福、公正与仁慈 中国传统德育与德育现代化 制度情境与道德教育 当代青少年文化与学校德育
德育实务模块	德育与课程实施 班主任的德育工作： 角色定位与功能实现 社会变迁过程中的学校师生关系 主题班会的设计与开展 ——班主任德育工作的视角
德育理论流派模块	▶ 苏霍姆林斯基的德育思想 科尔伯格与品德发展理论 关怀教育学与关怀关系的建立 价值澄清与多元文化的应对

教师德育专业化读本

科尔伯格与品德发展理论

10

王　啸

阅读导航

科尔伯格（Lawrence Kohlberg，1927—1987）是美国当代著名的心理学家和教育家，现代道德认知发展理论的创立者。他构建了集道德发展的哲学、道德发展的心理学和道德教育的实践策略于一体的庞大理论体系。

1987 年，世界道德教育研究领域最权威的学术刊物《道德教育杂志》在第 2 期悼念科尔伯格的专刊中指出："他对道德发展和学校道德教育实践所作出的贡献是无与伦比的，在他数十年所致力的这些领域中，他超过了他同时代的所有人。"

本章对科尔伯格与品德发展理论的介绍主要围绕五个方面展开：

1. 什么是道德；
2. 什么是道德教育；
3. 什么是道德两难法；
4. 什么是公正团体法；
5. 什么是科尔伯格的核心追求。

一、什么是道德

先看一个例子。这是一个有关“最后通牒”的实验，从中我们可以体验什么是道德。

“最后通牒”实验最早由德国一所大学的经济学教授组织设计，而后世界上很多国家的经济学家都进行过同样的或类似的实验。实验的过程大致是这样的

> 从一群人当中随机选出两个，配对进行游戏。游戏的两个人分一笔钱，比如说 10 美元，其中一个人扮演提议者，提出分钱方案，他可以提议把 0 和 10 之间的任何钱数给另一人，其余归他自己。另一人则扮演回应者，他只有两种选择：接受或拒绝。若是接受，实验者就按他们所提方案发给两人；若是拒绝，钱就被实验者收回，两个人连一分钱也拿不到。

游戏的规则就是这么简单，然而实验的结果却让经济学家们大为惊讶。因为根据利益最大化原则，无论提议者的分配方案如何，回应者都应该接受，只要钱数不为零；既然回应者不会拒绝任何不为零的分配方案，提议者大可以只分给对方很少一点钱。这才是理性的“经济人”参与游戏会出现的结果。

真实的实验结果是这样的——

> 由提议者提出的分配方案，没有一个是只给对方 1 美元或者 1 美元不给的，最少的是给 3 美元，在这些三七开分配的方案中，大概有 1/3 被否决了；当提议者提出给对方 4 美元，也就是说按四六开分配时，否决的概率就要小得多，大致上是不到 1/6 被否决；当分配是完全公平的时候，即对半分配的时候，就完全没有否决的情况。

桑塔菲研究所花了 10 年的时间在不同文化背景的国家和地区重复做这个实验，包括原始部落、半开化的渔村、城市旁的乡村以及经济转型国家的城市等，所得的结果也都相当的一致：提出较公平分配方案（给对方 40%—50%）的人，占受试者的 40%—66%，其中又以提出对半分的人居多；几乎每次实验，都有 20%—30% 的人提出非常不公平的分配方案（分给对方低于 30%），然而，这些极不公平的提议总是以很高的概率被对方拒绝。

“最后通牒”实验的结果对传统经济学关于人性“自利”（self-interest）的假设提出了挑战，人们在进行经济决策时也具有追求“公平”（justice）的倾向。

以上实验从经济学的角度说明了公平对于人类生活的重要性乃至首要性。科尔伯格的研究在立论基础上与“最后通牒”实验有所不同，但却异曲同工，得出了同样的结论——“道德应该是公正的”。这其实正是科尔伯格关于道德的理解。他认为，道德问题不再是反思维多利亚时代不可容忍的世俗态度，而应是关于人类事业的公正原则及其行动。科尔伯格从第二次世界大战中德国法西斯特别针对犹太民族的大屠杀中，看到了人类行为的不公正性和不道德性。他说：“人类历史上的大屠杀事件最能证明人类需要道德教育以及指导道德教育的哲学。我自己对道德和道德教育的兴趣，部分原因是对大屠杀的反应。”

二、什么是道德教育

科尔伯格把西方道德教育哲学划分为三大流派：浪漫主义（romanticism）、文化传递论（cultural transmission）和进步主义（progressivism）。前两种是他批判的，后一种是他继承的。

浪漫主义源自卢梭，是一种道德成熟论。

文化传递论源自洛克，是一种外部灌输论。

进步主义源自杜威，是一种交互作用论。如果说科尔伯格的心理学思想是皮亚杰式的，那么他的道德教育思想则是杜威式的。

科尔伯格认为，道德教育就是促进学生的道德判断阶段的发展。他在 1964 年指出：“道德教育主要是促进儿童的道德判断及其对行为控制的发展……促进道德发展不同于简单地强加任何文化的或个人的标准给儿童。这就意味着，首先促进儿童使用其当前道德判断的能力和使用这些判断去指导和评价其行动，其次促进道德判断向下一个成熟水平的发展变化。”

道德发展的阶段模型是科尔伯格整个道德认知发展理论的核心。具体如下（专栏 10-1）。

专栏 10-1

道德发展阶段：三水平六阶段

- 前习俗水平（个体从其现实利益出发）

— 阶段 1：以服从与惩罚为定向（1—8 岁）

— 阶段 2：以工具性的相对主义为定向（8—12 岁）

- 习俗水平（个体从社会成员角度出发）

— 阶段 3：以人与人之间的和谐一致或好孩子为定向（12—16 岁）

— 阶段 4：以法律和秩序为定向（维护权威的道德）（16—21 岁）

- 后习俗水平（个体超越他所处的社会观点）

— 阶段 5：以法定的社会契约为定向（契约的、个人权利的和民主地接受法律的道德）（18 岁以上）

— 阶段 6：以普遍的伦理原则为定向（个人良心原则的道德）（成人阶段）

三、什么是道德两难法

科尔伯格反对灌输。他认为灌输既不是教授道德的方式，也不是道德的教育方法。他采用道德两难法进行道德教育。以下为科尔伯格编写的道德两难故事（专栏 10-2），我们重点分析道德两难故事二。

专栏 10-2

道德两难故事一

乔是一位 14 岁的男孩，他很想去野营。他父亲许诺，如果他攒到一笔钱，就允许他去野营。于是乔送报就更加卖力，终于攒下了 100 美元。这笔钱除可用于野营外，还有点剩余。但就在野营要出发前，乔的父亲改变了主意。因为他父亲的一些朋友决定去进行一次钓鱼旅行，而他父亲缺少这笔旅行的费用，他就告诉乔把送报攒下的钱给他。乔不想放弃将要进行的野营。于是，他想拒绝给他父亲钱。

道德两难故事二

欧洲有一位妇女患了一种特殊的癌症，生命垂危。医生认为只有一种药能救她，就是本镇一个药剂师最近发明的镭。药剂师制造这种药要花很多钱，而他索价还要高出成本10倍。药剂师花了400美元制造镭，而一小剂药他竟索价4000美元。病妇的丈夫海因茨到处借钱，但他一共才借到2000美元，只够药费的一半。海因茨不得已，只好告诉药剂师，说他的妻子快要死了，请求药剂师便宜一点卖给他，或允许他赊欠。但药剂师说："不行！我发明这种药就是为了赚钱。"这样，海因茨试过了一切合法手段，但他都失败了。于是他撬开药店的门，为他妻子偷了药。

问题：

（1）海因茨应该偷药吗？为什么？

（2）如果海因茨不爱他的妻子，他应该为她偷药吗？为什么？

（3）假定将要死的人不是海因茨的妻子，而是一个陌生人，海因茨应该为陌生人偷药吗？为什么？

（4）（如果你赞同为陌生人偷药）假定快要死的是海因茨宠爱的一只动物，他应该为救这只宠物去偷药吗？为什么？

（5）为什么人们应该尽其所能搭救别人的生命？不论用什么方式都行吗？

（6）海因茨偷药是犯法的，那样做在道德上错了吗？为什么？

（7）为什么人们一般都应该尽其所能避免犯法，不论什么情况都该如此？

（8）大多数人都相信，在科学上思维和推理能导致正确的答案，在道德抉择中也同样如此吗？或者它们有什么不同？

海因茨撬门进入药店，他偷到了药，给他妻子服用。第二天的报纸就刊登了一则偷窃消息。布朗先生是一位警官，他认识海因茨。他想起曾看见海因茨从药店里跑出来，意识到偷药的人就是海因茨。布朗先生想，他是否应该告发海因茨是窃贼？

继续：布朗警官告发了海因茨，海因茨被捕，并被带到法庭。法庭组织了一个陪审团。陪审团的工作是检查一个人是有罪还是无罪。最后，陪审团认定海因茨有罪，法官判了海因茨罪行。

道德两难故事三

一位妇女患了致命的癌症，没有药能治好她的病，她的医生杰弗森大夫知道她只有6个月的生命。她异常疼痛，奄奄一息，只有乙醚和吗啡一类的止痛药可以加速她的死亡。她神志不清，几乎痛得昏死过去。在她清醒时，她请求杰弗森大夫给她足够的乙醚让她死去。她说她不能再忍受痛苦了，反正她是要在几个月内死去的。尽管杰弗森大夫知道安乐死是违法的，但他思考再三，还是想满足她的要求。

杰弗森大夫给了病人药物，执行了安乐死。这时正好有另一名医生罗杰斯经过病房，他知道杰弗森大夫在场，罗杰斯大夫试图阻止杰弗森大夫，但药物已经服用了。罗杰斯大夫犹豫着他是否应该控告杰弗森大夫。

继续：罗杰斯大夫告发了杰弗森大夫。杰弗森大夫被带到法庭。法庭组织了一个陪审团，陪审团的工作是检查一个人是否有罪。最后，陪审团认为杰弗森大夫有罪，法官判了杰弗森徒刑。

道德两难故事四

琼迪是一个12岁女孩，她妈妈许诺她，如果她从照看婴儿和午餐费中攒到足够的钱用于买门票，她就能去城里看一场摇滚音乐会。她设法攒到了15美元，除了买门票还多5美元。而她妈妈却改变了主意，告诉琼迪她得用这笔钱做新校服，琼迪很失望。但不管怎样她还是决定去看音乐会。她买了一张票，告诉妈妈她只攒下5美元。周末她去看演出并告诉妈妈她要花一天时间和朋友一起玩。一周过去了，她妈妈还没有发现。后来琼迪告诉了她姐姐露丝，她去看演出了，而对妈妈却撒了谎。露丝犹豫着是否应该把琼迪的行为告诉妈妈。

道德两难故事五

在欧洲，有一支部队受到力量数倍于自己的敌人的追击，正在进行撤退。部队已通过一座桥梁，而大部分敌人还在河那边。如果有人返回去把桥炸掉，部队就能顺利地撤退。但若延迟了炸桥，部队就不能顺利撤退。唯有带队的上校知道怎样撤退。他问有没有人自愿去炸桥，结果没有人愿意去。如果他自己去炸桥，部队就不能安全撤退，因为他是唯一知道怎样撤退的人。

道德两难故事六

有两个年轻人，是兄弟俩，他们陷入了严重的困窘。他们打算秘密迅速地离开城镇，并且需要钱。哥哥卡尔闯入一家商店偷得1000 美元。弟弟布伯去了一位退休老人家里，他是镇上出名的助人为乐的人。布伯告诉老人，他病得很厉害，需要1000 美元做手术。布伯向老人借钱，并许诺一旦自己康复了就还给他。实际上，布伯根本没有病，也不打算还老人的钱。虽然老人不认识布伯，但他还是借钱给布伯。这样，布伯和卡尔各自带1000 美元匆匆离开镇上。

道德两难故事七

在欧洲的一个国家里，有一个穷人名字叫乌杰，他找不到工作，他的妹妹和弟弟也找不到工作。没有钱，他就偷他们需要的食品和药物。不幸的是，他被抓住并判了 6 年徒刑。2 年后他从监狱中逃出来，改名换姓又生活在这个国家的另一个地方。后来他赚了钱，慢慢地建成了一家大型工厂，他付给工人最高的工资，他还投资建立一家医院，专门为那些看不起病的人服务。20 年过去了，一位裁缝认出本厂的老板就是乌杰——一位在逃的犯人，警察曾在他家乡的镇上追捕过他。

由上可知，道德判断是人类道德要素中最重要的成分，是道德情感、道德意志和道德行为的前提；道德判断是一种价值判断，而不是事实判断；道德判断是一种社会判断，即对人的判断，而不是对物的判断；道德判断是一种规定的或规范的判断，即对应该、权利和义务的判断，而不是对喜欢、爱好的价值判断。

以下就是以道德两难故事二“海因茨偷药”为例所作的说明（表 10-1）。

表 10-1 “海因茨偷药”的道德推理分析

水平	阶段	道德推理的特点	关于“海因茨偷药”的道德推理	
			不该偷的理由	该偷的理由
前习俗水平	1	以服从与惩罚为定向	偷东西会被警察抓起来，受到惩罚。	他事先请求过，又不是偷大东西，不会受重罚。
	2	以工具性的相对主义为定向	如果他不喜欢妻子的话，没必要冒险偷药，自寻烦恼。	如果他爱妻子，她死了，他就再也见不到她了。
习俗水平	3	以人与人之间的和谐一致或好孩子为定向	偷东西是小偷的行径，那会令自己及家人、朋友蒙羞。	救妻子是一名好丈夫应该做的，不管他是否爱她。
	4	以法律和秩序为定向（维护权威的道德）	法律禁止偷窃，尽管他有义务救他的妻子。	偷东西是违法的，但丈夫有责任设法救妻子的性命。
后习俗水平	5	以法定的社会契约为定向	尽管他应该尽力救妻子，但他没有偷药去救命的义务，这不是夫妻关系契约的组成部分。	法律禁止偷窃，但人命重于药商的财产权。如有什么不对，需要改的是现行的法律。
	6	以普遍的伦理原则为定向	他竭力救妻子无可厚非，但他不能以侵犯他人的权利为代价，别人可能也急需这种药。	生命重于一切，其价值是唯一可能的无条件的道德义务的源泉。为救人偷药是正义之举。

以下是一位大学教授在课堂上所讲的几个道德两难故事，透过它们我们可以更深入地了解道德两难法在分析道德判断与推理上的作用。

故事一：火车在铁轨上运行，前方有5个人，刹车失灵，将来不及避让。但邻近的另一个轨道上有1个人，可以选择转向另一个轨道，从而撞死1个而保全5个。假如你是火车司机，你是否会选择转向另一个轨道？

故事二：火车在铁轨上运行，前方有5个人，刹车失灵，将来不及避让。而

> 此时你是在铁轨上方大桥上的旁观者，大桥边倚靠着一个非常肥胖的人，你可以选择把他推下铁轨去，他会堵住火车的路并使火车停下来，从而保全那5个人。你是否会这样选择？

现场学生对于第一个故事大部分会选择转向，似乎为了保全5个人而牺牲1个人是符合道德的，这是基于功利主义的道德原则得出的结论。而类似的第二个故事中学生却大部分选择不推，宁可牺牲较多的5人，似乎有什么东西否定了之前大家功利主义的道德原则，那就是一种义务论的道德原则。继续看。

> 故事三：有6人遭遇车祸，其中1人垂危，5人重伤。假设你是医生，可以花全部时间照顾垂危者使其生还，而重伤5人将死去，也可以花全部时间照顾重伤的5人使他们都没有生命危险，而垂危者将死去。你会如何选择？
>
> 故事四：医院里有5人重伤，急需各种器官移植，但现在无法及时找到器官，这5人都即将死去。而此时正好有一个健康的人来体检。你可以在体检中趁其不注意取走他的5个器官移植给另外5人，他将死去而另5人将被救活。如果你是医生你会如何选择？

这两个故事和前面的故事有些相似。在故事四的选择中，现场学生更加倾向于义务论的道德原则，几乎都宁愿5人因没有移植器官而死去也不选择杀死那个无辜的体检者。可见，功利主义并不能完全解决问题，例如：为什么有权利损害其他少数人的利益？有些时候，的确需要义务论的立场，即康德提出的“认为道德有其绝对的道德原则，有明确的职责、明确的权利，不论后果是怎样”。而当人们考虑到行为的本身是不道德的时候，开始渐渐转向义务论。

再次回到医生取器官的故事四，由于功利主义需要考虑到整个社会的长久的最大效用，而医生取健康人的器官来救人会导致以后人们不敢去医院检查身体，从长远来看这对整个社会的最大利益不利，所以我们不该选择这么做。但是，这是否就是个人权利值得尊重的唯一原因呢？并非如此，道德的价值并不是通过对结果的选择来体现的，而应该通过选择目的本身来体现，即动机赋予行为道德的价值。

四、什么是公正团体法

公正团体法不同于道德两难问题讨论。它不是把道德认知发展的心理学理论直接应用到学校的道德实践中去，而是根据道德教育实践来确定道德教育的目的和方法，从而在实践中研究和提出道德教育理论。公正团体法从道德两难法单纯强调促进学生的道德判断阶段的发展，转向强调学校中的公正和民主的道德氛围对学生道德发展的影响。

公正团体法又称道德教育的“新柏拉图法”，以区别于作为道德两难法的“新苏格拉底法”。

回到本章一开始提到的“最后通牒”实验。有学者对它进行了拓展。最古老的“最后通牒”实验中的提议者与回应者是随机决定的，那么如果指定游戏参与者的角色，情况又会如何呢？这就是弗农·史密斯在其经典论文《亚当·斯密的两张面孔》中试图探讨的问题。史密斯从受试者当中随机挑出两个人，让他们参加智力或学术能力测验，比如说托福考试，谁的得分高，谁就做提议者。这组实验的结果是，没有一个分配方案被否决，不管是分给对方 2 美元、3 美元、4 美元还是 5 美元。即使是二八开的分配方案，即只给对方 2 美元的方案，都没有被否决。史密斯的解释是产权消除了矛盾，并认为这是他发现的最重要的一个结论，即私有产权可以缓解社会冲突，可以让人们觉得正义。

对于这样的实验结果，以亚里士多德为代表的美德伦理也许可以给出另外一种更合理的解释。亚里士多德认为，正义就是给予每人应得的、本就属于他们的东西。因此，我们在进行分配时应该根据个体的美德给予他们合适的份额。在这个实验里，仅仅是根据智力或学术能力测验分数作为提议者人选的标准，提议者提出的方案就很容易地得到对方的接受，而回应者的不正义感也相应地下降到较低的水平。如果我们将方案的拒绝率作为分配的效率指标，可以看到，这种情况下的分配效率算得上是很高的。而且，即使在这种情况下，分配方案的提议者也没有给出极不公平的方案（比如，一分钱都不给对方，自己独占 10 美元），那么这是否意味着提议者就不会如此呢？

于是，经济学家又设计了另外一个“独裁者”实验，也就是将回应者的否决权取消，提议者提出什么方案，就按提议者提出的方案分配。在这个实验里又分两种情况：一是实验者都在同一间屋子里，面对面进行实验；一是实验者在不同的屋子里，彼此并不知道对方是谁。在前一种情形下，由提议者提出的方案，有相当的比例是一分钱都不给对方，但也有差不多同样的比例是给对方 1 美元到 5 美元不等的数额，甚至也有给 6 美元的；而在后一种情形下，几乎所有提议者的方案都是一分钱都不给对方，但也有极少数会象征性地给一点。为什么会出现这样的结果呢？史密斯认为，正如斯密所言，人类既有自利心，又有同情心，后者将会导致利他行为；而人类的同情心是低于自利心的，当人们处于孤立状态的时候，就只剩下赤裸裸的自利心了。

我们看到，在不同的实验（制度安排）下，人们的行为模式是大不相同的。在有些情况下，人们会表现对正义问题的关注，或者在满足自己需要的同时至少给对方一点钱，或者宁可一分钱不要也不让对方得到超过不应得的部分；而在有些情况下，人们却只会关注自己的利益，只管自己利益最大化，不管对方是否也同样享有应得的份额。换句话说，人们之所以讲道德或不讲道德，全在于他所处的制度环境。一个好的制度，能够让本来不讲道德的人讲道德；而一个坏的制度，则会让本来讲道德的人也不讲道德。诚如诺贝尔经济学奖得主道格拉斯·诺斯所言，制度很重要（institution matters）。20世纪著名哲学家罗尔斯也曾说过，正义是社会制度的首要美德。寻找一种好的制度，才是解决道德问题的根本之道。

如果说道德两难法侧重于引导个体自我发展，那么公正团体法则更加看重民主的生活方式，也可以说是注重隐性课程或文化。具体来说——

- **道德教育必须是一种自由文化**

任何一种文化和教育都具有控制的成分，然而，控制是第二位的，自由才是第一位的。没有自由这一基础，控制就会演变成对人性的改造和强制，对人之尊严的羞辱和抹杀。而一旦丧失了对人的尊重，教育也就不成其为教育了。以自由为基础的文化则与之相反，它是以人为目的的文化。在这里，人能够获得尊重，不会沦为如螺丝钉或链条之类毫无尊严的、任由外力控制的他物；在这里，人之生成才具有实质的意义——教育的“真理”就在于让人作为人自身而不是作为一个被动的物件而显现。可见，教育绝不仅仅是一种“约束之事”，毋宁说它是一种对个体生命的真正解放。道德教育必须要体现这种自由属性。

- **道德教育必须是一种民主文化**

民主首先是一种政体形式。作为政体形式，民主政治是国家最高权力归人民所有的一种治理国家的方式，即“主权在民”。它要求把公民定位于国家和社会的组成者，在认识到“公民者，国家之公民”的同时，更要充分认识到“国家者，公民之国家”。民主政治的关键在于拥有政治自由的公民，公民与民主政治是互为表里的。也正因为如此，没有公民和道德教育的内在支撑，就不可能有真正的民主政治和民主社会。所以，道德教育应把培养具有民主意识的现代公民作为重中之重。

民主又不仅仅是一种政体形式。按照托克维尔的理解，民主意味着从政治、法律、社会构成，一直到人的思想、情感、心态以至文化和学术活动方式等一切领域一切方面都将发生的一种深刻变化。这里的实质在于民主已经内化为人的一种生活方式。杜威也把民主理解为一种生活方式。他指出，这种生活方式的形成与民主教育之间互为基础，构成一种良性循环。只有这样，人们才能真正摒弃暴力、破坏与强迫，学会以民主、协商、对话等方式共谋发展。

• 道德教育必须是一种人道文化

人道主义是关于个人尊严的思想。这一思想在启蒙运动的最高峰康德那里，以"人是目的"的方式得到了最为系统而深刻的阐发：你要始终以这样的行为方式对待人性——把你自身的人性和其他人的人性，在任何时候都同样看作目的，永远不能只看作手段。这就是著名的"人道原则"。人道原则意味着，个人永远被当作具有自我的内在价值的人来对待。需要指出的是，尽管人道主义指出了个人的重要性，但这并不意味着人道主义主张个人与社会之间是一种对立的关系，毋宁说人道主义是把个人尊严作为基本的道德原则来加以强调。也正因为如此，人道主义可以概括为：承认人是最高的善，强调人的尊严，关心人并在实践中创造适合于人的幸福条件。所以，应该让人道主义回归教育并引领道德教育的发展。

• 道德教育必须是一种和平文化

《教育的使命》指出，我们必须改变那种"只教权力史而不教知识史，只教战争史而不教文化史"的局面。换言之，"我们应当解除历史的武装。历史上有太多的战争，太多的强权、军官和士兵。因此，我们必须为我们的儿童和各族人民提供一种不一样的历史观"。这种不一样的历史观将有助于人们走出以前"统治的时代"，将有助于在人们的头脑中建立和平的防御体系，从而迈向一个相互依存的时代。由此，道德教育必须恪守一个基本原则：对生命的尊重，对爱的呼唤，对人的权利的承认和对理性的信念。我们必须通过教育"召唤那在所有文明中都深藏厚积的爱的资源，爱的声音，用以对抗那同样淤积在所有文明中的用文明的名义掩护的、鼓吹的对他人的憎恨和排斥。……所有赞同对生命的尊重、爱、宽容、理智的，不论是以何种语言、在何地、以何种形式、属于哪个族群，都应该被视作文明，反之则是野蛮。"（张伦，2001）

• 道德教育必须是一种权利文化

从道德意义上讲，权利是对人自身的一种肯定，是从防恶的角度对人的尊严和价值的确认与维护。正是因为如此，权利被看作实现视人为目的而非工具的康德理念的一种设计。从社会意义上讲，权利表示一种社会关系，表明个体在社会中的地位。权利的发展本身是政治解放和社会和谐得以增进的标志。正是基于此，以权利意识为核心的道德教育特别是公民教育可以培养人格独立，尊重他人，热爱祖国，具有民主、自由、平等、尊严、人道、参与、合作、环境意识的合格公民与权利主体，促进社会正义的发展，生成公民社会和公民文化。舍此，一个现代中国就不可能真正诞生。

居于权利核心的是各种基本人权。尽管东西方在对人权的理解上存在着差异，但毫无疑问，作为一种普世性价值，人权已成为人类文明牢不可破的基石。诚如伯林所说："人权思想的基础在于人们真正地信仰世界上存在着美好的东西——自由、正义，对幸福、诚实与爱情的追求。这应是全人类共同享有的东西，而不是仅仅属于某个国家、某个宗教、某种职业或个性。应当满足人们对这些权利的要求，防止任何人忽视或剥夺人们享有这些权利。人们需要这些权利，并不是因为他们是法国人、德国人，中世纪的学者，还是杂货商。他们需要这些权利是因为他们要过人的生活。"在此意义上，人权的觉醒即人的复苏，美的诞生。

● 道德教育必须是一种启蒙文化

人们一直把教育作为一种启蒙的事业。但不少人理解的启蒙仅仅是认识几个字，获得一点谋生的技能而已。其实，启蒙首先是康德所说的"人类脱离自己所加之于自己的不成熟状态"，其实质在于普通人对自己的权利的觉醒。通过这种觉醒，在理性上自立起来，在人格上独立起来，在品性上卓立起来。由于种种原因，尽管在时间意义上我们已经进入了"现代"，但不可否认的是，封建主义的影响依然十分强大，这就注定了启蒙的艰难与启蒙之路的漫长。然而，没有人的意识的觉醒，没有自由民主的奠基，我们这个民族就不可能有真正的未来。所以，作为启蒙文化，道德教育要追求平等、正义与真理。

其次，作为启蒙文化，道德教育就是对于人的精神的延伸和拓展。雅斯贝尔斯曾经指出，教育过程首先是一个精神成长过程，然后才成为科学获知过程的一部分。创建学校的目的，就是将历史上人类的精神内涵转化为当下生气勃勃的精神，并通过这一精神引导所有学生掌握知识和技术。如果发生本末倒置，那么教育将蜕变为训练。而训练是一种心灵隔离的活动，教育则是人与人之间的精神契合。这就深刻指出了教育的本然内涵："教育是极其严肃的伟大事业，通过培养不断地将新的一代带入人类优秀文化精神之中，让他们在完整的精神中生活、工作和交往。"可见，启蒙的根本在于实现人之精神转变。

五、什么是科尔伯格的核心追求

培养现代公民是科尔伯格的核心追求。这种公民尊重人之生命，捍卫人性尊严。这其实也是现代教育和人类文明的核心追求。请看一个真实的例子。

1884 年 7 月 5 日，托马斯·杜德里、爱德文·史蒂芬和另一位船长布鲁克斯以及后来的被吃者，一位 17 岁的男孩帕克，都是一艘英国注册船只的海员。由于风暴，船只沉没在距好望角 1600 英里的海上，他们被迫进入了一条属于这只船的小艇上。除了两罐头萝卜，他们连续 3 天没有足够的水和食物。

不久，杜德里和史蒂芬对布鲁克斯说，如果救援还不来，他们中必须有人牺牲以拯救其他的人，但是布鲁克斯没有同意。那位男孩，显然是他们所指的牺牲者，当然没有参与商量。到了 7 月 24 日，杜德里建议通过抽签决定谁来做出牺牲以求其余的人活下来，但是布鲁克斯拒绝同意。

第二天，杜德里在史蒂芬的同意下，杀死了男孩。三人吃了男孩的血肉后又维持了 4 天。就在第 4 天，经过的船只发现了他们，他们得救了。但正如大法官劳德所说，他们活在一种最低下的姿态中，他们被从福尔茅斯港口带到了爱克斯特受审。

事后查明，如果没有那位男孩的血肉，他们等不到救援时，在第 4 天就会死于饥饿。而那个男孩也处于非常虚弱的状态，当然也会在他们之前死亡。在他们杀人时，没有任何船只出现，没有获救的可能。这时，唯一能救他们的就是杀了男孩。

这个案件可以说是无巧不成书：一是必须有一个人死亡才能使其他人得救；二是死的这个人即使不被杀死也很快会在其他人之前死去；三是这位最终被杀死的人是一个单身汉，死了以后对生者引起的伤痛和震动较小；四是这个人的死最后也确实使其他人得救了。但对这一在极端情况下杀一个即将死去的人的行为，是不是应当赋予其正当性呢？120 年前，在陪审团发现和证实了船员杀人的事实后，法官据此确认杜德里和史蒂芬构成了杀人重罪。至于那位没有参与杀人但却没有制止杀人又吃了人肉的布鲁克斯，也被定了罪。英国的《普通法》通过这个案例确认，人的生命不能成为他人幸福或者生存下去的手段。再看另一个真实的例子。

2002年10月1日，犯罪嫌疑人G在法兰克福市绑架了一名儿童并勒索赎金，在被抓获后经反复规劝仍拒不交代被绑架儿童的下落，于是时任法兰克福市警察局副局长的D指令办案警察E，采取威胁、恐吓手段迫使犯罪嫌疑人G交代儿童下落，以尽快营救，并明确“仅仅是威胁，不得实际使用暴力”。

按照指令，E威胁G：“如再不交代儿童下落，一名身强力壮的警察将对其采取暴力措施直至其交代，为防止意外已经请了医生到场。”E为增强威胁效果，让G看到了窗外身强力壮的警察和医生。在威胁之下，G被迫交代，绑架的儿童已被杀害并说出了尸体的藏匿地点。以上案情，D副局长在当日即作了记录并予以公开，表示愿意承担相应的法律责任。

此事在德国引发了轩然大波，法兰克福地方法院受理了此案，并作出判决，结果是被告D及E有罪。理由是，被告的逼供行为违反了德国《基本法》第1条第1款的规定“人性尊严不可侵犯”，以及《基本法》第104条第1款的规定“不允许对被拘留者进行精神上和身体上的虐待”。两名警察以暴力相威胁，给予犯罪嫌疑人巨大的精神压迫，将犯罪嫌疑人G作为一种获取证据的“手段”，严重侵害了犯罪嫌疑人的基本权利。法院还强调，违背对“人性尊严”的保护是非法的，哪怕这种违背——主观上——是为了挽救孩子的生命。警察和司法人员要清醒地认识到，严格禁止对犯罪嫌疑人和被告使用暴力手段或者是以暴力相威胁。“如果法治国家中的司法人员不能严格遵守这项规定的话，那么它（指‘法治国’）就名存实亡了。”该案中，法院适用了“客体化公式”，认为两名警察的行为侵犯了犯罪嫌疑人的“人性尊严”，依法对犯罪嫌疑人的“尊严”给予了司法保护。

上面提到的德国《基本法》第1条如下。

一、人之尊严不可侵犯，尊重及保护此项尊严为所有国家机关之义务。

二、因此，德意志人民承认不可侵犯与不可让与之人权，为一切人类社会以及世界和平与正义之基础。

在德国《基本法》中，“人性尊严”具有最高的法律价值，是整个法律价值体系中的重中之重，统率整个实在法体系，其他的制度体系均基于“人性尊严”而构建。为了确保“人性尊严”条款至高无上的宪法地位，《基本法》还在第79条对其给予无限的保障："对《基本法》的修改不得涉及'人性尊严不可侵犯'这一基本原则，即便三分之二的议员表决赞成也不能对此加以改变。"德国联邦宪法法院指出："人类的生命存在何处，人性尊严就在何处；而该主体是否意识到自己的尊严并自己知道要去保护它，并非是决定性的因素。"

结 束 语

科尔伯格在其短暂而辉煌的一生中始终追求公正，这不仅是他一生的学术关怀，更是他一生的生活方式。科尔伯格的卓越之处在于，他力图把公正理解为一种人类所追求和捍卫的普遍价值，理解为个体从儿童到成人所要解决的中心议题。正是由于科尔伯格把公正理解为事关人类和个体尊严的灵魂所在，科尔伯格的以公正为核心的道德教育理论和实践，才能在全世界引起如此之大的关注和共鸣。科尔伯格的理论或许有瑕疵，但他从公正的视角思考人类文明以及把公正作为社会改革的必然理想，却为后来的研究者提供了新的思路。

参考文献

黄向阳. 2000. 德育原理［M］. 上海：华东师范大学出版社.

科尔伯格. 2004. 道德发展心理学——道德阶段的本质与确证［M］. 郭本禹，等，译. 上海：华东师范大学出版社.

张伦. 2001. 我们能否共同生存［J］. 读书（12）：57-62.

桑德尔. 2011. 正义：一场思辨之旅［M］. 乐为良，译. 台北：雅言文化出版股份有限公司.

张千帆. 2001. 西方宪政体系（下册）· 欧洲宪法［M］. 北京：中国政法大学出版社.

问题与反思

1. 据2011年10月18日《华商报》报道，"小学要求调皮和学习不好学生戴绿领巾"：西安市未央区第一实验小学设计了绿领巾给差生带，称意在激励差生上进，并非歧视。您如何理解一些学校给学生戴绿领巾的做法。

2. 请您编写一个道德两难故事，并与同事和学生分享，从而提高运用道德两难法的能力。

3. 公正团体法强调学校文化的重要性。请谈谈您对学校文化的理解。

相关链接

1. 科尔伯格. 2000. 道德教育的哲学［M］. 魏贤超，柯森，等，译. 杭州：浙江教育出版社.

读书系统介绍了科尔伯格本人关于道德教育的哲学思考和基本观点，是学习科尔伯格理论不可错过的重要著作。从这本书中，我们不仅可以领略科尔伯格关于道德教育的精辟见解，而且可以拓展对道德教育的认识，提高道德教育能力。

2. 里德. 2003. 追随科尔伯格——自由和民主团体的实践［M］. 哈尔滨：黑龙江人民出版社.

这本书就像一把钥匙，它不仅打开大门让我们再次与这位美国著名心理学家和教育家进行思想的碰撞，让我们有机会对他的理论有更新的认识和评价，追随着他在道德心理学领域中不断发展，它也打开了我们心灵的大门，给予我们怦然灵动的感觉，让我们重新审视自己以及整个世界的道德面貌，拂去灰尘，向“善”走去……

3. 郭本禹. 1999. 道德认知发展与道德教育：科尔伯格的理论与实践［M］. 福州：福建教育出版社.

这是国内教育领域最早的研究科尔伯格的博士论文。通过该书，我们不仅可以了解科尔伯格的基本主张，更可以通过科尔伯格的思想发展历程，感悟一代大师的诞生。

教师德育专业化读本

德育观念模块

做一个配享幸福的教育家
——教师德性生活关键词：幸福、公正与仁慈

中国传统德育与德育现代化

制度情境与道德教育

当代青少年文化与学校德育

德育实务模块

德育与课程实施

班主任的德育工作：角色定位与功能实现

社会变迁过程中的学校师生关系

主题班会的设计与开展
——班主任德育工作的视角

德育理论流派模块

苏霍姆林斯基的德育思想

▶ 科尔伯格与品德发展理论

关怀教育学与关怀关系的建立

价值澄清与多元文化的应对

教师德育专业化读本

关怀教育学与关怀关系的建立

11

苏 静

阅读导航

师爱，是教师高尚情操的结晶，教师献身教育事业的精神主要融化在“师爱”（教师对学生的关怀）中。但在现实中，教师的关怀是十分难把握的。学生最能真实、直接地感受到教师关怀的存在。凡是不能被学生感受到的关怀都是无效的关怀，无效的关怀会直接导致无效的教育或低效的教育。因为没有关怀就没有教育。本章的主要内容为关怀理论的介绍及其对我国教育的启示，其核心观点是：教师要想使得自己的关怀被学生感受到、使得自己的教育为学生所接受并转化为行为，就必须提升自身的关怀品质、提高关怀能力，善于与学生建立一种能够被感知到的关怀关系。

通过本章的研讨，我们特别希望探寻的问题主要有：

1. 关怀伦理学是在什么样的背景下产生的，它的主要代表人物是谁；

2. 诺丁斯关怀伦理学的主要观点和核心思想是什么，诺丁斯是如何界定关怀的，它与我们一般理解的“关怀”有什么不同；

3. 诺丁斯的关怀教育学都有哪些主要论述，它对我们的教育工作有哪些启示；

4. 教师应如何提升关怀品质、建立与学生的关怀关系。

引言

关怀是教师非常重要的一项专业品质，它无时无刻不存在于教师的育人活动中。关怀往往以各种形式表现在关涉千百万个体学生的纷繁复杂的教育现象中。关怀与教育须臾不可分，这也可以从“教育”的词源分析中得到解释。“教育”（education）的本义即“引出”，“教育”这个词汇在西方原本是在“产婆接生”的意义上使用的，后来这个词汇的意义得到发展，引申出近现代教育的概念——“引出儿童的能力”，“促进儿童的发展”。在近代社会和近代教育形成之前，教育活动是渗透在日常的生活、劳动、休闲等共同体的整体的活动之中的，只是到了近代，教育才从整体的活动之中抽出其传授知识、技能、道德等功能并加以制度化。换句话说，近代以前教育与关怀是整合在一起的，近代的教育是通过舍弃“关怀”与“教育”的关系而实现的。我们从“教育”这个词汇的词源分析中也可以看出这一点。“教育”（education）这个概念背后隐藏着“教育”（edu-care）这个词汇谱系，“教育”（edu-care）顾名思义，意味着对生命体的照料。只是近代社会仅把“教育”（edu-cation）的传授知识和技能的功能抽象出来加以放大并制度化，形成学校教育，却把“教育”（edu-care）的关怀对方、为对方操心的功能封闭在家庭的亲子关系中，从而使得后一种功能在学校教育的领域中遗失了。教师只关注向学生传授知识、技能，却忽视对学生生命体的关怀。于是，出现下面这种现象就不足为奇了。笔者在2007年曾参与过一次全国中小学师德现状调查。调查显示，绝大多数教师都认为自己做到了关怀和理解学生，但是只有四成学生表示能经常感受到教师的关怀（檀传宝，2009）。由此可见，提升教师的关怀品质和关怀能力并非仅是一个理论问题，也是一个需要在现实中进一步思考和应对的问题。为此，本章将通过对西方关怀理论和关怀教育学作一系统介绍，来为我们的教育工作寻找一些启发和借鉴。

一、关怀伦理学产生的背景

（一）社会现实背景：社会生活、家庭生活的巨变与关怀的缺失

关怀伦理学产生于20世纪70年代的美国。六七十年代的美国，成年人都在忙于追求金钱、财产、名利和地位以及满足自己的个人嗜好等，而无暇关注身边的人。用诺丁斯的话来说就是，“关心事物胜过关心人”（Noddings，1984）[21]。与此同时，传统

家庭的结构功能正在发生急剧的变革，许多家庭破裂或重组。有资料显示，在当时的美国，“70%的孩子生活在因离婚而破裂的家庭之中，涉及的孩子每年达100万之多”（Roberson，1987）[233]。“如果说20世纪六七十年代美国家庭急剧变化，那么，从80年代起，已经从变革走向解体。持续上升的离婚率，司空见惯的非婚姻性关系性行为，日益普遍的少女怀孕及有增无减的单亲家庭，足以证明相当一部分美国人已将传统的伦理道德抛至九霄云外。”（陈奔，1996）美国家庭的急剧变化，导致儿童在家庭中得不到足够的关怀。然而，处于成长中的儿童或青少年最需要来自家长、教师和社会方方面面的关怀。儿童家庭关怀的缺失对美国的学校关怀提出了非常迫切的要求。一些教育工作者呼吁教师承担“替代性父母”的职责。诺丁斯也提出：教师是贫困家庭子弟能接触到的为数不多的体面人，教师必须引导这些孩子创造有尊严的生活，不再步其父母的后尘。

（二）教育背景：学校教育重视学科教学与学术训练

面对社会和家庭的变化，学校虽然不能说是无动于衷，但是往往反应迟缓，而且局限于技术层面。学校教育非常重视学科教学，强调学术训练。

（1）学校里最常见的情况就是增加各种各样的课程或者强调某些狭隘的教学法。学校的课程都采用同样的模式即对课程实行标准化。目标教学法是当时最常见的教学方法。学校里强化控制、严格课堂纪律。学校不仅对教师、对学生，而且对教学内容都实行严格的控制。

（2）学校的学术目的主导一切。教师在灌输，在填鸭，但却很少想过，在为孩子提供食物的同时是否也应该提供体贴与关爱。孩子感受不到关怀。即使教师认为他们事事都为孩子着想，他们也无法与自己的学生成功沟通，建立关心和被关心的双边关系。

（3）道德教育也像其他学科一样采用这种标准化步骤、砖块式的教育模式。这种模式不仅扼杀了教师的创造精神，也扼杀了教师的关怀能力。它还忽视了道德的情感思维过程，仅仅集中于道德行为和认知理性的教学，使得道德教育带有很大的片面性。学生也没有机会分享道德教育的过程。

二、关怀伦理学的主要论述

关怀伦理学的主要代表人物有卡罗尔·吉利根、内尔·诺丁斯、琼·C. 特朗托和萨拉·拉迪克。以下主要介绍前两位，尤其是内尔·诺丁斯有关关怀伦理学的主要论述。

（一）吉利根：关怀伦理学的心理学建构

吉利根是哈佛大学教育研究院教授，是关怀伦理学的第一位著名代表人物，其代表作《不同的声音：心理学理论与妇女发展》被西方社会视为当代女性主义理论的经典著作。

1. 对道德发生论上男性模式的挑战

吉利根是在借鉴和批判当代西方社会最有影响的几位心理学家关于道德发生发展理论的基础上建构自己的学说的。弗洛伊德、埃里克森、皮亚杰和科尔伯格等心理学家把男性的道德发展当作人类的道德发展，忽视了女性对自我和道德的不同建构，把女性在道德发展上的不同看作发展上的失败（按照科尔伯格的道德发展六阶段理论，女性似乎停留在第三阶段）。吉利根认为，科尔伯格的道德发展阶段理论采用的是道德发展的男性标准。

2. 女性道德发展的阶段

吉利根通过大学生研究、流产决定研究、权利与责任研究，发现道德判断上男性倾向于公正的原则与个人权利，女性则考虑关怀和关系。而以往的研究者只看到男性的道德观，并以此为标准评价所有人，进而得出女性道德发展水平较男性低的结论。基于调查研究，吉利根提出女性道德发展有三个水平。

> 水平1：自我保存的倾向。处于这一水平的女性，自我保存是最重要的，这是因为她们感到自己是孤独的。
>
> 水平2：自我牺牲的善。从这个水平看，道德判断取决于共同的准则和期望。这时的女性通过接受社会的价值观念证实了自己成为社会成员的合法认同。她们开始把善等同于对他人的关怀，并以关怀和保护他人的能力来定义自己的价值。
>
> 水平3：非暴力的道德。女性试图寻找一条填补自私与责任之间鸿沟的途径。女性把非暴力和禁止伤害提升为指导所有道德判断和行为的普遍原则，开始认识到自我与他人的平等，并把这两者都包括在关怀的范围内。

3. 公正伦理与关怀伦理

吉利根把科尔伯格等人研究的男性道德称为“公正伦理”，把自己从女性的不同声音中得到的道德称为“关怀伦理”。公正伦理的价值取向是个人权利的平等和公平，在处理问题时主要从普遍抽象的道德原则出发，经过逻辑推理和分析，然后作出决定。关怀伦理的价值取向是人与人之间的爱与关怀，在面对伦理困境时主要联系具体情境，依靠道德直觉综合各方面的因素，最后作出选择。因此，前者的出发点是单独的个体和人类理性，分离、竞争、获得优势与胜利；后者则是处于具体关系和联系中的人与人类情感，相互联系、彼此依赖、合作妥协。

（二）诺丁斯：关怀伦理学的系统论述

内尔·诺丁斯是美国当代著名的教育学家、哲学家，斯坦福大学教授，关怀理论和关怀教育学的主要代表。她论述了吉利根所涉及的，但并未深化的许多问题，其理论特色在于把关怀伦理学系统化和理论化。近年来，诺丁斯活跃于世界许多国家的学术会议上，并且在许多学术期刊上发表文章，孜孜不倦地宣传自己的主张，在西方社会颇有影响。不仅如此，诺丁斯本人言行一致，以身示范，把关怀理论学说化为她的实际行动——她有 5 个孩子，同时又收养了 6 名被遗弃的儿童。她对儿童慈母般的爱心在斯坦福大学传为佳话，她的同事和学生都说她的所作所为与她所写的文章、著作中对社会发出的关心呼吁是一致的。她以自己的行动为别人做出了“关怀”的榜样。

如果说吉利根是在伦理学上发出了不同的声音，那么诺丁斯则将这种声音扩展到学校教育的世界中，扩展到下一代的道德成长的视野中。诺丁斯受吉利根的启发，对关怀伦理学进行了系统建构，并形成自己的关怀伦理学说。她比吉利根走得更远的是——把关怀伦理学直接运用于学校道德教育实践，创建了新的道德教育模式。因此，诺丁斯的关怀理论主要由关怀伦理学说和关怀教育学说这两个部分共同组成。

1. 关怀伦理学

（1）关怀的含义

“关怀意味着一种关系，它最基本的表现形式是两个人之间的一种连接或接触。两个人中，一方付出关怀，另一方接受关怀。”可以说，关怀的本质在于关怀方与被关怀方的关系。关怀是一种关系行为，它能否得到保持、能否持续地表达至被关怀方、能否在这个世界中被看到，都取决于关系双方对这种关系的维系。“关怀是处于关系之中的一种生命状态，而不是一套具体的行为方式。”

（2）关怀的双方：关怀方与被关怀方

诺丁斯认为，关怀是一种关系行为。任何关怀关系都由两方面构成：关怀方与被关怀方。关怀关系的维系不仅取决于关怀方，同时也取决于被关怀方的态度和感受能力。

关怀方的心理特征如下。①**接受性关注**。诺丁斯强调关注是一种全身心的投入与接受，是关怀者对被关怀者的那种开放的不加选择的接受，是一个心灵（或自我）释放出所有的空间，询问对方或以别的方式表示乐于接受对方。“当我关注对方时，非常重要的一点是：我变成了二位一体的人。我通过双方的眼睛观察，通过双方的耳朵聆听，站在双方的立场上感受痛苦。”（Noddings，2002）[15] 接受他人是一种关怀性同感，关怀性同感是和他人一起去观察和感受。换言之，诺丁斯不赞同传统的被西方称为黄金规则的“推己及人”式的投射式关怀，而主张“融人入己”的接受式关怀。②**动机移置**，即关怀者的动机能量流向被关怀者，但未必致力于满足后者既有的目的。换言之，如果被关怀者的目的不正确，关怀者不应盲目地关怀，而应给予理性的关怀，帮助他调整到正确的目的上来。体验动机移置，个体就要开始思考。就像我们考虑、计划、检验我们自己的问题或项目，我们现在想的是如何帮助别人。诺丁斯并不赞同极端的动机移置，其典型的例子就是许多父母“为孩子活着”。显然，这种情形下，父母和孩子都有失去自我的危险。所以，动机移置的具体适切性是动态的，与被关怀者的回应水平等互为条件。

被关怀方的心理特征是接受、认可、回应。**接受和认可**：被关怀者对关怀的接受和认可标志着关怀行为的完成和关怀关系的建立。关怀关系只有满足下面两个条件才能成立：①W 关怀 X；②X 承认 W 关怀 X。没有被关怀方的接受和认可，这种关怀就只是一种未完成的关怀行为。一般来讲，被关怀方的理解能力，即被关怀者对关怀信息的理解，会影响被关怀方对当下关怀的接受和认可。下面是一个故事。

一位叫许特拉的教师，在教学生涯的早期让学生点名报到时必须背出一条格言。没有人比阿伦更讨厌这条规矩了。他当时八年级，已是偷窃高手，后来退学。五年后的一天，老师非常意外地接到阿伦的电话。他退学后，“因偷窃被判刑，在监狱里自杀时，忽然想起了您（指老师）曾教我写 20 次的那句格言：‘没有所谓失败，除非你不再尝试。’以前我曾以为它是那么的无聊，可是当时，格言忽然对我起了作用。是啊，只要我活着，我还可以再来，我就不算失败；但如果我让自己死了，我就真的永远只能是一个失败的死人了。想到这，我竭尽残存的力气求救，开始了新生活。现在，我已经假释出狱，正在附近一所学院里学习一门专业课程。”在阿伦当初听到这句格言时，它还只是一个毫不起眼的鹅卵石；但是，当他面临危机、需要指引的那一刻，它变成弥足珍贵的钻石。（斯科莱蒂尔，2003）

回应：被关怀方不仅要接受和认可关怀，还要能积极作出回应。回应是被关怀方的积极责任。被关怀方的回应有利于关怀关系的维系和向深层次发展。**回应是被关怀方对关怀方的最好奖赏**。回应是一种对关怀者的关怀的确认，可以促进关怀者的进步，激发关怀者进一步关怀的动机；被关怀方自身也会体会到如何付出关怀。下面这个真实的故事就体现了回应对关怀关系的作用。

> 一位山村教师发现一个学生经常迟到，去家访方知：他家住在几座山梁之外，每天凌晨五点钟就得开始走十几里路，可有时还是晚了。劝他住校后，发现他尿床。老师又悄悄地帮他烘被子。“做这些工作，我们既是在尽责任，更在凭良知。坦率地说，我心里有过埋怨：这个学生从来就没有当面向我说过半个‘谢’字。后来，每想到此，总感到惭愧。”但当时这位老师暗怀些许不满，直到有一天，那位学生借写诗歌读后感的机会抒发自己的感受：老师，您让我懂得了这样一个道理：生命是美丽的！“霎时，我的眼泪夺眶而出。”（侯晶晶，2004）[43]

作为被关怀方，要善于通过语言或其他方式对关怀方作出积极的回应，以免关怀方因为关怀总是得不到回应而失望或者受到伤害。别忘了，任何人都需要得到积极的回应。同时，对于关怀者来讲，有些关怀可能当下看不出效果，但是，人的成长不是匀速的，它存在一个由细微的量变到飞跃式的质变的过程。平时未见功效的教育关怀不断地积淀着，在一定的条件下就会迸发出耀眼的光芒。

（3）自然关怀与伦理关怀

诺丁斯与休谟一样，相信道德建基和根源于人的感觉，认为人们普遍具有某种内部的感觉，给道德以“积极的德性”。诺丁斯看到，道德作为一种积极的德性要求具有两种而不是一种感觉。第一种是**自然关怀**，它是原始的最初的感觉。我们体验到别人的需要并作出关怀的反应，可能是因为自己想这么做，可能是我们喜欢这个人或者对他抱有好感等。自然关怀是一种源于爱的、无须作出伦理努力的完全的自然反应。这时的“我必须”（I must）表达了一种渴望和倾向，而不是对责任的认同。（如母亲为孩子利益作出的努力通常不被看成是伦理的而是自然的。）

第二种是**伦理关怀**，它来源于第一种感觉即自然关怀，根源于对自然关怀的记忆。伦理关怀需要伦理理想和道德努力的支撑。伦理理想是一系列关于关怀和被关怀的记忆，体现了自我与人际关系中最美好的一面。因为我们珍视自然关怀中的关系，所以伦理理想就能激励我们维持最初的“我必须”，对他人的需要作出反应。这种关怀就是伦理关怀，它来自关怀和被关怀的感觉，这种感觉作为一种“我应当”要求我们对他人的痛苦和需要作出反应。（譬如我们看到乞丐时是否对他的需要作出反应或关怀他，这时我们可能会联想到小时候父母是如何关怀我们的，或者我们在特别无助的时候也受到过别人的关怀，这种关怀就是伦理关怀。）

在诺丁斯看来，伦理关怀来源于并且包含了自然关怀，没有自然关怀就没有伦理关怀。自然关怀是伦理关怀的基础，伦理关怀通过对自然关怀的记忆作出反应。然而，自然关怀的范围是有限的，因此道德的发展就需要通过发展伦理关怀来扩展关怀的范围。此外，我们希望最终伦理关怀也能发展到像自然关怀那样，成为一种发自内心的自然反应和本能需要。

（4）关怀伦理是一种关系伦理

关怀不仅仅是美德，更是关系。我们往往倾向于认为，关怀是一种美德，一种个人品质。我们平时确实这样说话，譬如：“他是一个关怀别人的人，或者，他是一个关怀人的人，只是不知道如何表达自己。”这两种说法都在一定程度上涉及关怀的含义，但是，过分强调关怀作为一种个人美德则是不正确的，因为它会造成“不平等”。如果我们长期将关怀置于一种不平等关系之中，其中一个人是关怀者，长期默默地奉献关怀，而另一个人是被关怀者，坐享其成地接受关怀，那么，在这种情况下，关怀者确实需要一种美德来支持他的行动。但诺丁斯认为，关怀不仅仅是美德，更是一种关系，将关怀者置于关怀的关系之中更为重要。**不管一个人声称他多么乐于关怀，重要的是看他是否创造了一种能够被感知到的关怀关系。不予关怀或者被关怀者不能给出合适的回应，都会使关系受损**。有很多人自称关怀别人，但是接受他们所谓的关怀的人却感受不到关怀。（譬如学生与教师：教师认为处处为学生着想，学生却觉得被约束控制。）这是因为双方没有能建立一种被感知的关怀关系。

关怀是一种能力。虽然我们经常用关怀一词来说明关系，但是关怀也可以代表某些能力。它（关怀的情、知、行）的用途必须视具体情况而定。人们可以拥有关怀的能力，这种能力帮助人们建立关怀的人际关系，或者能够被感知到的关怀关系。

三、关怀教育学的主要内容

诺丁斯把关怀伦理学应用于学校道德教育实践，创立了关怀教育学。

（一）学校教育的目的

道德教育不仅是指一种旨在培养有道德的人的特殊教育形式，它也可以指任何一种在目的、政策和方法上合乎道德的教育形式（既教授道德又合乎道德）。道德目的是教育的首要目的，它指引其他目的。一个合乎道德的教育政策认同人类兴趣和能力的多样性。我们不应该以民主和机会平等的名义而试图让所有的人都上大学，相反，应该教育所有学生尊重一切诚实劳动。为劳动而准备，为养育孩子而准备，为尽公民义务而准备，这是对每一个学生都重要的事情。

学校的首要任务是关怀孩子。我们应该教育所有孩子不仅要学会竞争，更要学会关心。**教育的目的应该是鼓励有能力、关心他人、懂得爱人也值得别人爱的人健康成长**。

教育应该围绕关怀主题来组织。关怀，而非传统学科，应该成为教育的中心。教室应该成为这样一个地方：学生们在其中合法自由地展示和探索他们多种多样的人生目的。普通教育应该面向所有学生，指导他们学会关心……以关怀为核心的道德人生应该成为教育的主要追求。这个教育目的并不与学生的智力发展或学术进步相互抵触，相反，它为智力和学术发展提供坚实的基础。

（二）道德教育的构成

1. 榜样

身教重于言教。榜样并非关怀教育所独有的教育方法，在很多道德教育体系中，榜样都占有一定的位置。教师是最好的教材，其一言一行都对学生有着重要影响。在诺丁斯看来，榜样在以关怀为核心的道德教育中扮演着更为重要的角色。诺丁斯认为，我们教师不需要告诫学生去关心，我们只需要与学生建立一种关怀关系，从而演示如何关怀。在这里教师要淡化自己的职业意识，更多的是作为关怀者沉浸在与被关怀者的关系中。学生通过教师的榜样示范，可以获得被关怀的经验和体验。这有助于学生将这种体验扩大到其他的人和事上。

2. 对话

对话不仅仅是双方在一起随意聊天，当然也不是一方长篇大论，另一方洗耳恭听。对话是**无固定答案的、开放性的**，对话是双方共同追求理解、同情和欣赏的过程；对话永远应该是一个真正的探寻，人们一起探寻一个在开始时不存在的答案；对话允许我们表达各自的心声。作为父母或教师，我们不能先作出了决定，然后才来与孩子们对话。

对话给学生问“为什么”的机会，帮助师生相互探索以达成意见。很多道德偏差是决策失误造成的，对话不仅能够帮助决策者深思熟虑、充分论证，也能够帮助人们养成一种作出任何决定前充分占有信息的习惯。对话能把人们联系在一起，使人们有可能建立充满关心的人际关系。要使对话保持畅通，当事人必须充分地了解对方。

3. 实践

诺丁斯认为，如果我们希望人们过一种符合道德的生活，关心他人，那么我们应该为人们提供机会，使他们练习关心的技巧，更重要的是，使他们有机会发展必需的个性态度。

学校要培养学生的关怀能力，就要为学生提供实践关怀的机会。关怀不会自然发生，它需要我们去计划去准备。譬如开展社区服务或志愿者服务等实践活动，都必须是一种倡导关怀的实践。关怀能力（包括关怀的态度、品质和技巧等）要在实践中锻炼。正如民主的品质只有在民主的社会中才能培养一样，关怀的品质也只能在关怀的实践中才能形成。

诺丁斯认为，关怀的实践活动应该有助于变革学校并且最终变革我们所生活的社会。如果实践囿于现行的学校结构，那么它自然会失去其变革性，实践本身也可能被变革，甚至被扭曲。假如我们给学生的关怀行为打分，那么学生很可能会为了分数而彼此竞争。如此一来，他们就会将注意力从被关怀的人或事物转向他们自己。可是，如果不给这样的努力打分或进行评价，它在学校里又会不可避免地沦为被忽视的事情。只要我们的学校仍然按照传统的等级体制来运行，仍然强调奖励和惩罚，那么推行关怀主张的这种实践活动就会面临很多困难。

4. 认可（证实）

认可即对他人行为的优点进行确认和鼓励。当我们证实一个人具有某种品质时，我们就是看到了这个人人性中的闪光点，并且鼓励它的发扬光大。只有当我们对这个人非常了解，知道他的行为方向的时候，才能做到这一点。诺丁斯认为我们要力争在每一个遇到的人身上发现也许不能被轻易发现的可取之处和可赞美的优点。

当我们认可（证实）一个人的行为时，我们要努力确认他如此行为的真实动机。认可过程有助于我们理解人的本质。

认可是建立在深刻的信任关系之上的爱的行为，这种信任关系要有连续性。关怀者必须要很好地了解被关怀者，这样才能确认对方的动机。因为关怀方的认可行为必须建立在了解被关怀方以便能够说明相应动机的基础上。

我们要努力在学生身上发现其闪光点，坚持寻找到一个好一点的自我。没有对一个人良好自我的确认，怎么可能使学生变得更好呢？下面的案例充分体现了教师对学生的认可（证实）的神奇力量（专栏 11-1）。

专栏 11-1

2006 年 9 月，我担任了七年级三班的班主任，全班共有 81 名学生。刚一开学，就发现有一个叫古屹的男生问题多多：不遵守课堂和课余纪律；语言表达能力强，但几乎都是闲话；听课注意力极不集中，前后摇摆着桌椅，不时地扭头和周围同学说话，在老师的不断督促下注意力也很难集中；经常把墨水和牛奶等各种饮料调在一起，制成一种“臭不可闻”的混合剂，趁老师不在、同学不注意时，抹在别人的座位上；有时还故意送给同学们去闻一闻，甚至有时“乐意”送给老师品一品。他让人不得安宁！对学习懒得投入一点点，作业几乎完不成，对老师的教育和管束表面答应愿意悔改，以后再也不犯了，过不了几天又是老样子。

可有一天，古屹却拿着一个一分的硬币来告诉我：“老师，我捡了一分钱，交给你，好吗?”我当时诧异地接过钱一看，真是一分钱。古屹看到我的神情，忙说：“我真是捡的!”我只好连忙表扬他，然后告诉他把钱交给班长管理，接着，他带着满意的微笑去做了。过了两天，他又拿着一个两分的硬币高高兴兴地来找我，说：“老师，我又捡了两分钱!”看到他的神情，我再也不忍心去怀疑钱的来历，跟他开玩笑说：“古屹，你真是个‘发财’的人，这些一分、两分的钱币很有收藏价值的，你舍得吗?”他爽快地说：“拾金不昧!”当我双手接过钱后，他居然对我鞠了一躬才离开。他的这些行动在我的内心深处造成了一种强烈的震撼：这个孩子放纵的表面裹着一颗渴望得到关注的心！这种强烈的震撼驱使我去努力寻找适合教育这个孩子的方法。为了更好地了解孩子的成长史，我立即用电话联系上了他妈妈。他妈妈对我说：“老师，真不好意思，孩子给您添麻烦了吧?我这个孩子在小学时就只能一个人单独坐，要不然他就会影响别人。不怕你笑话，在家我守都守不住他，还经常和我们顶嘴！他特别好动又出奇地懒，刚生下来就连吃奶都不动嘴。当时妇幼保健院的医生说让他饿一饿会吃的，结果饿了三天还是懒得吃，只好把奶瓶剪一个孔倒进口里才吃……”家长的一席话，使我明白了，问题的根源似乎是孩子的“骨子”里缺乏对自己、对生活的责任心，缺乏奋进的意念。万事“懒”当头，但又不甘心被人忽视，在他的“潜意识”里有等待着我们去开发的渴望。作为老师绝不能轻易放弃，于是我努力寻找契机。真希望我的行动能令他心动，从而让我们彼此感动。

首先，我从每一个细节入手，建立信任感。在排座位时，让他坐在第一排，离老师最近，便于经常关注他，渐渐地，我感觉到他的目光跟着老师移动了。一天我发现他身上有皮肤过敏的现象，他一阵犹豫之后，还是告诉了我那是在家里被毒虫咬的，并欣然接受了我陪同他去医院看病的建议。一路上，我有意识地聊起他的名字，说："'屹'是直立高耸的样子，而父母给你取这个名字就是希望你'挺着腰杆儿，奋发向上'！'屹'字含'山'，意味着生活要有压力，否则就成了'乞'。堂堂的男子汉怎能成为人生的'乞儿'呢？"边走边聊，他似乎懂了一点什么。他连忙从袋子里找了一颗糖给我，他给糖的诚恳让我无法拒绝，此时作为一个老师我感觉像是吃了世界上最甜的糖。后来我顺便又把从医生那儿咨询来的如何纠正"驼背"的体操告诉了他。在第二天交给我的"家校联系本"上，他这样写着："老师，谢谢你告诉我做操。晚上在家我做了二十分钟，而且我告诉了妈妈，这操是老师特意帮我找医生学的！"此时，我感到我的用心在孩子身上慢慢起作用了，于是我乘势而上，创造机会让他体会成功。学校要开家长会了，我让他和另外三个孩子一起进行黑板布置。我当时只提了一个要求：要体现"关注心灵发展，塑造健康人生"的主题。而接下来古屹的表现令我欣喜，他在黑板的正中画上两颗大大的爱心，设计成"心与心的交流"，并在黑板的旁边写上《赠父母》的诗："我们的爱是溪流，父母的爱是大海，我们的欢乐是父母脸上的微笑，我们的失落是父母脸上深深的忧伤，我们可以走得很远很远，却总也走不出父母心灵的广场！"他的黑板设计赢得了同学们热烈的掌声，他终于品尝到了前所未有的成功体验，从此，不管上课还是课余，他都有了更好的精神面貌。接着，我又在班上设计了一个"我奉献，我快乐！"为班级服务的主题活动，我要求每个同学申报一个为班级服务的项目。古屹选择了为班级处理垃圾的工作，工作的热情性与积极性真令人刮目相看。只要一下课他就开始收集同学们的垃圾袋，每天放学就把垃圾分类处理，把那些废品店能够回收的东西积攒下来，每隔一段时间就去卖掉，所卖的钱用来当班费。一个学期下来天天如此，真的特别令人感动。看到他做事的勤快劲儿，你再也无法将他和"懒"字联系在一起了！同学们尊敬地称他为"三班再生资源有限公司董事长"。在"感动班级的十大人物”评选活动中，他以全票当选！每隔一段时间我就会鼓励他反思自己，并写出十条优点、五个等待改进的方面交给我。他有一次充满稚气地问我：“老师，你为什么要我写十个优点，而缺点只写五个呢?”我对他说：“古屹，老师经常在欣赏你！一个人的优点总会比缺点多，而缺点并不可怕。如果我们把缺点变成特点，又把特点发扬成特长，一个人不就越来越优秀了吗?”他在最近一次给自己写十大优点时这样写道：“一、我能坚持天天帮同学回收垃圾并能分类处理，又卖了六元钱做了班费。二、我能在老师和同学们的监督下学习了……”古屹的进步可算是他学业生涯中成功的一步！

（来源：张仁贤，2007）

这个案例给我们讲述了一位教师如何成功地把一个问题学生（特殊学生）培养成一名上进、好学、乐于奉献的学生。作为班主任，我们也常常会遇到类似的问题学生。如何教育这样的学生？诺丁斯告诉我们，教师要淡化自己的教育者角色，而更多地成为一位关怀者，去接受性地关注学生，关注学生的需要。关注包括给予各方面的帮助，观察发现学生的变化和需要。然后，要善于抓住时机，赢得信任，并与学生真正敞开心扉地交流。这时候，学生开始信任教师、走近教师。这时，教师要给学生实践关怀的机会，让他们感受到自己的价值。教师要及时地对学生的积极表现给予认可、肯定，确认学生具有某种品质，并鼓励他们发扬光大。

（三）关怀主题的内容

1. 关心自我

关怀自我包括关怀自我的物质生活、精神生活、职业生活、娱乐生活等。学校要帮助孩子们关怀自己。物质形态的身体与精神和思想相互作用，使我们拥有一个完美的自我。如何关怀孩子的物质生活？诺丁斯指出，教学内容要以关心为主题重新进行整合，关心孩子的健康、营养、安全、外貌等问题。如何关怀孩子的精神生活？诺丁斯指出，当代公立学校教育最大的缺陷可能是对人的精神世界的忽视。我们之所以研究精神问题，是因为它无论对我们个人还是集体都至关重要。它事关我们的生死命运，是我们的终极关怀所在。人类对精神连接与归属的追求是普遍的。

2. 关怀身边的人

这包括平等关系的人之间的关怀，如爱人、朋友、同事、邻居等，也包括不平等关系的人之间的关怀，如父母与子女之间、师生之间。父母、教师承担主要关怀者的角色。孩子们当然应该学习如何在一种不平等的关系中关心他人，但他们更应该学会如何成为积极的被关怀者。被关怀者的角色不可忽视。只有学会如何分辨关心，接受关心，年轻人才能逐渐学会关心他人。在师生关系中，教师必须时刻记住：自己与学生是不平等的，没有理由要求学生洞察理解教师，教师的包容是学生最需要的。身为教师的一个最重要的任务就是帮助学生学会接受关心。教师必须使学生在与教师打交道时感到安全，允许学生犯错误、产生疑惑或表达反感。学生也有责任与教师交流他们的需要与想法。学生们一定要明白，他们的反应会点燃也会浇灭一个教师的热情。学生们对教师的影响是巨大的。但是师生关系永远是双向互动的：学生学会敏感积极地反应；教师学会认真谦虚地倾听。

3. 关心陌生者和远离自己的人

诺丁斯指出，远距离关怀至少面临两大困难：第一，我们无法得知对方是否接受了我们的关怀；第二，有一个弄巧成拙的可能，我们的行为也许还会给那些我们要帮助的人带来痛苦。在这两种情况下，实际上，我们都对那些需要关心的人的情况不甚了解。我们过分依赖抽象的概念来进行判断，也被那些富有鼓动性的口号所迷惑：同情来自想当然的推测，关怀流于形式，空乏的不切实际的原则指导着我们的行动。这样一来我们的所作所为不但无益而且有害。如在关心西部贫困山区的孩子、关心贫困生等时经常无视贫困生的感受，而给对方带来伤害。

4. 关心动植物和地球

将关心动植物和地球作为一个中心，使孩子们有机会带着感激和批判的态度来探究人与动植物、人与地球及人与人的互动关系。诺丁斯指出，学校要教学生学会照顾花草、动物等，开展节制教育，讨论保护地球和动植物。

5. 关心人类创造的物质世界

关心物品不产生直接的道德影响，但我们怎么对待物品却对人类和物质世界都具有重要的影响。珍惜物品、遏制贪欲、不滥用资源，我们的行为因此而具有道德上的意义。诺丁斯指出，学校要引导学生学会维护、制造和修理桌椅，爱护学校公共财物等。

6. 关心知识

思想和见解统称为知识。人文教育（学科教育）不应该成为学校课程的核心。**诺丁斯的中心主张是，应该引导那些对某一学科怀有特殊兴趣的学生深入到那个学科特**

定的领域内。我们的目的是为不同的学生提供因人而异的尽可能最好的教育。诺丁斯指出，给所有孩子同样的教育带来的不仅是所有人的平庸，还有学术上的倒退。

（四）关怀教育的具体建议

关怀教育要有连续性，即在目的、场所、人、课程方面都要具有连续性。

1. 学校要成为关怀的中心

学校的第一个目的是教育学生彼此关心，教育者应该光明磊落地宣传这个教育目的。教育的主要目的应该是培养有能力、关心人、爱人也值得别人爱的人。

2. 学校场所的连续性

（1）尽可能创造使学生们共处的机会。（2）学生们应该在同一幢学校建筑内学习相当长一段时间，以获得归属感。（3）鼓励学生以校为家，培养学生对学校的自豪感。

3. 师生关系的连续性

（1）学生的任课教师应该在几年时间内保持不变，维持师生关系的连续性。（2）学校应鼓励教师与学生之间建立关心和信任的关系。

4. 消除控制

（1）下放权力给教师和学生，增强师生责任感。（2）取消竞争性质的评分系统。（3）减少考试。使用少数合理设计的考试来评估学生自己决定要掌握的某些课程的学习情况。（4）鼓励师生一起探索问题。好教师不一定是万事通，不一定要对所教的内容了如指掌。（5）在更加广泛也更加工具性的意义上定义教师的特殊专业才能。譬如，一个生物教师应该能够教好生物课内涉及的数学知识。（6）鼓励自我评估。（7）教会学生自己管理教室和学校。（8）迎接挑战，教好学生们自己选择的学习内容。

5. 取消课程壁垒

这当然要花费时间，但是必须从现在开始行动，为所有学生开设一定的课程。给那些不准备上大学的学生开设的课应该像为准备升学的学生开设的课一样丰富、有深度、令人感兴趣。（1）取消高校招生录取的统一标准。以一个学生关于未来的理想和打算来决定他在学校学什么样的课程。（2）为所有学生提供机会思考人生中最重要的问题。

6. 每天留出一定时间进行关怀教育（围绕前面提到的关怀主题等展开）

（1）帮助学生以道德方式处理人际关系，让他们亲身实践关怀。（2）帮助学生理解社会团体和个人如何制造对手和敌人，帮助他们学会站在双方的立场上处理问题。（3）与关心人类相协调，教育学生关怀动植物及自然环境。（4）鼓励学生关怀人类创造的物质世界，使学生熟悉技术世界、自然世界和文化世界的异同，培养他们对物质世界的好奇心和感激态度。（5）帮助学生深切关怀他们感兴趣的各种学科知识。

7. 教导学生为关怀作准备

无论关怀一个人还是一件物品，我们都需要具有一定的能力。学会关怀也必须接受责任：必须持之以恒地提高自己的能力，才能使接受我们关怀的人或物得以提高和进步。关怀不是什么软性的可有可无的东西，关怀是人生强有力而又具伸缩性的支柱。

四、关怀理论简评及其对我国教育的启示

（一）简要评析

关怀伦理学及关怀教育思想产生于20世纪七八十年代的美国，是针对当时美国社会乃至人类社会出现的精神和道德危机——关怀的缺乏而提出的。诺丁斯等人倡导建立一种人与人之间彼此关怀的社会。她把关怀作为道德教育的核心，提出学校的首要任务是关怀孩子，并建立了涵盖学校的“关怀”目的、关怀教育的内容和方法等在内的关怀教育学。关怀教育学具有浓厚的人本色彩，它强调道德情感在教育中的作用，强调建立关怀型师生关系，强调道德教育的情境性，注重道德教育过程中学生道德动机的激发和道德情感体验，并重视关怀实践等。这些都使得关怀教育成为一种不同于传统的“主知派”、“主行派”的道德教育模式。

虽然关怀教育学中有很多有价值的论述和观点，但是，它也遇到了很多批评。目前，人们对关怀教育学的批评主要集中在它的实践策略上。有人指出，诺丁斯为学校教育特别是中学教育设计的课程过于理想化，难以付诸实施，表现在两个方面。第一，时间难以保证。诺丁斯认为关怀素养的培养和知识的学习是不冲突的，但她并没有解决在有限的教育资源中如何协调两者矛盾的问题。因此，在目前的学校教育中，要拿出一半时间进行关怀教育在实践中几乎是不可能的。第二，内容过于笼统。诺丁斯并没有为关怀课程提出明确的课程内容，她所提到的关怀自我、关怀身边的人等教育内容既不系统也不具体。

（二）关怀理论对我国教育的启示

虽然关怀理论存在很多不足，但它在当前的道德教育界有很大影响，对我国的教

育实践也带来了很多启示。

启示一：教育关系是一种关怀关系

关怀理论以关系为中心，而不是以人为中心。以这种理论为依据的道德教育主张关注的重点是关怀关系的建立，而不是将关怀仅仅作为人的美德。关怀是关系性的，但不是所有的关系都是关怀关系。结成关系的人之间，并不都是现实的关怀关系，但却可以存在潜在的关怀关系。是否将潜在的关怀关系转化为现实，取决于相遇的一方是否有被关怀的需要，另一方是否有关怀的意愿和能力。在不同的社会领域，关系的具体形式和内容具有多样性，譬如技术职业中首先是人与物的关系，然后才涉及人与人的关系。而教育中占第一位的必然是人与人之间的关系，其中又以师生关系为重。教育中的一切人际关系都应该体现关怀性，因为在教育场域中不应该出现不道德的现象。为此，关怀教育学者都非常重视关怀关系的建立，强调教师或父母等关怀者要善于与孩子建立一种能被感知的关怀关系。

启示二：教师要提升关怀品质、与学生建立关怀关系

教师要善于与学生建立关怀关系。在师生的关怀关系中，教师要淡忘自己的职业角色，更多地把自己作为关怀者，主动付出关怀。只有当教师没有以权威者的身份出现在学生面前时，学生感受到自己与教师是平等的，这时的教育才会取得预期的效果。教师主动走近学生，与学生平等地对话和交流，发现学生的需要，然后从学生的需要出发，提供适时的关怀。这里，教师不仅要有关怀的意愿，同时还要具备关怀的能力（觉察学生的需要并从学生需要出发关怀学生的能力）。

1. 做好关怀者榜样，非选择性地关怀学生

诺丁斯认为关怀者并不必然是教师，但是教师则必然应成为关怀者。加拿大教育学者范梅南把教师称为“替代性家长”，事实上也是在强化其关怀者的角色。他们都认为，教师要做好关怀者榜样。大量的调查研究表明，教师的关怀对学生的健康成长至关重要。关怀使孩子们有安全感，觉得自己重要和有价值。当他们觉得自己被别人爱护时，他们在感情上会依赖教师。那种依赖感使他们对教师的威信更加敏感，也更能接受教师的价值观。

教师对学生的关怀是一种非选择性的关怀，教师与学生长期处于一对多的关系中，每个学生都有被关怀的需要。教师关怀学生应尽量超越个人好恶，同样充分地关注每个学生的最佳发展可能。作为关怀者的教师不能仅仅关心学生的学习成绩，也应关心学生的生活，关心学生的情感、心理和精神等方面的需要，并努力形成关怀学生的日常教学环境，使学生得到情感和心理上的有力支持。当遇到有情绪变化或心理问题的学生，教师要努力帮助学生调节情绪，减轻焦虑，并正确引导学生解决心理问题；遇到犯错误的问题学生，教师要给予包容，同时要耐心、冷静地教导；遇到有生活困难的学生，教师要真诚地给予关怀和帮助。教师的平易近人、富于关怀使得学生愿意并乐于向其敞开心扉，与其交流和沟通。多与学生一起参加体育或娱乐活动也是教师关怀学生的重要方式。

2. 尊重和理解学生，与学生平等对话

教师关怀的质量常常可以归结为教师与学生沟通的质量。良好的沟通对话不会仅仅因为我们为它安排了时间就自然实现。我们总是需要做些事情以便创造有意义的思想和经验的交流。

很多教师说，学生从不主动找他们谈话、聊天，学生有了烦恼更愿意和朋友、同学说。教师很多情况下都是在某个学生有了反常的表现后才会关注该学生。我们知道，在教师与学生的关怀关系中，教师更多情况下是主动关怀的一方，学生是被关怀方。在对话中，教师也要成为主动对话的一方，而不应等待学生主动找自己谈话。同学生对话也是教师与学生建立关怀关系的关键环节。没有对话，教师就不能了解学生的需要、理解学生的行为，也就无法关怀学生。为此，教师应主动走近学生，与学生平等对话。

教师要与学生开展平等对话，首先必须放下高高在上的架子，以朋友的身份走近学生。只有平等的师生交往才有助于关怀关系的形成。同时，教师还必须掌握与学生沟通的技巧。教师要熟悉学生的心理和年龄特点，了解学生的兴趣和爱好，要积极乐观和富有爱心，并拥有像学生一样年轻、活泼的心。学生感到与教师交往是一件愉快而轻松的事情，才会愿意并乐于与教师交流。另外，教师要切忌不能把自己的想法强加给学生，对学生的合理想法要给予尊重，对于不合理的想法要循循善诱，引导其到正确的方向上来。

3. 善于培养学生的被关怀者品质，保持教师关怀的持续性

有位中学教师在听过关怀伦理学课程后问道："我们知道应该关怀学生，可是我们不知道如何保持关怀的持续性？毕竟我们不是学生的父母。"这个问题也问出了一般教育工作者的困惑。解决这个问题，教师要做两方面的努力。一方面，教师要淡化自己的职业角色，强化关怀者角色。要做到这一点，教师需要有道德理想的支撑。另一方面，教师要引导学生学会被关怀，培养其被关怀者品质。正如诺丁斯所说："我是否能成为一位关怀者并维持关怀关系，很大程度上依赖于被关怀方对我的回应。"

(Noddings, 2002)[15] 因此，被关怀者是否懂得接受关怀、回应关怀，直接关系到关怀关系的维系，也关系到教师关怀的持续。学会被关怀也是学会关怀的基础。学生只有能体验到和能接受他人的关怀，才会懂得感谢、感激甚至感恩。被关怀是关怀的前提和基础。当今社会，很多青少年儿童不懂得被关怀，对他人的关怀麻木、漠然，认为是理所当然的，就是因为缺乏被关怀者品质。当前社会中感恩心的欠缺也是源于个体被关怀者品质发展的不足。培养学生的被关怀者品质不仅是教师持续关怀、师生维系关怀关系的需要，也是当前社会青少年个体道德发展的需要。

总之，教育是一项需要真情投入的活动，是用心灵点燃心灵、用灵魂塑造灵魂的活动。教育需要教师付出爱与关怀。"我们必须将自己想象成一个由一大群不同孩子组成的大家庭的父母，然后问这样的问题：我想为这些孩子做什么？我想为每一个孩子做什么？怀着这样的思考，我们投身教育，为培养所有孩子贡献力量。"

参考文献

陈奔. 1996. 从美国家庭变革看其基本价值观［J］. 厦门大学学报（2）：14-19.

侯晶晶. 2004. 内尔·诺丁斯的关怀教育理论述评与启示［D］. 南京：南京师范大学博士论文.

斯科莱蒂尔. 2003. 鹅卵石与钻石［J］. 读者（7）.

檀传宝. 2009. 走向新师德. 师德现状与教师专业道德建设研究［M］. 北京：北京师范大学出版社.

张仁贤. 2007. 零距离接触：优秀班主任工作案例解读［M］. 北京：中国轻工业出版社：14-16

Noddings N. 1984. Caring: A Feminine Approach to Ethics and Moral Education [M]. Berkeley and Los Angeles: University of California Press.

Noddings N. 2002. Starting at Home: Caring and Social Policy [M]. Berkeley: University of California Press.

Noddings N. 2002. Educating Moral People: A Caring Alternative to Character Education [M]. New York: Teachers College Press.

Robertson I. 1987. Sociology [M]. Worth Publishers, INC.

问题与反思

1. 您认为您的学生感受到您的关怀了吗？他们认可您的关怀吗？如果没有，为什么？

2. 您做过令学生感动的事情吗？您当时的感受是怎样的？学生的反应如何？您的学生做过令您感动并且记忆犹新的事情吗？如果有，您当时的感受又是怎样的？

3. 您是如何看待当前的感恩教育的？您觉得现在学校应该如何进行感恩教育？

4. 关怀理论对您的班主任工作有哪些启示？请结合您的工作实际，与您的同事讨论如何与学生建立关怀关系。

相关链接

1. 诺丁斯. 2003. 学会关怀——教育的另一种模式［M］. 于天龙，译. 北京：教育科学出版社.

在这本书中，诺丁斯以大量篇幅详尽介绍了关怀理论和关怀教育模式，文中还附有大量的实例。对于想要了解诺丁斯的关怀伦理学和关怀教育思想的读者，阅读该书是最好的选择之一。

2. 肖巍. 1998. 女性主义关怀伦理学［M］. 北京：北京出版社.

该书是目前国内最完整、系统地介绍西方女性主义关怀伦理学的著作，书中系统介绍了关怀伦理学的主要代表人物（包括吉利根、诺丁斯、特朗托、拉迪克等）的关怀伦理学思想。对于想要了解关怀伦理学的读者，该书是一个不错的选择。

3. 袁桂林. 1995. 当代西方道德教育理论［M］. 福州：福建教育出版社.

该书系统介绍了西方20世纪60年代以来的主要道德教育理论流派，包括诺丁斯的关怀教育流派。阅读该书有助于读者掌握当代西方道德教育理论界的总体形势，学习和借鉴其中的操作模式。

4. 侯晶晶. 2005. 关怀教育论［M］. 北京：人民教育出版社.

该书系统而详细地介绍了诺丁斯关怀伦理学的产生背景、主要观点及其关怀教育学的主要思想。书中还对中美两国具有关怀取向的教育实践模式进行了比较分析。阅读该书有助于读者系统地了解诺丁斯的关怀理论。

5. 苏静．2009．被关怀者道德品质的培育［M］．杭州：浙江教育出版社．

该书从关怀关系出发，系统论述了被关怀方在关怀关系中的作用及其应具备的道德品质，并详细阐述了家庭、学校和社会如何在被关怀者道德品质的培育中有所作为。

教师德育专业化读本

德育观念模块	做一个配享幸福的教育家 ——教师德性生活关键词： 幸福、公正与仁慈 中国传统德育与德育现代化 制度情境与道德教育 当代青少年文化与学校德育
德育实务模块	德育与课程实施 班主任的德育工作： 角色定位与功能实现 社会变迁过程中的学校师生关系 主题班会的设计与开展 ——班主任德育工作的视角
德育理论流派模块	苏霍姆林斯基的德育思想 科尔伯格与品德发展理论 ▶ 关怀教育学与关怀关系的建立 价值澄清与多元文化的应对

教师德育专业化读本

价值澄清与多元文化的应对

12

班建武

阅读导航

学校德育的重要目标是要帮助学生树立正确的价值观。在当前价值多元的社会文化环境中，如何实现学校德育的价值引导是德育工作面临的一个突出问题。当代德育理论和实践对此进行了积极的探讨，并取得了一些有益的成果。在这方面，尤其引人注目并在实践中产生了很大影响的是美国价值澄清学派所提出和实践的教育模式。在本章中，我们将一起走近价值澄清，了解其基本主张以及在实践中的应用情况。

通过本章的学习，我们希望每一位教师：

1. 了解价值澄清的基本主张及一般步骤；

2. 掌握主要的价值澄清策略；

3. 能够结合自己的教育教学实践创造性地应用价值澄清。

引言

当前社会是一个价值多元的社会，每一种价值观念都有其成立的理由和特定的支持者。在很多时候，各种价值观念之间相互冲突，给人们的思想观念带来了很大的困惑。这种社会文化状况同样对学校教育产生了很大的影响。现在学校教育，特别是德育实效性不高的一个重要原因就在于学校所传递的价值观念，与社会、家庭所认可和提倡的价值观念存在着很大的落差。这种落差往往使得学生无所适从。而且，不同价值观念的相互冲突在很大程度上也削弱了学校教育的力量。当前，以现代传媒为先导的各种媒介文化力量的强势发展，更是在很大程度上挑战了学校教育的权威。学生凭借其较为娴熟的信息技术，所接触到的各种信息甚至比教师更及时、全面。学校不再是学生获取信息的主要渠道。“5+2=0”这样的教育现象出现的重要原因之一即在于此。

面对这种价值多元的社会环境，学校教育特别是德育应如何作为呢？对此，有三种主要的观点。

(1) 为避免学生价值判断的混乱，应进一步加强学校德育的正面灌输。

(2) 在当前这个公说公有理，婆说婆有理的社会中，学校德育教授某种特定的价值观对于其他价值观而言都是不公平的。

(3) 社会环境的影响力太大，学校德育再怎么努力也无济于事。

这三种观点实际上都是有待商榷的。第一种观点显然是我们传统的教育态度和教育方式。当面对学校道德教育中的新问题、新情境时，传统的教育往往诉诸各种形式的“加强”措施，却较少结合时代的发展与学生的实际对教育本身作自觉的反思和改进。因此在各种“加强”的话语与措施中，学校德育却出现了越是“加强”越“无力”的尴尬局面。第二种观点在很大程度上反映了当前社会发展的实际，但是却在很大程度上忽略了教育的实质以及人类社会生活的理想目标。教育的根本目的是使人为善，获得幸福。这就决定了教育本身就是一种价值性的活动，有着自身的使命。而人类文化生活的多元并不代表着社会无序。和谐是当前社会建设的重要主题。人类社会的维系和健康发展必然是奠基于一定的价值共识基础之上的。最后一种观点实际上是一种消极的教育观，在本质上已经放弃了教育追求卓越的品格，是对教育者教育智慧的能动性和创造性的一种否定。

面对多元的社会，一味坚持传统教育的强制灌输显然不合时宜，而以此为理由放弃教育责任则从根本上消解了教育的可能性。面对这种价值困境，教育何为？这既是一个理论话题，更是一个实践课题。这一问题不仅存在于当下的中国社会，也普遍存在于世界其他国家。对于这样的世界性的教育问题，各国学者都在积极进行着理论和实践上的探索。在这方面，美国价值澄清学派的影响极为突出。因此，本章将主要从价值澄清学派对这一问题的回答入手，探讨多元社会中学校德育的价值引导问题。

专栏 12-1

价格澄清模式的诞生

价值澄清模式（The Values Clarification Model）是由美国纽约大学教育学院教授路易斯·拉思斯（Louise Raths）等人于 20 世纪 60 年代创建的一种德育模式。1966 年，由路易斯·拉思斯（Louise Raths）、梅里尔·合明（Merrill Harmin）和悉尼·西蒙（Sidney B. Simon）共同撰写的《价值与教学》一书的出版，标志着价值澄清模式的正式诞生。该模式因其具有很强的实践性、操作性以及体现了美国固有的个人主义价值观，曾一度风行欧美国家的学校德育实践领域。

价值澄清模式在 20 世纪 60—70 年代对美国的德育产生了巨大的影响。一个具体体现是当时一本介绍价值澄清教学策略的手册竟然卖出了 60 万本之多（Howard Kirschenbbaum，1992）[772]。有专家评论说：“这是（美国）关于教育方法方面的著作从未有过的发行数目。”

（来源：袁杜林，2005）

一、价值澄清是什么？

（一）价值澄清着力解决的问题：价值多元带来的价值混乱与失范

价值澄清简而言之就是对价值进行澄清，使之变得更加清晰，能够对生活中的各种选择有一种自觉的指导作用。为什么要对我们的价值进行澄清呢？这主要是因为我们的各种选择都会受到个人价值观的影响。不管我们是否意识到，价值观总是会以一种或显或隐的方式支配我们的行为。如果我们不能清晰地知道自己的价值观，那么，在很多时候我们就会随波逐流、无所适从。这种情况在当前显得更加突出。我们或多或少都有这样的感受。在我们生活的这个社会中，人们的生活受到来自各方面的影响越来越多也越来越大。很多在以前对我们的生活具有很好指导作用的价值观念现在多多少少都显得有些不合时宜，对我们当下的生活缺乏足够的解释力和指导力。与此同时，各种新的价值观念层出不穷。在社会越来越开放与民主的环境中，每一种价值观念似乎都有其合理的一面。但是，这些看似都合理的价值观念在很多时候又是矛盾的、对立的。比如，对于很多学生而言，电视所说的与父母所教育的往往是不一样的，但是，好像电视说的与父母说的都有道理，这时候该听谁的？成人在儿童面前往往也是说一套做一套，儿童在学校中接受的教育与其在社会和家庭中接受的教育在很多时候是截然相反的。主流媒体所宣传的价值观念与人们实际所奉行的价值观念之间也有很大落差，等等。这些对于处于人生价值观形成期的青少年而言是十分令人困惑的，这在无形之中会增加他们选择的难度。实际上，选择真正的困难不在于在明显的对错和善恶之间进行抉择，而在于在两个都有一定合理性的行为之间进行取舍。

> 据我们看来，现代生活的节奏和复杂性使决定什么是正义的、什么是正确的和什么是可取的等问题变得如此沉重，以至于为数众多的儿童发现，要确定什么是值得珍视的、什么是值得他们为之付出时间和精力的等问题，变得日益令人困惑，甚至是压倒一切的。(拉思斯，2003)[9]

导致当代青少年选择困难的因素主要有哪几方面？对此可借助表 12-1 来举例说明。

表 12-1　导致当代青少年选择困难的因素

影响因素	表　　现
家庭	家庭结构的变迁：单亲家庭、核心家庭增多 家长的教育观念和教育方式……
媒体	
社会	

续表

影响因素	表　　现
学校	
同伴群体	
……	

价值澄清理论的提出，其基本出发点就在于为学校教育在价值多元的社会中提供一种有效的、具有现实操作性的教育模式，澄清学生的价值观，从而使学生的价值观变得稳定、清晰，能够为他们的各种选择提供指导。

（二）价值澄清的基本主张：价值是相对的，过程比内容重要

总体而言，价值澄清模式的基本理论基础是价值相对主义。它认为每个人都有自己的价值观，而且价值是多元、相对和变化的。没有一种适合于任何人、任何情境的绝对的价值观。因此，一个人拥有什么样的价值观并不重要，重要的是他应该清楚自己所拥有的价值观是什么以及如何获得这种价值观。当前人们之所以会感到思想混乱，就在于不清楚自己的价值观。因此，价值澄清模式就是要通过澄清价值评价的过程，来帮助学生减少价值观的混乱，提高他们分析和处理各种道德问题的能力。

拉思斯等人在《价值与教学》一书中认为，所谓价值观，是指导人们如何生活的一套准则。它反映了人们在有限的时间和精力下如何行事的问题。

在价值澄清模式中，价值观是与个人的生活经验紧密联系在一起的。而人们生活经验的获得，是由他们生活环境的特点决定的。因此，具有不同生活经验的人们的价值观是不一样的。与此同时，人们的生活经验也会随个人生活地点的变迁、职位的变动、年龄的增长等因素的改变而改变。因此，对于个人而言，其价值观也不是恒久不变的。

> 我们认为，价值观始终与形成和检验他们的经验相联系。对任何个体来说，价值观并不是一成不变的真理，因为它们是在一系列环境中锤炼成某种生活方式

的结果。在充分锤炼之后，常常会形成某种评价和行为方式，某些事物被视为正确的、值得向往的抑或是有价值的。这些事物就成为我们的价值观。（拉思斯，2003）[24-25]

价值澄清模式更多的是关注人们如何获得价值观的过程，而不是获得怎样的价值观。

> 我们无法肯定个体会有怎样的经验。我们因而不能确定什么样的价值观、何种生活方式最适合于个体。然而，我们确实知道什么样的过程对于获得价值最富成效。（拉思斯，2003）[25]

由此可见，价值澄清模式的主要目的是帮助人们获得一定的价值观。这些价值观将会有助于人们以一种满意和理智的方式将他们与不断变化的社会相联系。人们相信什么对价值澄清模式而言并不重要，重要的是人们怎么相信。

（三）价值澄清适用的对象特征：缺乏稳定、清晰的价值观

拉思斯等人在《价值与教学》一书中指出，价值澄清至少对八种类型的人具有明显的作用。

- 冷淡、倦怠和漠不关心的人。
- 喜欢幻想的人。
- 极端的反复无常的人，犹豫不决。
- 前后矛盾的人。
- 随波逐流的人。
- 盲从者。
- 盲目反抗者——积习难改的、一味指责的、怨天尤人的和失去理性的异议者。
- 装腔作势或矫揉造作的人。

从以上的对象特征中我们可以明显地感觉到，这些类型的人的一个共同特点就是缺乏稳定、清晰的价值观。

实际上，我们在教育教学过程中也经常会遇到有类似以上表现的学生。如有些学生没有明确的学习目的，或是三天打鱼两天晒网，对自己的事情不能持之以恒地完成，或是言行不一，等等。您能否结合自己的教育教学实际，列举出您所遇到的有以上表现的学生案例，并说说您在面对这样的情况时一般会怎么做，效果如何（表 12-2）？

表 12-2　问题学生的类型、应对方式及其效果

我所遇到的学生类型是	
我通常的做法是	
这些做法所取得的效果是	

从上文可以看出，价值澄清的基本假设是：（1）我们所处的是一个价值多元的社会，不同的价值观相互冲突；（2）在这样一个价值多元的社会中，没有一套公认的“放之四海而皆准”的道德原则或价值观念；（3）个体是在其价值观的指导下行动的，而个体的价值观则是与其个人独特的生活经历有关；（4）学生对自我行动时的价值观认识不清。在这样的基本假设下，价值澄清的一个重要哲学基础或逻辑前提就是坚持“人性向善”的观念，相信每个个体在经由价值澄清的过程之后都能作出合适的道德选择。

二、价值澄清的要素和过程

作为一种旨在帮助学生明晰自我价值观的教育模式，价值澄清更为关注的是学生的具体生活以及他们真实的所思所想。从这个层面上讲，价值澄清具有明显的人本主义色彩。这一点在它的核心要素和澄清过程中体现得尤为明显。

（一）价值澄清的四大要素：以生活为中心、接受现实、鼓励思考、行动

价值澄清模式认为，在当前多元的社会环境中，并不存在一套放之四海而皆准的

价值体系。试图为人们寻找具有普适性的价值观的做法是徒劳的。我们不能把自己所认可的价值观强加给他人。但是，我们却有义务去帮助人们澄清自己所拥有的价值观。为此，我们必须做到以下四点（拉思斯，2003）[1-2]。

● 以生活为中心

以学生的生活问题为切入点。价值观体现于生活的方方面面，价值澄清的内容应来自学生生活。教师应以学生的生活问题为中心，鼓励学生花更多的时间、精力，反思、澄清自己的价值观以及整个社会的价值问题。引导学生：（1）关注态度、情感、活动、信仰、目标、抱负、兴趣或烦恼等习惯方面，这些被称为价值指示器，是与价值有关，指向价值但未必达到价值的事物；（2）关注学生在一定年龄阶段通常会遇到的使学生生活复杂化的个人问题，如爱情、工作的意义等；（3）关注某些涉及个体与社会关系的社会问题，如与他人合作、法律与秩序等。

● 接受现实

建立互相接受的气氛，引导而非强制学生进行价值澄清。教师应从整体表示接受他人，不评价学生当时处于什么立场，不存先入之见，并认为不管学生处于什么立场，总会继续改变。教师要关心学生，认真而富有耐心地倾听学生的呼声，与其同甘共苦，鼓励但并不强制他们自我暴露或澄清思想。

在澄清别人的价值观点时，我们要做的不是去改变他人的价值观，而是要不偏不倚地接受他人的立场。这种认可意味着帮助他人接受自我，互相开诚布公，不管他们的思想或情感也许是多么的混乱或消极。

● 鼓励进一步思考

我们不能仅仅停留在认可的水平上。教师应该使学生进一步思考尤其是全面地思考价值问题。这就要求他们：（1）更加明智地选择，（2）更加清楚被珍视与珍爱的事物，（3）更好地使选择和珍视融于日常行为之中。

● 培养个人能力

价值澄清模式认为，人们不但能深思熟虑地思考价值问题，而且能更好地将价值观整合到他们的选择、珍视和行动中。因此，价值澄清不仅倡导练习澄清技能，而且注重培养审慎自主的潜在意识。

（二）价值澄清的评价过程：三阶段七步骤

虽然价值澄清模式不承认复杂多变的社会中有一套公认的价值观，但是它却主张学校和教师应该在发展儿童价值观方面有所作为。为了确保学校在发展儿童价值观方面的中立地位，价值澄清模式反对把某种现成的价值观灌输给学生。学校应该做的只是建立一种澄清过程，通过这种过程，儿童可以确定自己的价值观。这一过程被称为“评价过程”（valuing process）。

一个人是否获得价值观必须接受这一评价过程的检验。而这一过程主要包括三个阶段七个步骤（拉思斯，2003）[25-27]。

- 自由地选择

如果有某些东西实际上在指导着一个人的生活，不管是否有权威的监督，这种东西必须是自由选择的结果。如果在选择过程中存在某种强制，个体就不可能长时间地坚持自己的选择结果，尤其是当施加压力者鞭长莫及时。只有价值是个体自由选择的结果，价值才会被个体真正珍视。

- 从各种可能的选择中进行选择

价值的定义是基于个体所作出的选择，很显然，若无可供选择的对象，选择也就无从谈起。因此，当有关个体意识到没有选择的余地时，把某一事物归属于价值的范畴也就意义不大。只有当存在一种以上的选择时选择才成为可能，价值选择才会实现。

- 对每一种选择的后果进行审慎思考后再作出选择

凭冲动或轻率所作出的选择并不能形成价值澄清模式界定的价值。那些真正对个体生活有指导意义的东西一定是个体仔细权衡和理解的结果。只有当个体仔细权衡和完全理解每一种选择的后果，个体才会作出明智的选择。只有在认真考虑每一种可供选择的后果之后进行的选择才会形成价值。

- 珍爱与珍视

当说起那些我们珍视的东西时，我们总是语气坚定。我们会赞同它，珍视它，尊重它，坚持它。我们会为所珍视的感到高兴。有的选择，即使是自由的和审慎的选择，我们也不一定会为此高兴。我们界定的价值必须是我们高兴地作出的选择结果。我们会赞同和珍视那些价值并用以指导生活。

• 确认并与人分享选择

当我们在考虑各种可能选择的后果之后自由地作出选择，并为之感到自豪时，被别人问及时我们愿意当众确认我们的选择，甚至愿意为之辩护。如果会为某一选择感到羞惭，被诘难时不敢表明自己的立场，那么我们选择的就不是价值而是别的东西。

• 根据选择行动

我们所信奉的价值观体现在生活的诸多方面。为了使某种价值得以浮现，生活本身势必受到影响。事实上，不存在不对现实生活进行指引的价值观。只空谈某事而从不躬行实践的个体所处理的绝不是价值，而是别的事物。

• 重复行动

只要某一事物被提升至价值水平，它就很可能在个体生活的许多场合影响个体的行为。它表现于不同的情境与场合。只在生活中出现过一次的事物不能被视为价值。价值观往往以某种生活方式不断重复。

综上所述，价值澄清过程的七个步骤涉及三个方面的内容：选择、珍视、行动。这实际上就是价值澄清模式对价值的界定，只有符合这一过程的七个步骤的事物才能被称为价值。

选择：(1) 自由地选择
(2) 从各种可能的选择中选择
(3) 认真思考每一种选择的后果后进行选择

珍视：(4) 珍爱，对选择感到满意
(5) 愿意向别人确认自己的选择

行动：(6) 根据选择行动
(7) 以某种生活方式不断重复行动

三、价值澄清的实践应用

价值澄清模式在道德教育实践领域产生了很大的影响。这主要得益于它提出了许多具体的方法和策略，具有很强的操作性，容易被广大教师所掌握。该模式提出的价值澄清方法很多，限于篇幅，在此仅就其中比较核心的几种方法进行介绍，它们是澄清反应策略（对话策略）、价值单策略（书写策略）、团体讨论策略。

（一）澄清反应策略

澄清反应（clarifying response）策略是价值澄清策略中最为灵活的澄清策略。它是教师针对学生所说的话或所做的事而作出的反应，旨在鼓励学生就自己的行为进行深入的思考。通过这种思考，学生可以对自己所拥有的价值观进行澄清。由此可见，澄清反应主要是一种师生间的对话策略，主要是以一对一的交谈形式进行的。这种对话不要求教师对学生进行强制性或对抗性的询问，而是一种看起来较为随意的或激励性的谈话。通过下面这个澄清反应策略的示例，我们可以对这一策略有更为直观的了解(专栏 12-2)。

专栏 12-2

澄清反应策略示例

[例 1]

有一个学生对老师说，中学毕业后他将去大学学习。如果老师回答“祝你好运”或“读哪一所学校呢?”，就不能起到帮助学生澄清价值的作用。如果老师问“你考虑过其他什么选择吗?”，情况则要好得多，它可以促使学生对自己未来的生活目标作更广泛、更审慎的思考。

[例 2]

教师：导游专业是自己选择的专业吗?

学生：是自己选择的。我喜欢旅游，我希望能当导游，带给别人快乐。

教师：你心目中能带给别人快乐的导游是怎样的?

学生：有口才，幽默风趣类型的。

教师：有没有试着去培养自己的口才呢?

学生：正准备这样做呢。

教师：好的，我们开始上正课。

(想一想：为什么教师没有就此话题再追问下去?)

[例3]

约翰：如果允许移民随便涌入我们国家，其他人就要倒霉了。

教师：在哪方面倒霉，约翰？

（注意：教师这个时候需要有极大的勇气和克制力，不能够使用诸如“难道你的祖父以前不也是移民吗?”或“难道你不知道我们的国家是移民所缔造的吗?乔治·华盛顿不也是一个移民吗?”之类的提问。“难道你不认为……”、“难道你不同意……”这类的提问实际上是把自己的观点强加给受众，而不是要澄清受众自己的价值观。例子中的这种提问方式一方面使得对话成为可能，另一方面则是将注意力放在对学生价值观的澄清上。)

约翰：嗯，他们如此廉价地工作，以至于体面的美国人无法找到工作。

教师：约翰，你能否举一个这方面已经发生的例子？

约翰：嗯，我去了一家贴出广告的超级市场，但是一个有外地口音的家伙抢先去了那儿。

教师：而且他愿意得到较少的报酬？

约翰：嗯，这我说不准。

教师：当你发现你并没有得到这份工作时，你是怎么想的？

约翰：我非常恼火。

教师：假如是皮特获得了这份工作，你会恼火吗？

约翰：我想我会对任何人感到恼火的，因为我确实需要这份工作。

教师：你有没有去其他超级市场试过？我们也许能把其他超级市场列成一份名单，你可以每次去一家超级市场，逐一进行核实。

为了使教师在运用澄清反应策略的过程中，能够更为自觉地观照价值澄清评价过程的七个步骤，拉思斯等人设计了一系列的澄清问题（专栏 12－3）（拉思斯，2003）[65-68]。

专栏 12-3

七个步骤中的澄清反应策略问题

1. 自由选择

(1) 你认为你最初是在哪里产生了这种想法?

(2) 你这样想多久了?

(3) 如果你不去做你承诺要做的事情，人们会怎么说?

(4) 你是否正从别人那里获得帮助? 你需要更多的帮助吗? 我能助你一臂之力吗?

(5) 在你的伙伴中你是唯一有这种感受的人吗?

……

2. 从多种可能选择中进行选择

(1) 在作出这一选择之前，你是否考虑过其他什么?

(2) 作出决定之前，你全面地考虑了多长时间?

(3) 你有没有考虑过其他的可能选择?

(4) 在确定目前的想法或行动之前，你摒弃了什么样的选择?

(5) 使这个选择从其他可能选择中脱颖而出的真正优势体现在哪些地方?

……

3. 审慎地选择

(1) 每一种可获得的选择会导致什么样的后果?

(2) 你是否认真地思考过这个问题? 你的思考结果如何?

(3) 如果你现在这样去做的话，会引起什么样的后果?

(4) 你所说的话符合你过去所说的话吗?

(5) 能说明这一选择的益处吗?

……

4. 珍视与珍爱

(1) 你很高兴有这种感受吗?

(2) 你想得到它有多长时间了?

(3) 这一选择有何益处？它能满足什么样的目的？为何对你很重要？

(4) 每个人都应该像你那样去做这件事吗？

(5) 这的确是你所珍视的事物吗？

……

5. 确认

(1) 你能否告诉全班同学，你有这种感受已有一段时间了？

(2) 你愿意在支持这种观点的请愿书上签名吗？

(3) 你是在说，你认为……（重复学生的观点）？

(4) 你的意思并不是在说，你相信……（重复学生的观点）？

(5) 你愿意公开支持这件事吗？

……

6. 依据选择行动

(1) 我听说你赞成……现在你能为它做些什么吗？要我帮忙吗？

(2) 你的第一步是什么？第二步呢？

(3) 你愿意支持这一观点吗？

(4) 你有没有思考过你的行动后果？

(5) 有没有创立宗旨相同的组织？你会加入吗？

……

7. 不断重复行动

(1) 你这样想是否已有一段时间了？

(2) 你有没有做过什么事情？你经常这样做吗？

(3) 你有什么样的计划来进一步做这件事？

(4) 你是否应该让其他人对这件事感兴趣并参与其中？

(5) 它是否值得人们为之花费时间与金钱？

……

为了有效地进行以上类型的对话，价值澄清模式还设计出了澄清反应策略所应遵循的 10 条策略基本原则（专栏 12-4）（拉思斯，2003）[54-56]。

专栏 12-4

澄清反应策略的10条基本原则

- 澄清反应要避免道德说教、批评、向儿童灌输价值观或进行评价。教师应避免一切关于"好的"、"对的"或"可接受的"等暗示。
- 使学生有责任检查自己的行为或思想，并独立思考和确定自己的需要。
- 澄清反应是非强制的和使人兴奋的，但它不强人所难，不强求学生有问必答。
- 澄清反应的作用更多地在于激发个体思考自己的言行，其目的在于形成一种氛围。每一种澄清反应只不过是众多澄清反应之一，而且其效果是累积而成的。
- 澄清反应的目的不在于盘问学生或收集资料，而是使学生在需要时澄清自己的思想和生活。
- 澄清反应通常不是范围过于宽泛的讨论。其目的在于促使学生进行思考。教师最好在只进行两三个来回的对话后便主动以不表态但很坦率的语句中断会话。
- 澄清反应经常是针对个人而进行的。当然，也可以针对全班学生就大家普遍关注的问题进行澄清反应，但即使这样，最终必须要求个体进行独立的思考。
- 教师无须对每个学生在课堂上的所有言行作出反应。
- 澄清反应经常在没有"正确"答案的情境中起作用，诸如与情感、态度、信仰或目的等有关的情境。它们并不宜于把学生引向预定的答案。它们并非那种教师在头脑中已有正确答案的问题。
- 澄清反应不存在固定的模式。教师必须富于创造性和洞察力地使用澄清反应，但必须记住：澄清反应只有在有助于学生澄清他们的思想或行为时才能被认为是富于成效的。

从以上原则我们可以归纳出在使用澄清反应策略时应避免的提问方式。

1. 难道我没有告诉你要保持安静吗？

2. 难道你不认为饭前洗手是个不错的主意吗？

3. 你为什么要取笑女同学？你准备什么时候不这样做？是不是非要我再惩罚你不可？

4. 难道你不认为考出更高的分数是件好事？

5. 以你目前的样子，你是绝对不可能考上大学的，懂吗？

……

以上提问的不妥之处就在于教师实际上把个人的观点强加给学生，从而在很大程度上剥夺了学生独立、自由选择和思考的机会。价值澄清要能够有效地发挥作用，有赖于教师有意识地提醒自己：在教育教学过程中不要把自己或者成人社会的观念直接地强加给学生，同时，要为学生的自由选择和独立思考提供一个安全、开放的氛围。这对于价值澄清而言十分重要。没有这样一个氛围，学生很难在对话中真诚地表达自己的观点，反思自己的行为。但是，这并不意味着教师不能够表达自己的观点。实际上，作为一种以个人主义为价值基石的教育模式，教师和学生一样，都可以自由地表达自己的态度和看法。如果教师刻意隐藏或者歪曲自己的观点，那么这种行为更容易令学生反感。在某种情况下，教师坦率地表达自己的观点更容易赢得学生的信任。如果学生认为教师的提问是对他目前工作的一种侵扰或冒犯，那么教师就不应再继续下去。

一般来说，学生在表示某种态度、抱负、目的和兴趣时，就是教师应该进行澄清反应的时机。态度、抱负、目的和兴趣可以影响一个人的价值观的方向，所以教师引导学生对它们进行澄清反应能帮助学生进一步确立价值观。

态度。学生在对某种事物表示赞成或反对时，便表明了他的态度。比如："我同意把小红花给玲玲，因为她是个听话的孩子。""我不愿意把自己的新汽车给小刚玩，因为他上次也不把他的玩具给我玩。"学生有时对同一事件的态度会不一样，教师应帮助他们形成明确而且一致的态度。

抱负。学生在表达自己对未来的计划时，便表明了他的抱负。例如："将来我也想当老师"，"将来我愿意当一个医生"，"将来我想当科学家"，等等。学生从产生一种抱负的萌芽，到其开花、结果，要经历很长时间，教师应不断地给学生鼓励，帮助他们排除障碍，一步步朝目标前进。

目的。学生在说出某一短期计划时，便表明了他的目的。例如："我把零钱存着，等存够了钱就去买一支小手枪”，等等。达到目的需要一定的时间、精力甚至一些金钱，所以教师应该尽力帮助学生考虑计划的可行性，并帮助他们寻找达到目的的多种途径。

兴趣。学生主动去从事某一活动，便表明了他的兴趣。例如：“我喜欢看米老鼠和唐老鸭的电视”，“我喜欢玩娃娃家游戏”，“我喜欢为小朋友发点心”，等等。学生的兴趣有暂时的，也有长期的，只有长期的兴趣才能是价值观的一部分。所以，教师应认真观察、判断学生的兴趣是暂时的还是长期的，对一些良好的兴趣，应帮助学生将其发展为较为巩固的长期的兴趣。

澄清反应策略在具体应用时应注意以下问题。

- 澄清反应要把问题聚焦在具有价值性的主题上。当学生表现出一些价值信号的时候，往往是进行价值澄清的最好时机。这些价值信号被称为价值指示器（value indicators），如“我喜欢……”，“我想……”等。
- 澄清反应通常是每次指向一个学生。
- 师生之间发生的澄清反应一般都比较简短，有“单腿会议”[①] 之称。
- 教师在使用澄清反应策略时，应尽量维持一种轻松的、重视探究的氛围。
- 澄清反应的要点是促进学生对自己言行举止的思考，但教师要在此过程中注意学生的反应，不应使学生感受到一种被逼迫的感觉。
- 澄清反应可就价值澄清过程的某一方面展开而不必面面俱到。
- 澄清反应是一个长期的过程，教师不能指望通过一两次澄清就能一劳永逸地解决学生的所有问题。

专栏 12-5

小　练　习

1. 下面是一些教师的评论，请您根据澄清反应的定义和要求，判断其中哪些符合澄清反应，并说明理由。

---

① 这种交谈被称为“单腿会议”，是因为它们经常发生在教师单腿站立或去其他地方的路上稍作停留时。长时间的系列试探或许会使学生感到自己在被盘问，从而产生戒备心理。此外，长时间的探讨会给学生留下太多的思考余地。

(1) 思考你们关于战争与和平的立场。

(2) 你是否希望长大后变成蠢材?

(3) 第二排的每个学生都想到了你在上周末所做的并为之感到自豪的事情。在我们让每个学生思考一会儿后,你可站着告诉全班同学,如果你愿意这样去做的话,这件事的结果会怎样?

(4) 你认为惠特曼在这首诗中想努力说明什么?

(5) 爱因斯坦以何闻名?

(6) 你为何那样打小明?

(7) 我能理解你肯定感到非常难受。

(8) 难道你不希望被人喜欢?

(9) 你的那些思想是否由来已久?

2. 一个学生说:“我们家新养了一条小狗。”对此,教师的反应有:

(1) 太让人高兴了。你给它取了名字没有?

(2) 你是否早就渴望得到一条小狗?

(3) 哪种类型?你能告诉我们有关它的情况吗?

(4) 你听起来为它感到高兴。养小狗有何好处?

(5) 你有没有参与养狗的决定和计划?

在以上这些教师反应中,哪些属于澄清反应?

(二) 价值单策略

价值单(values sheets)策略主要是针对那些不适合交谈和讨论的问题(如政治信仰、性等)时采用的一种澄清方法。这些问题如果采用澄清反应的交谈方式,一是容易使学生不好启齿,难以谈出心中的真实想法,二是团体讨论容易成为口才好、威望高者的特权,影响他人的独立思考。采用价值单策略,可以有效地避免以上问题。价值单策略的使用要求教师设计和编制出一些价值表。形式最简单的价值单包括某一发人深省的陈述和一系列问题。这一发人深省的陈述的目的在于提出教师认为或许对学生有价值意义的问题。这些问题旨在促使学生带着这一问题从头到尾彻底经历价值澄清的评价过程,从而使学生能够更好地了解自己。以下是价值单的一个例子(专栏 12-6)。

专栏 12-6

违法行为

说明：写出下列问题的答案。稍后，你们将有机会与小组同学一道讨论你们的答案。如果你们决定不这样做的话，你们不必泄露自己的答案。

10月27日，纽约州新罗谢尔。当红灯变成绿灯，新英格兰高速公路的某一自动收费亭显示出“谢谢你”时，它并非总是“言为心声”。至少当驾车旅行的人故意欺骗机器或者将铝制垫圈或外国硬币塞入机器时，它就不是在由衷致谢。

经过为期两周的整治通行费作弊者的行动之后，纽约州警方今天报道说，他们已逮捕了151名作弊者。市法院对初犯者每人罚款25美元，屡犯者每人罚款250美元。

据副州长托马斯·F. 达尔比报道，这些违法者包括1名牧师、1位医生、1位牙科医生、1名原子物理学家，以及几位律师和为数众多的工程师、广告商、推销员。

这些违法者所不知道的是，副州长说，这种新型的单向玻璃使他们没有发现收费亭内正密切注意着他们的州警察。

副州长继续说，他们更不知道每一位违法者的汽车牌照及塞入机器内的东西已被记录下来。

(1) 在什么情况下，你会努力逃避付费扬长而去？请在下面的回答中勾出最为可能的选择。

——只有当我确信我不会被抓住时。

——如果我认为我有很好的机会不会被抓住。

——从不，不管情况怎样。

——只有当我极其需要这笔钱时，如为家人购买食品。

——写出其他任何更适合于你的选择。

(2) 在这151名被逮捕的人中，只有1名牧师、医生、牙科医生和原子物理

学家。另一方面，有几位律师和为数众多的工程师、广告商和推销员。你认为，这是否表明从事第一组职业的人比从事第二组职业的人更为诚实？

(3) 你认为这种行为是否严重？你认为这些人在其他更严重的方面可能会不诚实吗？请加以评论。

(4) 让我们回到问题（1），在你可能选择的回答旁打钩：在什么情况下，你会将电话亭里的人错找给你的10块钱占为己有？

(5) 如果有的话，你如何解释问题（1）的回答和问题（4）的回答之间的差别？

(6) 你是否清楚自己对违法行为的感想？请讨论。

（来源：拉思斯，2003）

从上面的例子可以看出，价值单策略强调学生以书写的形式对各种问题进行独立的思考。即使是表中所要求的有关讨论，也是在小范围内进行，一般不进行全班性的讨论。这可以有效地避免学生在独立思考问题时受到他人的干扰或心理暗示。

专栏 12-7

澄清价值观：10个→5个→1个

人物：雯，测控技术与仪器专业研究生二年级学生

困惑：不确定自己应该如何选择职业方向：外企职员？高校教师？还是公务员？

雯是我曾经带过的学生，从电话中我了解到她刚刚结束在联合利华的实习，实习期间主要任务是向各个超市推销一种洗衣粉。企业主管觉得她各方面表现突出，希望她毕业后能选择联合利华，但是雯觉得这种工作和自己所学的专业完全没有关系，有些犹豫。雯的父母都是公务员，希望她也能考取公务员，而她非常尊重的两位亲戚则认为留在高校当老师更适合她。面对雯的情况，我觉得应该先引导她对价值观进行澄清，然后引导其对未来职业进行探索。

我让雯从发展清单中选出10项重要的价值因素，此时，她没有了急切，变

得沉稳而投入，她选出了灵活性、升迁机会、团队合作、轻松愉快、能力、创造力、领导、成就感、影响力、身份。雯对这 10 个词的解释是：工作不受时间限制，工作性质灵活；能通过努力往上走，获得他人的认可；愿意在和谐、轻松愉快的团队中工作；希望工作和生活两种状态分开；希望自己很有能力；不喜欢做重复、繁复的工作；希望别人会敬畏她，尊重和接纳她的观点；通过努力证明自己行；希望自己低头看别人，不希望自己被别人低头看。

为了让她清晰明确地认识到自己最核心的价值观，我让她从这 10 项因素中选出 5 项重要的。她选出灵活性、团队合作、能力、成就感、身份。接着我让她在这 5 项中选择一项放弃，她说太为难了。我告诉她必须选出一项并在纸上重重地画掉。她轻咬着嘴唇思考了半天，最后选择放弃成就感，我让她继续选择必须放弃的，雯又画掉了团队合作、灵活性、能力。当纸上只剩下“身份”这个词时，雯陷入了短暂的沉思。

她开始意识到自己对身份如此看重，其他的一些价值观选择都是在追求这个核心的身份。

（来源：陈蕊，2006）

价值单策略可以较为有效地与各学科教学紧密地联系在一起。从上面的例子可以看出，价值单策略非常强调学生的独立思考以及学生的理解力在进行自我价值澄清时的重要作用。该策略认为：“儿童无以发展出明确的和切合实际的价值观，除非他们拥有对各种可能选择以及每种选择的后果的理解力。”“缺乏理解力的评价是肤浅的。……我们拒不接受那种认为儿童应该先学习学科内容然后再学习评价的立场。没有转换成价值观的知识只不过是记忆中短暂的令人不满的生活方式而已，几乎能一样被极具破坏性地和富于建设性地利用。”“我们建议教师把适当地推进评价看做是学习过程的一个至关重要的和使人兴奋的组成部分。”（拉思斯，2003）[101-102] 从这些论述可以看出，价值单策略的显著特征就在于：努力揭示知识背后所蕴涵的价值依据，将知识学习与道德评价紧密地联系在一起。这一点恰恰是我们当前的学科教学所欠缺的。

价值单策略主要应用于以下主题。

- 金钱，它是怎么样被分配和处理的

- 友谊，我们怎样与周围的人相处
- 爱情和性，如何与关系亲密的人交往
- 宗教和道德，我们所奉行的终极信仰
- 闲暇，如何利用闲暇时间
- 政治和社会组织，尤其是当它们对个体发生影响时
- 工作，职业选择，工作态度
- 家庭，我们在家里的表现
- 成熟，我们为何而奋斗
- 性格特征，尤其是当它们影响个体的行为时

价值单策略可以采用不同的方法，但是，最无效的方法是将价值单用作讨论课。诚如前文所述，讨论往往会演变成争论，容易使人激情有余而独立思考不足。同时，讨论的过程往往会形成一些意见领袖人物主宰和控制讨论的局面，使得一些人不能够有效地参与并自主地对自己的价值观进行审慎的思考和选择。因此，价值单策略在使用时应注意以下几个方面的要求。

- 要求书面回答，这需要比纯粹的口头谈论更加认真地思考。
- 允许学生以匿名的形式进行书面回答。
- 价值单策略尤其适合于周末作业，此时学生的压力会减少，而且能有足够的时间来思考。
- 教师可以对学生上交的价值单写简要的评语，但是评语应当根据价值澄清理论的要求，有助于学生重新思考其原先的答案。如，问学生他们所写的某些内容是否形成于对各种可能选择的思考之后，或者问他们其生活方式是否真的与他们所写的相一致，等等。

以下的书写策略也可用于价值单中，以期刺激价值澄清思维与讨论。

（1）写出价值问题的反应。要求学生对照七个澄清步骤，写出对某些学科或生活的澄清反应，使学生熟悉七个澄清标准。例如：“你是否认为北京是中国第一大旅游城市？”“你是否认为彼此关爱是建立友谊的前提？”

（2）列举策略——我喜欢做的事情。要求学生在纸上尽快举出他们在生活中确实喜欢做的20种事情，并按某种属性进行分类编号，以练习选择思维、培养选择能力。

（3）扩展和澄清策略——“我认识到……”。在学生完成对自己喜欢的 20 种事情的列举并编号后，教师要求学生对此进行价值澄清并完成“我认识到，我……”之类的问题，以明确自己的真正需要，自主控制价值观的形成过程。该策略使学生熟悉选择、运用过程，反思评价个人的喜好，引导学生在生活中不断自主地追求个人价值。

（4）列举策略——“一打加一”（baker’s dozen）。教师要求学生在纸上列出自己最喜欢的 13 件物品，这些物品都必须使用插座，也就是说离不开电。当学生完成清单后，教师要学生依次去掉电力不足时应先放弃的三件物品，最后留下极为重要且会坚持至最后一刻的三件物品。该策略使学生熟悉选择的过程和方法（专栏 12-8）。

专栏 12-8

列举策略示例

请大家根据对自己的重要程度，将以下 21 种个人价值进行排序。如果有时间，你可以把它们写在 21 张小卡片上，然后再进行排序。

成就　审美　利他　自主　创造性　情绪健康　健康　诚实　正义　知识
爱　忠诚　道德　样貌　愉悦　权力　认可　宗教信仰　技能　财富　智慧

教师提问：

- 你是否是自主地选择了这项价值，也就是说，从来没有任何人和任何方面把它强加给你？
- 它是你从众多价值观中挑选出来的吗？
- 它是你在思考了所作选择的结果或后果后被挑选出来的吗？
- 你是否为你选择的这一价值而感到骄傲（珍视、爱护）？
- 你是否愿意公开地向其他人声明你的选择，也就是说，在别人面前公开地为它辩护？
- 你是否能做一些与你选择的价值观有关的事情？
- 你是否有与你的价值观保持一致的行为模式？

（5）文电策略——“我竭力主张”式电报。教师要求学生根据电报的形式，确定一个自己在现实生活中拍电报的对象，这封电报的开头是：我竭力主张你……每一份电报都必须署名。该策略也可用于学生之间和师生之间交流信息。具体示例如下。

致姐姐："我竭力主张，你应该控制住自己，戒除吸毒。"署名：南希。

致老师："我竭力主张，你应当摒弃认为自己是唯一知道上帝需要的人。"署名：你的学生，罗德尼·菲利普斯。

致邻居："我竭力主张，你应当注意到我们没有其他可以玩球的场所，你不应动辄报警。"署名：比利·克拉克。

（6）画价值观盾徽——个人盾徽（values coat of arms）。学生先画出一个盾徽作好准备。教师先解释盾徽的来源及意义，然后要求学生不加夸张地把自己的价值观表现于盾牌外部的正面，盾徽分为上中下三部分，每部分又分左右两侧，一共可分为六个区，分别用1、2、3、4、5、6表示（图12-1）。

1区画两幅画，一幅代表你非常擅长的东西，另一幅代表你希望擅长的东西；

2区画一幅画表明你始终坚持的价值观；

3区画一幅画表明你全家大抵都会同意的价值观；

4区设想你事事顺利的情况下愿意努力做的事情；

5区表明你希望人人深信不疑并希望的价值观；

6区用文字表明你希望别人在背后议论你的四个字。

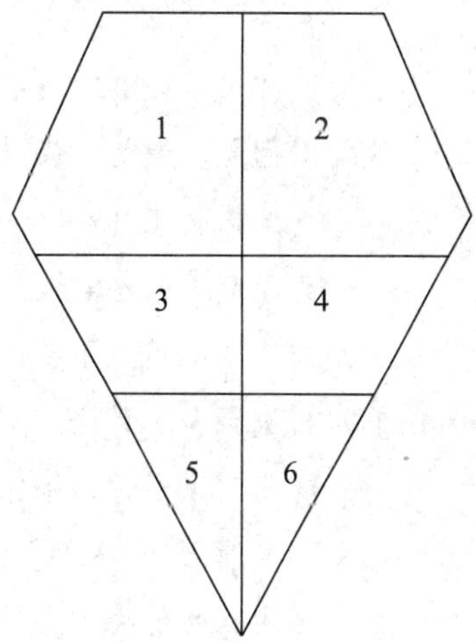

图12-1 价值观盾徽

该策略十分周详地阐述了一切价值澄清策略共有的情况，并且提出了一种反映澄清反应的趣味方法。盾徽策略可在整个学年期间反复使用，学生可以比较各式各样的盾徽作为继续探究的手段。

小活动：请您结合自己所教授的科目，设计出一份价值单供学生思考。

（三）团体讨论策略

澄清反应策略和价值单策略基本上都是以一对一的形式展开的，只有在必要的时候才会进行小范围的讨论。但是，对于一些全班学生普遍关心或具有普遍意义的问题，我们可以采用团体讨论策略，在全班范围内进行价值观的澄清活动。为了保证这种大范围的讨论能够取得成功，团体讨论策略一般遵循以下四个步骤（拉思斯，2003）[138-153]。

● 选择主题

教师应该认真注意学生深感困惑的问题，或者依据学生的年龄，考虑设计出富有价值意义的主题，诸如友谊、金钱、规则、家庭、兄弟（或姊妹）、家庭杂务、爱情、性、工作、职业、目标、闲暇或政治。在选择主题时，教师可以通过一段引文、图片、戏剧或电影片段以及有争议的问题等来选题。

● 深思熟虑

教师应该要求所有学生安静地坐着思考问题一两分钟，最好要求学生在思考他们对问题的最初反应时做一些简短的笔记。

● 结构交流（structure sharing）

为了避免某些健谈者控制讨论的情况，教师可以把学生分为两人一组、三人一组或四人一组。不要给小团体太多的时间。一开始可以进行短时间的小组讨论，然后再进行全班讨论。

教师可以通过以下方式来形成小组。

（1）非朋友。教师可以让学生一言不发地四处走动，直到学生发现另外两个自己不太熟悉的人为止。然后，他们三人作为一个小组。

（2）排队站立。教师可以根据学生的生日、学号、姓氏字母等，将邻近的学生分成小组。

（3）纸条。教师可以给每个学生分发一张纸条，上面写着一个数字或者动物、城市、颜色等。所有拿到相同符号标志的学生分成一组。

（4）选择链。教师可以随机点一名学生，然后给这名学生提出某些要求，让他选出相应的人作为一组。如，教师可以让学生选一个不太熟悉的人，当学生选择某一同学后，再根据相同的标准让其选择另一名同学，由此构成一个小组。

• 帮助学生获取知识

通常，在团体讨论最后，教师应要求学生独自坐在自己的座位上，思考他们从这次讨论中学到了什么。学生可以通过对以下问题的思考来归纳出他们在本次讨论中所获得的知识。

——我认识到……

——我再度发现……

——我正想知道……

——我从来不知道……

除了以上策略外，《价值与教学》一书还列举了其他19种策略，包括列策略（让学生对一些事物作出价值排序，例如让学生根据重要程度对健康、漂亮、有钱进行排序）、价值连续体策略（让学生了解事情并不是截然二分的，在价值之间存在着诸多可能，例如让学生在大公无私和损公肥私之间填写可能的价值观念）、启发式句子（如，"假如我只有24小时可活……"，让学生将句子补充完整）等。

（四）提升学生思维水平的策略

价值澄清理论认为，一个人的价值观与其思维品质有着十分密切的关系。在很大程度上，思维与价值观是相互渗透、互为表里的。而价值澄清的七个步骤得以展开的重要条件就是学生的思维水平。因此，如何通过提升学生的思维水平提高其更为自觉的自我价值澄清能力，是价值澄清一个很重要的方面。

> 假如教师能提供一种其间充斥适于思维的机会和适于选择的经历的学校生活，大多数儿童则极有可能改造他们自己的行为以期处理这些经验。……只有当儿童有机会进行思考和选择他们自己的反应时，只有当这些机会成为日复一日、周而复始地出现在课程中的重要组成部分时，学生才会成熟起来。（拉思斯，2003）[221]

在《价值与教学》一书中，拉思斯等人列举了十项提升学生思想水平的策略，分别是：比较、分类、观察和记述、总结、解释、分析假设、解决问题（作出决定）、批评和评价、想象与创造、编码和对编码的反应。下面，我们将有选择地对其中的一些具体策略作进一步的介绍和分析。

1. 分类

分类是我们把握事物的重要方式。在对各种事物进行分类的过程中，我们都会依据一定的标准。标准不同，人们就会对相同的事物作出不同的种类划分。而标准问题实际上与价值问题是紧密相关的。在很大程度上，几乎所有的分类标准都是某种意义上的价值标准。

通过分类，学生一方面可以了解事物的类型归属，另一方面也可以由此洞悉他人的分类依据。这既会提高学生的认知能力，也会增进学生对价值标准多样性的认识。比如，我们可以要求学生列出他们平常所看的所有电视节目，然后对这些节目进行类型上的划分，并为每一种类型的节目命名。通常，学生在这一分类过程中会对自己的价值倾向（价值指示器）有更进一步的认识。如学生可能会发现，他们只看描写犯罪的电视剧、动画片或者体育节目等。如果学生之间相互交流彼此的分类，那么这将是一个增进学生彼此了解的很好机会。另外，通过分类，学生可以进一步认清各项事物的性质及作用。如学生可能认识到，有些衣服是上学时穿的，有些是玩耍时穿的，等等。

在进行分类练习时，教师应该引导学生回答这些问题：你是怎样选择这种分类方式的？还有哪些分类方式？第一个问题的作用在于进一步确认学生分类的依据，使其对自己的分类行为有一种更为自觉和清晰的认识。第二个问题则重在引发学生的进一步思考，目的是让学生能够从更多的分类标准中了解事物的众多可能性。需要注意的是，教师不可以把自己的分类标准强加给学生，或是用自己的分类标准对学生的分类进行评价。

2. 观察和记述

当我们的判断受到冲动、激情和惯性的支配时，就会容易产生各种偏见。在这种情况下，人们往往相信“眼见为实”。但是，每个人通过自身的观察所得出的结论往往是不一致的。对于同一对象或事件，人们的描述常常会存在一定的差异，有时这种差异甚至是对立的。产生这种认识差异的重要原因就在于个体生活经验的不同。在排除了一切外在压力的自由选择和判断中，起决定作用的将不再是各种所谓的权威，而是自己的经验。当没有人告诉我们应该注意什么、描述什么时，我们本人的背景就开始起作用。也就是说，所谓的事实在本质上也是与价值问题密切联系的。理解这一点，将有助于人们正视当前社会上的多元认识，进而有可能寻求一种最低限度的价值共识。

如何让学生理解事实背后所蕴涵的价值，以及在这种理解过程中形成一种多元主义的观点，是观察和记述策略所要重点解决的问题。其中，系列叙述体系（serial reporting system）对于学生理解事实与观念之间的变异性具有很好的作用。比如，教师要求一名学生朗读一篇涵盖诸多事实的记述。当学生朗读完之后，教师要求学生凭记忆将朗读过的文章写下来。教师接着将这名学生凭记忆写下的文章交给另一名学生，让他像第一位学生那样先把文章朗读一遍，再凭记忆写下来。依照这种方式，在进行到第六名学生后，教师拿最后一名学生凭记忆写下的东西与原文进行比较。有时这种比较的结果会显得很滑稽。经由这个活动，学生大致就会认识到，最初的事实经过不断传递之后，其信息会发生变化。再比如，教师在给学生播放一部短片之后，立即要求学生在不进行讨论的前提下写下他们认为短片中最重要的事件。学生所记述的事件往往大相径庭。某个学生所强调的内容，可能在别的学生那里根本不是一回事。通过这一活动，学生得以练习、比较他们的感知能力，以及了解自我与他人之间的区别，从而能够更加多视角地看待问题。

3. 编码和对编码的反应

很多时候，我们在表述某一问题时常常说得过于绝对，而这些绝对的表达在很大程度上是由我们对事物认识不准确引起的。这在学生身上表现得更为明显。一些学生常常喜欢用各种夸张、绝对的词语表达他们对某一事件的看法和态度。这些绝对的看法和态度在多大程度上是他们真实价值观的体现？而这些绝对的表达往往也是引起各种纷争的导火索。因此，有必要让学生对自我语言表达中具有价值意味的用语有所警觉。为此，拉思斯等人发明了一套“编码练习”策略来改善这一局面（专栏 12-9）。

专栏 12-9

学生编码练习

（1）下列每个句子都包含着极端词语，请在每个极端词上方标上△

我从来不缺钱

他从不相信我的话

我从来没有得到我想要的东西

人人都喜欢喝牛奶

他的球队所向披靡

我总能完成家庭作业

……

（2）下列每个句子都有一个价值词，请在每一个价值词上画×

那是个好消息

参议员喜欢发表演说

她回家，我很高兴

我讨厌吃菠菜

……

(3) 以“我是怎样的人”为主题写一篇作文，然后对你的作文作如下编码：用△标出极端词，用×标出价值词，用下划线标出假设。

(4) 以“最好的朋友”为主题写一篇作文，然后对你的作文作如下编码：用△标出极端词，用×标出价值词，用下划线标出假设。

当学生习惯于运用编码的方式对自己的表达进行检验时，他们会对各种极端词极为敏感，以至于能够在特定的时候决定是否采用这种极端的表述方式。除了极端词和价值词外，还有其他词汇可以纳入编码练习之中。如“或者”一词，学生在使用它时，往往表达的是一种“要么……，要么……”的观点。这就使得学生忽视了事情的众多可能性。类似的，诸如“似乎”、“我想”、“大概”、“也许”等词汇都可以用于编码练习，以提高学生的敏感性。

四、运用价值澄清的指导原则

以上主要从具体的方法层面介绍了价值澄清理论在实践中的应用策略，那么，教师在实际运用价值澄清理论时应该注意哪些原则性的问题呢？在《价值与教学》一书中，拉思斯等人给开始使用价值澄清的教师提出了这样几条需要注意的原则。

第一，充分了解价值澄清理论。

能够顺利应用价值澄清的首要前提是对价值澄清的基本理论主张有一个较为准确的理解和把握。如果不能够很好地把握价值澄清的精髓所在，那么将容易导致在具体实际应用中产生各种偏差。

对于价值澄清方法论的把握，应该注意两个要素：内容和过程。价值澄清的内容应该是与学生实际生活经历相联系的方面。价值澄清的过程要以七个评价标准为中心。

第二，创设一个自由、安全的澄清环境。

学生只有在感到没有外界威胁的安全氛围中，才可能真实地表达自己的价值观念。

因此，教师必须在这方面作出足够的努力以营造自由、安全的澄清环境。其中最为关键的一点就是教师必须赢得学生的信任，被学生所悦纳。这是开展价值澄清的重要前提。

第三，在表明自己观点的同时鼓励学生的自主思维。

价值澄清反对教师的强制灌输，但是，这并不等于说教师不能发表自己的观点。在价值澄清中，教师与学生都作为平等的一员对某一价值问题作出自己的判断。这里需要注意的是，教师在表达自我观点的同时，不能把自己的观点强加给学生，或者是用自己的观点对学生的不同看法进行评价。另外，教师在给出自己观点的同时，也要积极鼓励学生提出自己的看法，这是价值澄清的核心所在。如教师可以在表达自己的观点之后对学生说："但是，每个人都可以对相同的问题持有不同的意见，你们的看法是什么呢?""尽管我的观点是这样的，但你们应当有自己的观点，不管你们的观点和我的是否一致。"

为了避免道德说教和灌输，教师应该：(1) 避免使用自己头脑中已经形成现成答案的问题。(2) 避免使用"为什么"或者各种非此即彼的问题，这会限制学生的选择。(3) 仔细观察学生的反应，可以经常问学生自己是否有失公允地事先规定好某些问题的结果。

第四，不应操之过急。

不要奢望在极短的时间内尝试使用价值澄清理论的所有教育策略。较为明智的做法是，先让学生逐渐熟悉这种新的教育方式，然后选择自己最为拿手的教育策略作为抓手，以此为切入点逐渐扩展到学生的整个教育生活当中。

第五，做好应对各种冲突的心理准备。

教师在刚开始采用价值澄清的时候，可能会遇到一系列的冲突问题。如自己原有的教育观念与现在所应用的教育策略之间的冲突，学校领导及其他教师的不理解、不支持，等等。在这个阶段，教师虽然不能强求其他人也采用价值澄清的方法，但教师本人应该有所坚持，不要一遇到冲突就放弃。

第六，鼓励几名同事加入自己的教育改革中。

如果教师在使用价值澄清之前能够说服至少一两名其他教师参与到实验中来，那么这会增加教师本人的自信心，同时，这也可以为教师提供相互交流经验和意见的机会。

第七，大胆创新，不必拘泥于已有的教育策略。

围绕价值澄清的七个步骤所形成的各种价值澄清策略，并没有穷尽学生教育生活的全部。教师应该在把握价值澄清基本理论和步骤的基础上，结合学校和学生的实际特点以及特定的问题情境，创设各种新的、有针对性的价值澄清策略。这实际上需要教师有高度的智慧投入。

结　束　语

价值澄清的目的不是为了了解学生的已有观点并对之加以评价，而是通过一系列的策略引发学生对自我行动观点的自觉反思，使学生学会从更宽广的视角和立场来审视自己的言行举止，以及支持这些言行举止的价值依据。因此，价值澄清虽然表面上主张价值相对主义，但是它本身所暗含的基本价值理念就是尊重、宽容、理解、自由与责任等，这与美国社会的核心价值理念是基本一致的。教师的作用就在于利用一些条件，尽可能创造各种机会让学生了解社会价值的多样性以及个人面对这些多样性时的态度、情感和行动，其核心目的是在引发学生独立思考、自主行动的基础上发展其批判性思考的能力。

实际上，价值澄清理论综合了道德结构中的知、情、行三个维度，并以学生主体性的发挥为核心，将这三者有机地联系起来构成一个完整的道德教育过程。认知对于价值澄清而言具有一种先导性的基础作用，价值澄清对个体的认知能力有着很高的要求。在价值澄清的三阶段七步骤中，我们就不难发现其对个体思维能力的要求。在价值澄清中，这种思维能力的重要品质在于一种基于个体经验的自主思考，其目的是为个体的自我选择和行动提供一个可以经得起自我内心检验的坚定理由。这种内心检验只有在放置到更为广泛的社会公众面前接受诘难而不动摇时，才能真正构成个体真实的价值观念。

因此，选择阶段的实质就是一种引发学生不断思考的过程。在这个过程中，需要重点把握两点：（1）选择的自由性问题。这一问题非常重要。个体只有在自由选择的基础上才有义务对其选择的结果承担道德后果。另外，个体真实的价值观也只有在自由的选择中才会自然地呈现而不加伪饰。（2）选择的安全性问题。这一问题是与前一问题紧密相关的。个体只有在其感到安全的氛围中，才愿意自由地、真实地选择。因此，在价值澄清的初始阶段，营造一个相互信任、相互尊重的文化空间是十分重要的。

这种文化空间的形成不是一朝一夕的，它需要师生之间在日常的教育生活中精心营造。

表面上看，价值澄清由于排除了特定的价值观念的传授，从而在很大程度上将师生都放置在一个较为自由、轻松的教育场域中。在这样的教育实践中，教师似乎不需要太多的教育专业素养就可以胜任。实际上，由于价值澄清是包括从理念到方式方面的全面变革，它对教师的素养提出了更高的要求。首先，从观念层面来看，它需要教师转变原有的教育观念，特别是学生观的转变。在价值澄清中，教师不再是知识和道德的权威，学生也不再是等待灌输的容器，二者之间是一种平等对话的师生关系。这一观念转变对于习惯了“家长式权威”的教师而言是相当痛苦的，而这恰恰是价值澄清得以有效展开的重要前提。其次，教师必须对学生生活世界中的各种事件更加敏感。价值澄清所面对的问题都是与学生生活密切相关的问题。这些问题既是学生关注的，也是学生困惑和难以解决的。将这些问题提取出来作为价值澄清的主题，容易引起学生的兴趣和参与。因此，教师必须具有足够的敏感性。

这种敏感性主要体现在四个方面。(1）对各种学生生活事件的敏感。为了捕捉学生生活中的困惑问题，教师必须多角度地关注学生的全面发展，而不是局限于诸如学习等某一方面的发展。(2）教师对学生生活世界的敏感不是指教师对学生生活中的各种琐碎事件都要进行澄清，而是要对各种具有道德或价值意味的事件进行澄清。这实际上是要求教师提高其道德敏感性。(3）价值澄清虽然给出了一系列的操作策略，但是，教师要想能够更加有效地提高教育效果，还必须结合自己的实际教育情况和当时的情境特点，创造性地加以灵活运用。在某种意义上，价值澄清的实践策略是无穷多的。这就需要教师教育智慧的充分投入。(4）价值澄清由于主要诉诸学生的主体自觉以及每一澄清策略时间的相对短暂，因而其作用不可能立竿见影。这就要求教师在使用价值澄清时必须具备足够的耐心和恒心。

20 世纪 80 年代以后，价值澄清理论逐渐衰败下去，但是其思想并未丧失活力。或者说，价值澄清不再是西方道德教育思想的主流，但是其思想与方法早已深入人心，并仍在广泛使用。我们今天在批判性地学习和运用价值澄清时，尤其需要思考以下三个问题。

第一，价值的位阶/结构。价值澄清理论对于其核心概念“价值”的论述是比较粗糙的。这也是它受到人们批评和指责的重要原因之一。对于价值澄清之价值的理解，首要的一点是要考虑价值的位阶或者价值的结构问题。对于这一问题，我们可以从“上下左右”的角度来分析。所谓价值的“上下”问题，指的是不同的价值之间具有一种层级上的区分，大体而言，价值的规范层面往往要服膺于价值原则的要求。所谓价值的“左右”问题，指的是不同价值之间具有一种类型上的不同。这些不同类型的价值更多反映的是价值所发生作用的领地的不同，并不说明价值之间的层级关系。价值澄清更多的是在价值的“左右”层面来界定和认识价值，在某种程度上忽视了价值的“上下”维度。而价值的“上下”关系在某种程度上对于价值教育而言更具有实质性意义。因此，在具体使用价值澄清理论时，应明确价值的层级或位阶问题。一般而言，道德规范不能与更高一级的道德原则相冲突。

第二，价值经验的获得。价值澄清一个重要的基础性概念是“经验”。在很大程度上，价值澄清得以开展的重要前提就是以对学生经验的肯定和利用为基础。从价值澄清的步骤和过程可以看出，价值澄清的所有提问均指向学生的独立思考和判断，其最终目的是要让学生在自我思考中逐步认识自我。因此，价值澄清非常重视学生的理解力在价值澄清过程中的重要作用。而学生的理解力在很大程度上主要来源于学生自我的生活经验。经验成为学生自我判断、自我思考的重要资源。因此，学生经验的性质对于价值澄清而言具有十分重要的意义。经验本身是一个中性的概念，它既包括正面的、积极的体验，也包括负面的、消极的经历。实际上，个体成长的背景对其经验的性质有着十分重要的影响。在很大程度上，经验本身是一个充满阶层、种族、地域、性别等差异的区隔性概念。简单用个体经验作为唯一依据来进行价值判断，从其消极意义上看，将会再生产或复制现存的社会结构。这一点是值得我们注意的。

要保证学生能够在价值澄清的过程中获得对自我以及社会的正面认识，就必须使学生获得正面的积极体验。为此，如何在学校生活中为学生创设一个健康、向上的文化氛围，增强其积极体验的经历，是有效运用价值澄清理论并取得良好效果的重要条件。

第三，对象的年龄特征。由于价值澄清主要是诉诸学生的独立思考、独立选择来完成整个澄清过程，因此，学生的身心特点以及思维结构对其澄清过程有着十分重要的影响。如何根据学生不同年龄阶段的思维和认知特点来设计相应的澄清策略，是价值澄清在具体应用时必须考虑的一个重要问题。

参考文献

陈蕊. 2006. 澄清价值观：10 个→5 个→1 个 [N]. 中国青年报，12-28.

拉思斯. 2003. 价值与教学 [M]. 谭松贤，译. 杭州：浙江教育出版社.

袁桂林. 2005. 当代西方道德教育理论 [M]. 福州：福建教育出版社.

Kirschenbbaum H. 1992. A Comprehensive Model for Values Education and Moral Education [J]. Phi Delta Kappan, 73, June.

问题与思考

1. 结合本单元的介绍，您认为价值澄清在哪些方面是比较成功的，在哪些方面是需要改进的。

2. 在实际的教育教学中，教师或家长在教育孩子遇到孩子的不满和反抗时，常常说的一句话就是“我这样做也是为了你好”。试用价值澄清的有关理论对这一现象进行分析。

3. 试用澄清反应策略对学生的以下问题作符合价值澄清要求的反应。

(1) 算术是我最喜爱的科目。

(2) 我是班上最强壮的男生之一，我能举起非常笨重的东西。你想见识一下吗?

(3) 最重要的事情之一是，照你所希望被对待的那样对待别人。

(4) 我希望有朝一日能成为一名医生。

(5) 我通常对社交聚会和学校作业感兴趣。

(6) 你不可能从来没有期望男生会喜欢跳舞，那是女生的玩意儿。

(7) 我恰好不知道这个周末做什么?

(8) 你是否认为应该要求那些想留长发的男生去理发?

(9) 我希望不要爆发战争。

4. 每个人都期望从工作中获取些什么，或者是金钱，或者是地位，也有人希望能够通过自己的工作给别人提供帮助，或者给别人带来艺术的享受，还有人希望在工作过程中能够完全按照自己的想法独立工作……请您给您的 15 项工作价值观排序。

注意：您排出来的顺序一定要是您能够公开宣称、公开维护的顺序。请您认真排序。如果有兴趣的话，也可以写出来与大家分享。

(1) 利他助人：工作的价值在于提供机会让个人为社会大众的福利尽一份心力。

(2) 美的追求：致力使这个世界更美好，增加艺术的气氛。

(3) 创造性：能让个人发明新事物，设计新产品或发展新观念。

（4）智性激发：提供独立思考、学习与分析事理的机会。

（5）独立性：能允许个人以自己的方式或步调来进行。

（6）成就感：能看到自己工作的具体成果并因此而获得精神上的满足。

（7）声望地位：能提高个人身份或名望，但此声望来自他人的敬佩，而非来自权力与地位。

（8）管理权力：能赋予个人权力来策划并给其他人分配工作。

（9）经济报酬：获得优厚的报酬，有能力购置所梦想的东西。

（10）安全感：能提供安定生活的保障，即使经济不景气时也不受影响。

（11）工作环境：工作能在不冷、不热、不脏的宜人环境下进行。

（12）上司关系：能与主管平等且融洽地相处。

（13）同事关系：能与志同道合的伙伴愉快地工作。

（14）变异性：工作的价值在于富于变化，能让人尝试不同内容的事情。

（15）生活方式：工作的目的或价值在于能让人选择自己的生活方式，并实现自己的理想。

相关链接

拉思斯. 2003. 价值与教学［M］. 谭松贤，译. 杭州：浙江教育出版社.

该书是价值澄清学派的代表作，全书分为四部分，简要说明了价值澄清方法的四个具体要素，阐述了价值澄清学派的理论、价值澄清理论在学校德育中的实践策略，并介绍了价值澄清理论的实证研究。该书是我们了解价值澄清模式的重要文献。

附录：中学生人生价值教育活动

［活动目的］

1. 激发学生思考自己的价值观念
2. 引导学生确立正确的人生价值
3. 帮助学生体验和澄清自己的人生态度

［活动说明］

学生的价值观对他们的人生态度有着重要的影响。由于学生正处于价值观形成和发展时期，很多价值观念还是模糊不清的。本活动用类似魔术店的方法，帮助学生了解有关爱情、友谊、健康、美貌、爱心、金钱、欢乐等多方面的价值观念。因为在拍卖会上，学生个人的价值观念直接影响在拍卖时的选择，学生可以从自己的取舍中了解自己的价值观和人生态度，思考和澄清自己的价值观念。

［活动过程］

1. 事前准备

（1）足够的道具——钱和拍卖槌。

（2）将拍卖的东西写在硬纸板上（最好是不同颜色的），以增加拍卖的趣味性及方便拍卖进行。

（3）宣布游戏规则。每个学生有5000元（道具钱），他们可以随意叫卖底价表中的东西。每样东西都有底价（见底价表），每次出价以500元为单位，价高者得到东西，有出价5000元的，立即成交。

底　价　表

（单位：元）

内　　容	底　　价	内　　容	底　　价
浪漫的爱情	500	纯真的友情	1000
健康的身体	1000	美丽的外貌	500
一颗爱心	800	至高无上的权力	1000
巨额的财富	1000	浓浓的亲情	900
大学毕业证书	700	出国深造的机会	1000
享受一次美餐	400	长命百岁	900
一栋豪华别墅	1000	一技之长	1000
周游世界	1000	自由	1000

2. 教师引发动机

（1）教师问：“有谁不喜欢金钱？”（学生会一致说没有，而且反应是热烈的。）

（2）教师继续问：“如果你有5000元，你希望得到什么？”（让一两位学生回答。）

（3）给每个学生5000元（道具钱），介绍拍卖游戏的方法和拍卖的东西。

3. 举行拍卖会

（1）由教师主持拍卖。

（2）按游戏方法进行，到所有拍卖东西卖出为止，然后请学生认真思考自己买回来的东西。

4. 讨论

示例：

（1）你是否后悔得到你所买的东西？为什么？

- 不后悔，因为“爱情”是最令人快乐的体验。

- “威望”使我高人一等，受人尊重。
- “诚实”是美德。
- “大学毕业证书”等于美好前程，一生无忧。

（2）在拍卖过程中，你的心情如何？

- 很紧张，一定要赢！
- 有时叫到高价就舍不得再叫。

（3）有没有同学什么都没有买？为什么不买？

- 有，因为没什么值得买。
- 有，因为钱最重要。
- 有，因为叫输了。

5. 教师总结拍卖活动，引发学生进一步思考

（1）假如现在已经是人生的尽头，请看看你手上拥有的是什么东西？

（2）它们对你来说是否仍有意义？

（3）你是否后悔刚才为自己争取的东西太少？

（4）你争取回来的东西是否是你最想得到的东西？

（5）金钱是否一定会带来幸福和欢乐？

（6）有没有一些东西比金钱更重要，或比金钱带来更大的满足感？

（7）以上问题都没有一定的答案，然而，你是否甘愿为了拥有金钱、声望而放弃一切？

（8）有没有比这些更值得追寻的东西？这些都是值得我们去深思的。

[注意事项]

1. 拍卖会可以由教师主持，也可以由学生主持。
2. 底价表的内容和价格可以依据学生的实际认识加以删减和修改。
3. 应鼓励学生尽量投入，以获取最真实的反应和体验。
4. 拍卖的东西必须少于学生的人数，以增加拍卖的紧张气氛。
5. 在拍卖过程中，留意学生的参与程度。

（来源：http：//blog. sina. com. cn/s/blog_ 4bacc6730100rdhv. html，2011-05-07）

出版人　所广一
责任编辑　何　艺
版式设计　杨玲玲
责任校对　贾静芳
责任印制　曲凤玲

图书在版编目(CIP)数据

教师德育专业化读本/檀传宝等著. —北京:教育科学出版社,2012.6(2015.2重印)
ISBN 978-7-5041-6591-6

Ⅰ.①教… Ⅱ.①檀… Ⅲ.①德育—教学研究—中小学 Ⅳ.①G631

中国版本图书馆CIP数据核字(2012)第115664号

教师德育专业化读本
JIAOSHI DEYU ZHUANYEHUA DUBEN

出版发行	教育科学出版社		
社　址	北京·朝阳区安慧北里安园甲9号	市场部电话	010-64989009
邮　编	100101	编辑部电话	010-64989363
传　真	010-64891796	网　址	http://www.esph.com.cn
经　销	各地新华书店		
制　作	北京金奥都图文制作中心		
印　刷	保定市中画美凯印刷有限公司	版　次	2012年6月第1版
开　本	184毫米×260毫米　16开	印　次	2015年2月第3次印刷
印　张	18.75	印　数	6 001—8 000册
字　数	344千	定　价	48.00元

如有印装质量问题,请到所购图书销售部门联系调换。

教师德育专业化读本

德育观念模块	做一个配享幸福的教育家 ——教师德性生活关键词：幸福、公正与仁慈 中国传统德育与德育现代化 制度情境与道德教育 当代青少年文化与学校德育
德育实务模块	德育与课程实施 班主任的德育工作：角色定位与功能实现 社会变迁过程中的学校师生关系 主题班会的设计与开展 ——班主任德育工作的视角
德育理论流派模块	苏霍姆林斯基的德育思想 科尔伯格与品德发展理论 关怀教育学与关怀关系的建立 ▶ 价值澄清与多元文化的应对